甘肃省一流学科建设项目资助成果

教育部人文社会科学重点研究基地西北师范大学西北少数民族教育发展研究中心资助成果

国家社会科学基金"十二五"规划（教育类）国家一般课题成果

西师教育论丛

主编 万明钢

高等教育质量保障的新障碍及破解路径

安 心 主编

Gaodeng Jiaoyu Zhiliang Baozhang De
Xinzhangai Ji Pojie Lujing

中国社会科学出版社

图书在版编目（CIP）数据

高等教育质量保障的新障碍及破解路径／安心主编 . —北京：
中国社会科学出版社，2017.12
ISBN 978 – 7 – 5203 – 1650 – 7

Ⅰ.①高…　Ⅱ.①安…　Ⅲ.①高等教育—教育质量—
研究—中国　Ⅳ.①G649.21

中国版本图书馆 CIP 数据核字（2017）第 299597 号

出 版 人	赵剑英
责任编辑	周晓慧
责任校对	无　介
责任印制	戴　宽

出　　版	中国社会科学出版社
社　　址	北京鼓楼西大街甲 158 号
邮　　编	100720
网　　址	http://www.csspw.cn
发 行 部	010 – 84083685
门 市 部	010 – 84029450
经　　销	新华书店及其他书店

印刷装订	北京君升印刷有限公司
版　　次	2017 年 12 月第 1 版
印　　次	2017 年 12 月第 1 次印刷

开　　本	710×1000　1/16
印　　张	21.25
插　　页	2
字　　数	309 千字
定　　价	89.00 元

凡购买中国社会科学出版社图书，如有质量问题请与本社营销中心联系调换
电话：010 – 84083683

总　序

　　正如学校的发展一样，办学历史越久，文化底蕴越厚重。同样，一门学科的发展水平，离不开对优良学术传统的坚守、继承与发展。西北师范大学教育学的发展，也正经历着这样的一条发展之路。回溯历史，西北师范大学前身为国立北平师范大学，发端于 1902 年建立的京师大学堂师范馆，1912 年改为"国立北京高等师范学校"，1923年改为"国立北平师范大学"。1937 年"七七"事变后，国立北平师范大学与同时西迁的国立北平大学、北洋工学院共同组成西北联合大学，国立北平师范大学整体改组为西北联合大学下设的教育学院，后改为师范学院。1939 年西北联合大学师范学院独立设置，改称国立西北师范学院，1941 年迁往兰州。从此，西北师范大学的教育学人扎根于陇原大地，躬耕默拓，薪火相传，为国家培育英才。

　　教育学科是西北师范大学教育学院的传统优势学科，具有悠久的历史和较强的实力。1960 年就开始招收研究生，这为 20 年后的 1981年获批国家第一批博士点打下了坚实的基础。当时，西北师范学院教育系的师资来自五湖四海，综合实力很强，有在全国师范教育界影响很大的著名八大教授：胡国钰、刘问岫、李秉德、南国农、萧树滋、王文新、王明昭、杨少松，他们中很多人曾留学海外，很多人迁居兰州，宁把他乡做故乡，扎根于西北这片贫瘠的黄土高原，甘于清贫、淡泊名利、默默奉献，把事业至上、自强不息、爱岗敬业的精神，熔铸在西北师范大学教育学科发展的文化传统之中，对西部教育事业的发展作出了重要贡献。"随风潜入夜，润物细无声。"先生之风，山高水长。为西北师范大学早期教育学科的卓越发展作出重大贡献的先生们，他们身体力行、典型示范，对后辈学者们潜心学术，继承学问产生了重要的、潜移默化的影响，体现了西北师范大学的教育学人扎根本土、潜心学术、面向全国、放眼世界，站在学科发展前沿，培养培训优秀师资，服务地方经济社会发展的教育胸怀与本色。

　　西北师范大学教育学科历经历史沧桑的洗礼发展走到今天，已形成了相对稳定而有特色的研究领域。尤其是在国家统筹推进世界一流大学和一流学科建设的大背景下，西北师范大学的教育学作为甘肃省《统筹推进高水平大学和一流学科建设实施方案》规划的一流学科建设项目，迎来了学科再繁荣与大发展的历史良机。为此，作为甘肃省一流学科建设项目成果、西北师范大学课程与教学论国家重点（培育）学科建设成果、教育部人文社会科学重点研究基地西北师范大学西北少数民族教育发展研究中心科研成果，我们编撰了"西师教育论丛"，汇聚近年来教育学院教师在课程与教学论、民族教育、农村教育、高等教育以及学前教育等方面的学术成果。这些成果大多数是在中青年学者的博士学位论文，科研项目以及扎根教学实践的基础上进一步凝练的结晶。他们深入民族地区和农村地区的村落、学校，深入大学与中小学的课堂实践，通过详查细看，对语文、数学、英语、物理、化学、研究性学习等学科课程教育教学的问题研究，对教育基本理论问题的思考，对教育发展前沿问题的探索……这些成果是不断构建和完善高水平的现代教育科学理论体系，大力提高教育科学理论研究水平和教育科学实践创新能力，进一步发挥教育理论研究高地、教育人才培养重镇、教育政策咨询智库作用的一定体现，更是教育学学科继承与发展的重要过程。

　　筚路蓝缕，以启山林。目前付梓出版的这些著作不仅是教师自我专业成长的一个集中体现，也是西北师范大学教育学院教育学科发展与建设的新起点。当然，需要澄明的是，"西师教育论丛"仅仅是西北师范大学教育学研究者们在某一领域的阶段性成果，是研究者个人对教育问题的见解与思考，其必然存在一定的不足，还期待同行多提宝贵意见，以促进我们的学科建设和发展。

万明钢

2017 年 9 月

目　录

第二编 特征和测量

第三编 规约和问责

前　言

20 世纪 90 年代以来，"质量"成为国家政策和理论研究的重要议题。2015 年联合国教科文组织通过了《教育 2030 行动框架》，国家"十三五"规划明确提出以"提高教育质量"为主题，中央不失时机地作出统筹推进世界一流大学和一流学科建设的重大战略决策，将我国高等教育作为治国安邦的重器。中国如何以更为开放的高等教育格局，办出有中国特色高水平大学的面貌，更加深入地融入世界，为打造人类命运共同体作出新贡献，俨然是我国高教界同仁所面临的时代课题。

由此，有关高等教育质量保障的研究越显重要和迫切，它日益成为高等教育领域一个活跃的、主题鲜明的理论性与实践性密切结合的重要课题。高等教育质量保障研究的内容包罗广泛，质量本质特性、质量观及其价值取向、质量标准、质量测量、质量问责、质量文化和质量保障伦理向度等均在其列。诚如伯顿·克拉克所言："自 12 世纪大学产生于意大利和法国以来，到移植到整个现代非欧洲为止，大学的含义和目的可以说是因时而异、因地而异，它依靠改变自己的形式和职能以适应当时当地的社会政治经济环境。同时，通过保持自身的连贯性及使自己名实相符来保持自己的活力。谁都在谈大学，但是大学作为学者进行教学、科研和从事社会服务的场所，我们只有在不同时代、不同地点的具体环境里才能弄懂大学的这些任务究竟是什么。"①

---

① ［美］伯顿·克拉克:《高等教育新论——多学科的研究》，王承旭等译，浙江教育出版社 1998 年版，第 22 页。

对高等教育质量的研究也概莫能外。新世纪，我国视全面"提高教育质量"为高等教育事业今后一个时期的一项战略举措和核心任务。

高等教育在转型跨越发展历程中，难免出现了一些影响或制约高等教育质量的新障碍。应该说，包括质量本质、质量价值观取向、质量标准与测量、质量文化、质量道德（大学制度伦理）等内部因素，以及公众监督、质量问责、质量成本等在内的外部因素共同构成了高等教育质量保障的新障碍。

针对前者，我们发现，首先，新世纪高等教育质量应该是多元性和统一性、学术性和职业性、工具理性和价值理性、现在和未来的有机融合，实现质量观从客体性向主体性转变，即朝"单向度的人"和"技术合理性"庇护下的高等教育质量观的回归。实现这一转变的关键在于对既定质量、弹性质量、超越质量以及整体性、发展性、多元化、个性化含义的深刻注释，对特色化和适应性的再生性质量观的解读。其次，在高等教育质量价值取向和质量文化迷失的情境下，应将工具理性和价值理性圆融并构建内生型和外发内生型的高等教育质量文化。再次，在高等教育质量标准方面，应该认清科学、合理的质量标准的基本特征，明确它们之间的关系至关重要。最后，就高等教育内部环境而言，其内部存在着产权界定和规约模糊、制度伦理失范、大学质量章程不健全等问题，其外部则存在着公众监督力度不够、公共问责和法律问责不到位、质量成本不经济等问题。

针对后者，我们认为，高等教育质量应该是质量理念先行、技术文化兼治、内外协调、宏微观结合。我们始终坚持育人是根本，文化是灵魂，质量是关键这一原则，在工具理性和价值理性圆融的质量价值取向之间，引进 NSSE、SERVQUAL 等新兴技术与方法来测量质量的现实状态。跳出大学的圈子看质量，我们提出了高等教育质量在产权明晰、章程自律、制度伦理复兴的基础上借鉴国际高等教育质量保障的成功经验，引入教育判例法来加强公共问责、法律问责，加大公众监督力度，在专业设置、绩效拨款和学术与行政问责方面实行高等教育质量"一票否决制"，期许"以质量换自治"，力争大学间的有效质量竞争；以优质、高效、低成本、高产出为质量管理的成本目标，以有效保障高等教育质量等理念的践行作为行动指南，无疑是高等教育质量保障的先行组织者。

本书基于《教育部等五部委关于深化高等教育领域简政放权管放结合》的文件精神，依据高等教育具有长效性和滞后性的特点，认为高等教育质量保障应着重前瞻力，瞄准未来，而不应以现时现报为基准；本书一改人们思维的惯性，由"站在过去，安排今天"，或者"站在今天，安排未来"，改为"站在未来，安排今天"的思路，认为质量保障的顶层设计应践行这种"思维倒推，实践顺写"的指导思想，即以明天的质量诉求直指今日的质量保障。本书无意贪多求全，只望站在前人的肩膀上，于厘清高等教育质量和质量保障的理论渊源与实践依据方面有些许想法，或一家之言。本书总体写作思路为再生质量观→特征和测量→制度供给和监控机制。

本书分三编，除绪论之外，共分为九章。绪论部分主要阐明了本书的研究意义、研究内容和思路，在对已有研究进行综述的基础上指明高等教育质量和质量保障的新障碍、新趋势。前两章为第一部分，主要是在归纳与梳理、批判与建构的基础上探讨新世纪高等教育的质量和质量观。除明确高等教育质量和质量观的内涵外，还在价值取向上有所取舍、有的放矢；在高等教育质量观合理价值取向的引领之下，将高等教育作为一个文化组织，以质量文化为主线，从不同维度探寻破解高等教育质量保障新障碍的有效路径。第三至五章为第二部分，主要是以质量标准和质量测量为切入视角，阐明高等教育质量标准的基本特征及一些新兴的质量测量技术与方法（NSSE 和 SE-RVQUAL 技术与方法）在高等教育领域的适用性和特殊性。第六至九章为第三部分，主要从内部与外部相统一、宏观与微观兼顾的视角指明高等教育质量保障的进路与选择。

本书各章节紧紧围绕高等教育质量保障的新障碍和破解路径展开研究，既相互独立又紧密关联。一方面，书中每一部分的内容以一个独特的视角和所指的每一个新障碍切入，独立成篇，如同一面镜子对高等教育质量保障进行了深入的透视。另一方面，将各个视角和新障碍综合起来进行通盘考虑，又如同所有灯光聚焦于一点，避免单一维度分析问题的偏执与狭隘，既透视了高等教育质量保障的多视角和多选择，又展现了高等教育质量保障的丰富性和多元性。

诚然，高等教育质量究竟何谓，以及如何保障高等教育质量，是长期以来困扰学者和教育管理者的重大难题。虽然说在不同的阶段，站在不同的立场上，用不同的视角，跟不同人的对话，对质量的看法和路径的选择会截然不同，但是，学者并没有就此停止对质量和质量保障进行深入研究。纵览学界对高等教育质量和质量保障的探讨，高等教育质量保障的一个明显趋势是高等教育质量不能等同于企业产品质量，高等教育质量保障的模式和路径依赖不再停留于复制企业质量管理的模式，而是将此前的质量管理进化、迁移为适合高等教育自身特点的质量管理模式。对高等教育质量本质的探讨也不再深陷于企业产品质量的泥淖，而是从作为高等教育主力机构的大学和构成大学的主体——大学人（以教师和学生为主体）等角度来破解高等教育质量的新障碍。

显然，我们所着力探寻的新路径旨在还原高等教育的本质——培养人，鲜活的生命个体才是高等教育质量探讨的出发点和落脚点。关注受教育者已有的知识图式、能力和水平是高等教育机构有效作为的体现，即高等教育再生性质量观的意蕴。由此，我们所竭力构建的高等教育再生性质量观，正是以既定质量、弹性质量和超越质量为教育及其服务底线的，在此基础上形成一种合理的价值取向来统领高等教育质量尤其必要。因此，工具理性和价值理性作为高等教育质量观的价值取向在保持必要张力的同时将二者圆融是高等教育质量观研究的趋势，而质量保障又是一项系统的质量工程，需要理念、制度、行为的有效统一。为此，坚持以文化自觉为基石、以文化自信为灯塔、以文化自强为动力，构建内生型和外发内生型高等教育质量文化不失为教育质量保障的有效路径之一。

与此同时，我们还注意到，高等教育质量标准离不开人的成长和全面可持续发展。而培养人的任务就自然而然地成为高等教育的职能。不论高等教育机构多么复杂庞大，利益主体的需求如何变幻莫测，高等教育培养人才、从事教学与科研、进行社会服务和文化传承创新的基本职能是恒定不变的。当然，也正是高等教育职能在流变中机构的多元化和利益主体需求的多变性，才赋予高等教育质量标准既对立又统一的多样化特征。借此理论认知，将 NSSE 和 SERVQUAL 技术与方法分别应用于测量本科生教育质量和高等教育服务质量，反映高等教育质量保障的适用性和可测程度以及应用中需要注意的问题。虽然其反映的高等教育质量并不理想，但是在局部范围内其测量信度和效度还是具有一定适用性的，在表现高等教育的特殊性方面仍不失一定的实践价值。

因其特殊性，大学产权规约和质量制度伦理治理也是保障高等教育内部质量的必然要求。当前，在高等教育内部质量保障实践中，高等教育机构开始走出学术自治、学术自由的"象牙塔"，健步迈进为社会服务的"加油站"，由社会的边缘转变为服务社会的轴心机构。从制度伦理视角明确大学产权并进行规约必然成为高等教育内部质量保障不可分割的一部分，大学产权不仅成为高等教育内部质量保障的对象和手段，也成为整个高等教育系统赖以运作的基石。此外，大学章程的制定也是高等教育质量保障路径丰富性和多样性不可或缺的一部分。一方面，大学章程的制定有利于解决高等教育质量保障过程中大学章程认知和自律意识的缺乏；另一方面，高等教育质量保障作为大学章程的新领域，也有利于大学章程中质量保障的深入与系统化。在高等教育外部，公众对于高等教育质量提升和持续改进的呼声甚至苛责愈来愈强烈，但是公众监督意识的淡薄、监督信息不通畅、公众问责机制不完备等客观因素，使得公众监督乏力，为此，借用网络和法律作为有效路径进行网络问责和法律问责，搭建公众监督的信息平台，提高监督的法律效力，或许是今后不断提升和持续改进质量的抓手和增长点。在政府—大学—企业联姻成为高等教育发展的新形势下，质量成本的考量对于提高质量至关重要。高等教育质量成本是在高等教育有限资源与利益主体无限需求的夹缝中，为赢得高等教育质量持续改进和不断提升的利润空间，并以低成本获得最大化质量效益的必然要求。在现代质量成本观观照下，明确高等教育质量成本的特性和变化规律，树立以"低成本、高产出、优质高效"的质量理念对于质量的提升十分重要。即使高等教育有健全的问责机制和丰厚的资金，倘若高等教育机构不能以质量胜出，那么对所采取的哪怕是为提高质量的任何举措也应实施质量"一票否决制"。因此，实施公众监督、网络问责、质量"一票否决制"便成为高等教育外部质量保障的不二抉择。

　　总之，本书首先在国际国内针对高等教育质量和质量保障问题研究的前沿动态进行比对的基础上，明确了高等教育质量和质量保障理论，重构了高等教育质量观，阐明了高等教育质量观的价值取向；其次以质量文化为主线从质量标准、质量测度、有效的制度供给、公共问责和质量成本等独特视角切入，探讨了高等教育质量保障的多元路径；最后，从高等教育职能的丰富内涵角度指明了高等教育质量和质量保障研究的新尝试和新方向。

绪　　论

"我们说明自然，我们理解人类。"

——狄尔泰

在社会转型期，高等教育领域发生了微妙而又明显的变化。高等教育发展由注重效率和规模的时代转向注重效益和质量的时代；高等教育质量观的价值取向由工具理性向价值理性转变；高等教育质量保障由技术向文化转变。"质量"作为高等教育的生命线，成为高等教育领域的惯用符号和通用语言。因此，为社会提供高质量的教育业已成为高等教育改革和发展的核心目标。

本章试图在对高等教育质量保障研究作"全景式扫描"的基础上，对本书的研究缘起、研究意义和研究现状及其核心问题——质量保障的新障碍和新趋势等进行探讨。

第一节　研究缘起

一　选题缘由及研究意义

以质量为核心是新世纪我国高等教育事业发展的必然要求。从20世纪末开始，我国高等教育发展呈现出规模效应，办学条件得到大幅改善。然而，虽然高等教育大众化解决了规模问题，但高等教育质量问题却成为新时期高等教育发展的难题。因此，本书以探求新时期高等教育保障的新障碍及破解路径为主题具有重要的理论价值和指导意义。

（一）大变革时代强烈呼唤高等教育质量保障的新举措

当今世界正处于一个信息膨胀更为急剧、经济联系愈加广泛、政治互信更为迫切、军事对话更为有效、文化交流更为深入的大变革时代。其间经历了"大改革、大发展、大提高"，而面对新情境的中国高等教育责无旁贷地扮演着助推变革并保证变革效果的重要角色。当然，众所周知，这一角色的扮演效果及实际效益是通过高等教育自身的教学、科研、社会服务水平及人才培养质量来决定的。高等教育处在信息即时化、全球经济一体化、发展模式多元化、发展路径多样化这样一个高辐合的变革时代，它对质量保障的再认定及措施的再抉择不仅是必要的，而且是顺应时代的必然之举。

（二）中国的高等教育实践和经济社会发展急需有效、得力的质量保障

实现我国从人力资源大国向人力资源强国的转变，规模是基础，质量是关键。欲求在新的五年规划起步之年和《国家中长期教育改革和发展规划纲要（2010—2020 年）》（为研究的方便，以下简称"《纲要》"）发力之年取得新的突破，必须就高等教育与国内外同生态位地区高等教育的发展，以及不同地区高等教育质量保障所存在的共性新障碍有全新的认识，只有对个性障碍和困难有着清晰的认知和理性的判断，才可能将地处内陆的环境及区位劣势、人才资源储备不足、高等教育总体发展水平不够等先天劣势，转化为错位竞争、互补发展的后天优势。因此，研究变革时代高等教育质量保障的新障碍及破解路径，尤其是对破解中国高等教育质量保障中的新障碍，以及对实现路径的探索，对于促进经济社会发展，实现教育公平和民族地区的社会和谐，以及实现高等教育与经济社会的良性互动有着重大且现实的意义。

二 本书的研究内容与方法、研究思路

（一）内容与方法

中国高等教育进入由规模扩张转向内涵式发展的新阶段，高等教育质量提升也必然成为当务之急。当前高等教育质量所面临的新障

碍，诸如质量本质的模糊、质量价值观的二元对立、质量标准与测量的单向度、质量文化的迷失、质量道德（大学制度伦理）的沦陷以及大学产权不明晰等内部因素与公众监督乏力、质量问责缺位、质量成本偏低等外部因素共同构成了高等教育质量保障的新障碍。因此，本书从中国高等教育质量保障实践中的问题入手，集理论上尝试性的建构与实践上行动性的指向于一体，从质量观谈起，明确了高等教育质量和质量保障理论，以质量文化为主线从质量标准、质量测量、质量道德、公共问责和质量成本等独特视角切入，探讨高等教育质量保障的多元路径，以质量标准和质量测量为切入视角，阐明高等教育质量标准的基本特征及一些新兴的质量测量技术与方法（NSSE 和 SE-RVQUAL 技术与方法）在高等教育领域的适用性和特殊性。从内部与外部相统一、宏观与微观兼顾的视角指明高等教育质量保障的进路与选择。尤其是将整个研究置于高等教育内涵式发展的大背景下，从高等教育职能的丰富内涵出发，将协同创新、共同体、学术资本主义等新的元素引入质量保障的新路径构建之中，指明高等教育质量和质量保障研究的新尝试和新方向。

（二）研究思路

质量是人们耳熟能详的概念，不仅是发生率很高的老问题而且是常议常新的问题；是你不说我还清楚，你越说我越糊涂的历史和现实问题。之所以这样说是因为质量的产生源于历史，是一种价值增值的产物，当属于典型的过去完成时，但效果显现于当下和未来。

因此，研究质量其实是与历史、现在乃至未来的对话。我们知道，质量问题几乎可以说涉及高等教育发展的方方面面，无所不包无所不在，对其保障的新障碍要作出十分准确的判断和定位本身就是一件十分困难的事情。由此，我们在破解路径论证的过程中既要坚持科学建构、合理展望的原则，又要坚持切实可行的原则，而不能停留于建构一个被束之高阁的空洞贫乏的说教体系。倘若进行面面俱到的所谓全面和全程式的研究，不免重蹈诸多前人研究失败的覆辙，陷入涓涓溪水不到头、隔靴搔痒的困境。因此本课题组经过调研和缜密思考，本着宁可"挂一漏万"，也决不做"面面俱到、蜻蜓点水"式研究的理念，坚持有所为有所不为的原则。一方面，强调对教育质量关键"增长极"的研究，力图有所突破有所成就；另一方面，突出对中国"适宜性和有效性"本土汉化的研究方向。

可以说，总体的研究框架科学完整，子课题设计合理，做到了"分而有序，合而有道"，并就如何深化和拓展课题研究以及课题研究中所存在的难点问题提出了许多的宝贵建议。研究路径设计，依据高等教育职能演进理论、高等教育发展三阶段理论、高等教育市场化理论及多样化理论，以高等教育质量评价及保障问题为主线，基本上沿着以下的研究思路：高等教育质量何谓→高等教育质量保障的理论基础是什么→国内高等教育质量研究现状如何→国外高等教育质量保障现状如何→国内如何有效实施高等教育质量保障→新情境下高等教育质量保障存在的新障碍是什么、成因何在→我国高等教育质量保障的原则、内容与途径是什么。

（三）研究方法及研究对象

本书将综合运用管理学、社会学、教育学、统计学等相关学科的理论，结合采用文献法、比较法、案例法、调查法等研究方法。

1. 文献法

通过对高等教育类、管理类等多种学术期刊、著作、报刊的查阅和网络检索，尽可能多地了解国内外有关高等教育质量保障的研究状况及最新研究成果，并进行分析、归纳和整理，将本书建立于前人研究的基础之上。

2. 比较法

比较法包括纵向比较和横向比较两种类型。不同国家或地区的高等教育质量保障各具特色，带有自己国家不同时代经济、社会、文化等方面的烙印。因此，本书既需要对国内在历史发展轨迹上的不同类型、不同层级、不同阶段的高等教育质量保障进行纵向比较，又需要借鉴国外高等教育质量保障方面的成功经验进行评析，以期对我国新时期高等教育质量保障体系的构建提供启示。

3. 调查法

通过对国内政府主管部门、高等教育机构、用人单位等高等教育质量的利益主体展开调查并作深度访谈，尤其是运用访谈法，搜集高等教育质量的有关资料及数据并整理和分析，作为典型案例评析的第一手材料使用。

访谈，即研究性交谈，是以口头形式，根据被询问者的答复搜集客观的不带偏见的事实材料，以准确地说明样本所代表总体的一种方式。[①] 本次调查主要针对高等教育利益相关者。其中社会一项主要访谈对象是用人单位；高校一项主要访谈对象是校长或副校长、教务处处长或科员、就业指导中心负责人、教学人员、辅导员或教学秘书；受教育者一项主要访谈对象是在校大学生、应届毕业生、往届毕业生等。

第二节　研究综述

高等教育质量保障是在高等教育规模不断扩展，由精英化向大众化、普及化进军的新形势下，为充分发挥其应有功效的一种导向和激励机制。20 世纪 90 年代以来，高等教育质量保障问题备受国际社会组织、国家领导人、专家学者乃至普通民众的广泛关注。在经济全球化、高等教育国际化的背景下，各国对高等教育质量提出新的要求，高等教育质量保障迎来崭新的阶段。

一　高等教育质量保障的现状

（一）高教质量的重要性日益凸显

从国家层面看，各国都十分重视高等教育质量问题，将提高质量视为本国经济发展、社会进步的关键环节。美国总统奥巴马在其教育演说以及访问亚洲各国期间均提到：高等教育问题关乎"这个时代的经济问题"，同时也是美国繁荣昌盛的先决条件，要想保持国家的可

---

① 裴娣娜：《教育研究方法导论》，安徽教育出版社 2000 年版，第 167 页。

持续发展和提升未来在国际上的竞争力就必须对高等教育机构予以支
持和呼应。① 因此，他强烈呼吁大幅度提升教育质量，促进课程、评
价和问责机制的改革以提高高等教育整体水平。② 德国默克尔政府执
政以来，开始正视与英美等国在高等教育方面的差距，大学教育开始
陆续告别免费时代，"质量教育"逐渐取代"公平教育"成为新的办
学宗旨。③ 英国在高等教育方面也于 2011 年 6 月公布新的高等教育白
皮书，倡导建立更透明的高等教育市场化体系，增加高校之间的良性
竞争，增强为学生服务的意识，以进一步提高教学质量，切实维护学
生作为高等教育消费者的合法权益。④ 芬兰教育部将提升高等教育质
量上升至国家高度，在国家教育战略规划中将其确定为优先发展事
项，并加强政策引导；在"2007—2012 年教育与科研规划"中，教
育部把建立质量指标、完善外部审核、加强国际合作、深化学科评估
作为高等教育质量发展五年规划的重点内容；在"2009—2015 年高
等学校国际化战略"中，芬兰教育部更是明确提出进一步巩固本国科
研基础建设、加强国际科研合作交流、完善国际学生选拔程序、吸引
全球顶尖科研人员等多项举措，以期稳步提高高等教育质量，增强国
际竞争力。⑤

　　在我国，对高等教育质量的关注历来为党和国家领导人所重视。
胡锦涛总书记在庆祝清华大学建校 100 周年大会上指出，不断提高质
量，是高等教育的生命线，必须始终贯穿于高等学校人才培养、科学
研究、社会服务、文化传承创新各项工作之中。我们必须适应实现经
济社会又好又快发展，促进人的全面发展，推动社会和谐进步的要

---

　　① 郭英剑：《以教育为本 奥巴马政府高度重视高等教育》，http：//tech. southcn. com/
t/2011 – 04 – 12/content_ 22610402. htm/2011 – 11 – 02。
　　② 李震英：《奥巴马与教育：大幅提升教学质量的可能性》，http：//wenku. baidu.
com/view/e0ee8e1da300a6c30c229f8d. html/2011 – 11 – 06。
　　③ 郇公弟：《德国逐步告别免费教育，注重"质量教育"》，http：//www. chsi. com.
cn/chuguo/zxzx/lxzc/200702/20070225/753824. html/2011 – 11 – 06。
　　④ 王焕现：《英国高教改革：把学生置于体系中心》，http：//www. chinanews. com/
edu/2011 – 08 – 23/3278131. shtml/2011 – 11 – 06。
　　⑤ 王俊：《芬兰高等教育质量保障体系探析》，《比较教育》2010 年第 7 期。

求，坚持走内涵式发展道路，借鉴国际先进理念和经验，全面提高高等教育质量，不断为社会主义现代化建设提供人才保障和智力支撑。①温家宝总理在全国教育工作会议上指出，强国必强教，强国先强教，高等教育要坚持稳步发展和提高质量相结合，重点放在提高质量上。②中共中央政治局委员、国务委员刘延东在出席第六届高等学校教学名师奖表彰大会上指出，要努力造就高素质的教师队伍，为提高高等教育质量提供可靠保障。③

（二）国际合作加强

加强国际、国家间的交流与合作，并通过建立一个法定的、权威的、独立的专业机构来完善高等教育质量外部保障体系已成为共识。2005 年，国际高等教育质量保障机构（The International Network for Quality Assurance Agencies in Higher Education，INQAAHE）颁布"范例的指导原则"（Guidelines of Good Practice），即各国外部质量保障机构所共同遵守的准则，并在 2007 年加拿大多伦多 INQAAHE 全体大会上评定了"范例的指导原则"的实施效果，以便做进一步的审查，借此加强各国间高等教育质量保障的通力协作。④ 在欧洲，2005 年 5月，欧洲高等教育区（European Higher Education Area，EHEA）⑤ 教育部长会议肯定了欧洲高等教育质量保障协会（the European Association for Quality Assurance in Higher Education，ENQA）⑥ 所颁布的《欧洲高等教育区质量保障标准和准则》，并要求各国的质量保障体系遵守这一准则和标准；2006 年，欧洲议会和欧盟理事会建议进一步加

---

① 胡锦涛：《提高质量是高等教育改革发展核心任务》，http：//www. china. com. cn/news/txt/2011 – 04/24/content_ 22428896. htm/2011 – 11 – 06。

② 温家宝： 《强国必强教 强国先强教》，http：//politics. people. com. cn/GB/1024/12593919. html/2011 – 11 – 06。

③ 刘延东：《努力造就高素质教师队伍 全面提高高等教育质量》，http：//news. xinhuanet. com/politics/2011 – 09/08/c_ 122006233. htm/2011 – 11 – 06。

④ 毕家驹：《国际高等教育质量保障的发展动向》，《中国高等教育评估》2006 年第 4期。

⑤ 毕家驹：《欧洲高等教育区的进展》，《中国高等教育评估》2004 年第 3 期。

⑥ 毕家驹：《欧洲高等教育区的学位标准和质量保证准则及其启示》，《中国高等教育评估》2005 年第 5 期。

强在欧洲高等教育质量保障方面的合作，并于 2009 年发布《高等教育质量保障进展报告》。报告明确指出，在高等教育中，质量保障是建立和谐、兼容和有吸引力的欧洲高教区的核心。① 在亚洲，2003 年建立的包括亚太质量网络（Asia-Pacific Quality Network，APQN）作为国际高等教育质量保障机构联盟（International Network for Quality Assurance Agencies in Higher Education，INQAAHE）在内的一个区域性网络，在其网站上公布了"会员资格准则"，要求所有参加此网络的高等教育质量保障机构符合这一准则。② 2006 年 3 月，APQN 与联合国教科文组织合作开发了《跨境教育质量监管的使用手册》；2008 年3 月，APQN 又推出了《千叶宣言：亚太地区高等教育保障的原则框架》；同时，APQN 还与国际高等教育质量保障机构联盟合作开发了教育质量保障咨询专家库。这一系列成果为高等教育质量保障的国际合作提供了参照标准。此外，拉美教育质量保障国际组织（La Red Iberoamericana para la Acreditación de la Calidad de la Educación Superior，RIACES）、国际教育评价会（International Association for the Evaluation of Educational Achievement，IEA）、澳大利亚大学质量保障署（Tertiary Education Quality and Standards Agency，TEQSA）等也都为各地区高等教育的发展作出了不可磨灭的贡献。为了积极响应 INQAAHE、APQN 的号召，我国于 2010 年 10 月成立了"全国高等教育质量保障与评估机构协作会"。③ 联合国教科文组织（United Nations Educational，Scientific and Cultural Organization，UNESCO）在 2009 年世界高等教育大会公报中对高等教育质量问题也作出了具体的要求：（1）高校自治是高等教育机构通过保证质量、增强适切性、提高效率、增加透明度和履行社会责任等行动来实现自身使命的必要条件。（2）日

---

① 江洋：《欧盟发布高等教育质量保障进展报告》，http：//www. chinamission. be/chn/zogx/jyjl/t621458. htm/2011－11－02。

② 毕家驹：《国际高等教育质量保障的发展动向》，《中国高等教育评估》2006 年第 4期。

③ 教育部高等教育教学评估中心：《"全国高等教育质量保障与评估机构协作会"在北京成立》，http：//www. pgzx. edu. cn/main/webShowDoc? channel = syxw_ syxwnr&docID = 2010/11/08/1289193078850. xml/2011－11－15。

益扩大的入学机会对高等教育质量提出了挑战。当代高等教育质量及其保障的实现既要求建立各种质量保障体系，形成多种评价模式，又需要在机构内部形成一种质量文化。（3）质量保障机制应在整个高等教育体系中占据一席之地。（4）质量标准必须反映高等教育的整体目标，特别是培养学生的批判性思维和独立思考、终身学习等能力方面的目标。这些质量标准应该鼓励创新和多样化。高等教育质量的保障需要认识到吸引和留住合格、有才能以及忠诚的教学和研究人员的重要性。①　在国家之间，芬兰高等教育质量保障措施具有很强的国际合作性，其质量保障体系采纳了"欧洲高等教育保障标准与方针"，为芬兰与"博洛尼亚进程"② 其他成员国之间高等教育质量的

表 0 - 1　　　　不同程度上建立质量保障体系的国家（地区）

洲名	国名（地区名）
美洲	美国、阿根廷、巴哈马、加拿大、智利、哥伦比亚、哥斯达黎加、危地马拉、牙买加、墨西哥、特立尼达和多巴哥、巴西、秘鲁、玻利维亚、委内瑞拉
欧洲	阿尔巴利亚、安道尔、亚美尼亚、奥地利、阿塞拜疆、比利时、前南斯拉夫、保加利亚、克罗地亚、西班牙、捷克、丹麦、爱沙尼亚、芬兰、法国、德国、格鲁吉亚、希腊、罗马教区、匈牙利、冰岛、爱尔兰、意大利、罗马尼亚、拉脱维亚、列支敦士登、立陶宛、卢森堡、马耳他、摩尔多瓦、荷兰、挪威、波兰、葡萄牙、俄罗斯、塞尔维亚、斯洛伐克、斯洛文尼亚、瑞士、土耳其、乌克兰、英国、波斯尼亚—黑塞哥维那、塞浦路斯
亚洲	中国、约旦、印度、印度尼西亚、以色列、日本、哈萨克斯坦、越南、沙特阿拉伯、马来西亚、蒙古国、阿曼、巴基斯坦、菲律宾、斯里兰卡、泰国、阿拉伯联合酋长国
大洋洲	澳大利亚、斐济、新西兰
非洲	博茨瓦纳、埃及、埃塞俄比亚、肯尼亚、科威特、毛里求斯、尼日利亚、南非、纳米比亚

---

①　熊建辉：《教育部教育管理信息中心》，http：//www. haust. edu. cn/article/detail. aspx？id = 27126/2011 - 11 - 06。

②　"博洛尼亚进程"（Bologna Process）是 29 个欧洲国家于 1999 年在意大利博洛尼亚提出的欧洲高等教育改革计划。该计划的目标是整合欧盟的高教资源，打通教育体制。"博洛尼亚进程"的发起者和参与国家希望，到 2010 年，欧洲"博洛尼亚进程"签约国中的任何一个国家的大学毕业生的毕业证书和成绩，都将获得其他签约国家的承认，大学毕业生可以毫无障碍地在其他欧洲国家申请学习硕士阶段的课程或者寻找就业机会，实现欧洲高教和科技一体化，建成欧洲高等教育区，为欧洲一体化进程做出贡献。

保障提供了合作平台。澳大利亚近些年来也致力于高等教育质量保障的国际合作，2005 年澳大利亚联邦、各州和领地的教育与培训部长们就跨国质量战略框架达成了共识，该框架旨在确保为境外提供服务的澳大利亚教育与培训的质量能够位居国际前列。一年一度的国际高等教育论坛 2011 年主题明确提出"质量提升与建设高等教育强国"。在国际组织、区域组织、国家组织的推动下，世界各国（各地区）全国性（全区域性）的质量保障体系的数量逐年增加（表 0 - 1），提高高等教育质量在国际、国家间、区域间已初步达成共识。

（三）质量研究向纵深发展

从已取得的研究成果来看，自 20 世纪 90 年代起，我国学术界对高等教育质量的关注度持续上升，有关这方面的研究课题、论文、专著成果颇丰。在研究课题方面，陈玉琨教授主持了全国教育科学"九五"规划重点课题"高等学校教学质量保障体系的理论与实践研究"，并于 1993 年出版专著《中国高等教育评价论》；安心教授主持了全国教育科学"十五"规划课题并著有《西北地区高等教育规模扩张与质量保障研究》（2005 年），开启了地方高等教育质量保障的先河。此外，安心教授于 1999 年出版的专著《高等教育质量保证体系研究》，为我国学者较早系统研究高等教育质量保障的著作之一。在研究论文方面，有潘懋元教授的《新时期中国高等教育的质量战略》（2004 年）、《中国高等教育的定位、特色和质量》（2005 年）；薛天祥教授的《漫谈高等教育质量的评估与监控体系》（2000 年）、《我国高教质量评价研究的历史、现状与趋势》（1994 年）；戚业国教授的《论高等教育质量保障的思想、模式与组织体系》（2007 年）、《高校内部本科教学质量保障体系建设的理论框架》（2009 年）；张应强教授的《高等教育质量运行与预警管理系统的构建》（2005 年），等等。这些研究成果为我国高等教育质量保障体系的建构指明了方向并奠定了坚实的理论基础。

从研究内容来看，在高等教育质量标准上，温正胞教授[①]、张

---

① 温正胞：《市场与学术的对话——高等教育导入 ISO9000 的比较研究》，浙江大学出版社 2008 年版，第 3 页。

筱艳[①]教授均认为，高等教育应该导入 ISO9000 质量管理体系标准，与世界高等教育质量认证接轨。目前，我国已有 10 余所高校通过了 ISO9000 的认证。在质量观方面，潘懋元教授认为："在高等教育大众化时代，应把传统的知识质量观注重能力的质量观转变为包含知识、能力在内的全面素质质量观。"[②] 陈玉琨教授则认为："由于高校类型的多元化，培养目标的多样化，质量标准的多样化，因此高等教育质量观也应是多元的。"[③] 而吴剑平教授则认为："应建立具有促进人的全面发展、满足社会需要、符合办学定位的、科学的高等教育质量观。"[④] 在高等教育质量保障的维度方面，欧洲学者提倡"学生参与"的高等教育质量保障；[⑤] 美国学者提出建立"以学生学习为中心"的高等教育评估模式，并在此基础上利用 NSSE 测量工具对全国范围内四年制本科院校学生投入高层次学习和发展程度进行年度调查，以提高学校对学生学习质量的重视，提升教学质量，[⑥] 以及基于 SERVQUAL 服务质量测量的技术和方法。[⑦] 在高等教育质量内部保障方面，安心教授提出"适宜性质量观，即在一定的条件下，满足国家、社会和受教育者实际需要的质量。认为教育质量和教育成本是密切相关的，教育质量与教育成本具有一定的因果关系，质量建立于一定的成本之上，不存在无成本的质量。"[⑧] 翟海魂先生认为："课程是

---

① 张筱艳：《基于 ISO9000 认证的高等教育质量管理体系研究》，《重庆科技学院学报》2010 年第 2 期。

② 潘懋元：《新世纪高等教育思想的转变》，http：//www. eol. cn/20010823/207967. shtml/2011－11－06。

③ 陈玉琨：《高等教育质量保障体系建设的理论基础》，http：//wenku. baidu. com/view/572b0e6eb84ae45c3b358c3b. html/2011－11－08。

④ 吴剑平：《论科学发展观指导下的高等教育质量观》，《清华大学教育研究》2011 年第 4 期。

⑤ 赵叶珠：《学生参与：欧洲高等教育质量保障的新维度》，《复旦教育论坛》2011 年第 9 期。

⑥ 靳海卿：《高等教育质量评估的新视角——"全美大学生投入性学习"NSSE 的解析》，《科技信息》2011 年第 1 期。

⑦ R. C. Lewis & B. H. Booms, "The Marketing Aspects of Service Quality in Emerging Perspectives on Services Marketing," In L. Berry, G. Shostack, G. Upah eds. , Chicago：American Marketing, 1983：99－107.

⑧ 安心：《高等教育质量保证体系研究》，甘肃教育出版社 1999 年版，第 72 页。

提高高等教育内部质量保障的关键，在此基础上处理好社会需要和学生中心的关系；处理好学科、专业和课程的关系；处理好理论教学与实践教学的关系。"① 戚业国教授则认为："建立推动高校自身教育教学质量持续改进与提高的机制，通过对质量生成过程的分析，寻找教育教学质量的关键控制点，运用制度、程序、规范、文化等实施控制，从而实现质量的改进和提高。"②

（四）质量保障进一步规范化

加强高等教育质量保障的立法建设是世界各国高等教育发展的共同趋势。一些发达国家，如美国、英国等通过立法或行政手段，对质量评估与保障的职能、权力、地位乃至评估的方法与技术予以确认，以确保高等教育质量评估和保障活动在法律法规的框架下有序进行。外部质量评估机构对高校的评估更是要依照法律程序，定期参与公正合法的质量保障活动。此外，评估机构的资格认证不仅需要教育权威部门的认可，而且需要以法律的形式加以确立。美国早在 1996 年就成立了新的非政府组织——高等教育鉴定认可委员会（Commission on Recognition of Postsecondary Accreditation，CORPA），它作为美国高等教育认可制度的"总代表"，对美国高等教育质量进行评估。③ 英国的外部质量保证体系主要有政府的政策保证、专业认证机构的质量认证以及政府和学院之外的高等教育质量保障署（The Quality Assurance Agency for Higher Education，QAA）的质量监控三个方面。④ 法国于 1984 年创设了国家评估委员会（Comite National deI'Evaluation，CNE），其成员由 17 名委员以及 24 个行政工作组构成，委员都由总统直接任命，每届任期为四年，委员会主席从 17 个委员中选举产生，

---

① 翟海魂：《课程是提高高等教育质量的关键》，《河南科技学院学报》2011 年第 2 期。

② 戚业国：《本科教学质量保障体系建设——理念、目标与方法》，http：//wenku. baidu. com/view/3 ceb6 dc10 c22590102029 deb. html/2011 - 12 - 05。

③ 肖毅、高军：《美国"双轨制"高等教育质量评估体系及启示》，《中国高等教育》2010 年第 2 期。

④ 吴建伟：《国外高等教育质量保障体系的比较与借鉴》，《观察》（科教文汇）上旬刊 2011 年第 6 期。

它所作的评估报告直接呈达总统，教育部也无权干涉其评估行为和结果。① 2002 年，荷兰议会通过高等教育引入鉴定机制的法案，并建立了国家鉴定机构（the National Appraisal Organization，NAO），以便对高等教育中现有的和新设立的学位课程进行监控，使所有的课程都达到规定的质量。澳大利亚设有澳大利亚大学质量保障署（Australian Universities Quality Agency，AUQA），每五年对大学及州或地区的高等教育机构进行一次质量审核，并在审核过程中始终坚持严格、灵活、合作、协作、透明、经济、开放的原则。此外，西班牙的国家质量评估和认证局（Agencia Nacional de Ecaluacion de la Calidady Acredita-cion，ANECA）、芬兰的高等教育评估委员会（The Finnish Higher Education Evaluation Council，FINHEEC）也都是国家级、权威型教育质量保障机构，为保障本国高等教育质量起到关键性作用。

我国高等教育质量保障体系的建设源自 1985 年颁布的《中共中央关于教育体制改革的决定》，1993 年颁发的《中国教育改革和发展纲要》明确要求高校"建立自我发展、自我约束、主动适应经济建设和社会发展需要的运行机制"。自此，高校开始了在微观层面上，即对自身的办学活动的质量监控，并由此逐步建立起了一套完整的内部质量保障体系。2002 年之后，《普通高等学校本科教学工作水平评估方案》和《高职高专院校人才培养工作水平评估方案（试行）》先后出台。此外，《国家中长期教育改革和发展规划纲要（2010—2020 年）》也明确规定：完善督导制度和监督问责机制，制定教育督导条例，进一步健全教育督导制度。

高等教育质量保障的重要性不言而喻。各个国家或地区的教育部门都在引进新思路、借鉴新办法，积极参与国际上的合作与交流，力争为本国或本地区高等教育的质量保障群策群力、尽职尽责。各国教育界的众多学者也从不同角度探讨保障高等教育质量的行之有效的方略。虽然质量保障在各种法律法规的规制下趋于规范化，但与世界发

---

① 吴建伟：《国外高等教育质量保障体系的比较与借鉴》，《观察》（科教文汇）上旬刊 2011 年第 6 期。

达国家高等教育的质量水平相比，我国高等教育的质量普遍较低，制约保障教育质量的障碍颇多。

二 高等教育质量保障的新趋势

尽管质量保障亦步亦趋，但是，我们用思辨的思维与实事求是的思维以及理论和实践相结合的方法对质量保障的探讨不曾间断。未来高等教育事业该走向何方？高等教育质量保障的有效性何为？笔者带着这些疑虑对我国高等教育质量保障的新趋势做了一番探讨。

（一）保障制度和政策：注重人性化、公正化、透明化

制度是高等教育质量保障中相关利益分配的杠杆。人性化、公正化、透明化的高等教育保障制度和政策不仅可以广泛调动参与者的积极性，还可以降低制度维护成本，优化教育资源配置，提高质量保障效率。

从高等教育外部质量保障制度来看，无论是中国还是其他国家都比较注重制度设计的人性化、公正化、透明化。这主要表现在政府半官方教育评价机构的普遍建立上。我国早在 1994 年《中国教育改革和发展纲要》中就明确提出："要建立健全社会中介组织，包括教育决策咨询研究机构、高等学校设置和学位评议与咨询机构、教育评估机构、教育考试机构、资格证书机构，发挥社会各界参与教育决策和管理的作用。"从 1996 年上海市教育评估院的成立到 2008 年，我国已有省级以上的教育评估机构 13 家。如江苏省教育评估院 (1997)、广东教育发展与评估中心 (2000)、浙江省新时代教育评估中心 (2004)、北京教育评估院 (2007) 等①，还有其他省市也在积极筹备建立类似评估机构。这些半官方机构大多具有以下共同特点：第一，在人员构成上，除了有本机构专门从事评估的人员外，还建有人数不等的教育评价专家库，广泛接受各位专家的意见和监督，力争评价的公平可信。第二，在经费来源上，除了国家

---

① 《国家教育评价机构发展现状》，辽宁教育科研网，http://www.clner.com/Html/liaoningjiaoyukeyandongtai/jiaoyukeyandongtaijianbao/84123.html/2012 – 05 – 21。

提供的事业经费外，还可以通过各项专项评估、教育评估科学研究获得大量经费，这不仅减轻了国家的财政负担，而且使各个评估机构在专项评估中公平竞争，各显本领。第三，在信息交流上，这些半官方机构往往建有本机构的官方网站，提供评估机构与广大人民群众的信息交流平台。这些共同点都突出了评估活动的透明化、人性化和公正化。此外，为落实《纲要》精神，由教育部高等教育教学评估中心承办的"全国高等教育质量保障与评估机构协作会"也致力于高等教育质量保障工作，推动高等教育评估事业向透明化、公正化方向发展。

（二）保障目标：价值理性和工具理性圆融

保障目标是高等教育质量保障的指南针，也是高等教育质量保障价值理念的体现，它可以调动质量保障团体内部的主动性、积极性和创造性。对于高等教育质量保障目标的价值选择从某种程度上讲是两种价值哲学的博弈：一种是追求高等教育本身的内在价值，以实现个人的自我完善和追求个人幸福为本的价值理性；另一种是以服务于国家，满足国家或社会需求，以追求高等教育以外的外部力量以及价值增值为要旨的工具理性。从高等教育发展的过程来看，我国高等教育质量保障目标正经历着由工具理性走向工具理性与价值理性相融合的过程。

综观近年来我国高等教育质量保障目标的发展与演进，在过去很长一个时期内，由于经历了由计划经济体制到市场经济体制的转型，我国高等教育也经历了按照国家需求规格来培养人才到围绕市场需求来培养"适销对路"人才的转变。虽然这一转变使政府权力下放，高校可以在高等教育市场上自由竞争，这对培养多样化、高质量的人才具有积极意义，然而，我们可以看出，这种转变还是没有摆脱高等教育的工具性——"培养具有创新精神和实践能力的高级专门人才，发展科学技术文化，促进社会主义现代化建设。"[①] 高等教育是培养

---

① 《中华人民共和国高等教育法》，http://baike.baidu.com/view/129895.htm/2012 - 05 - 21。

人的活动，其最基本的功能在于使受教育者个体在人格和精神上得到完善。近些年来，我们也看到，在对高等教育质量的研究中，很多学者认为，高等教育质量保障的目标不应只附和市场与社会的需求，还应关注受教育者个体自身的发展和完善。因为高等教育是培养人的活动，离开了培养人的活动，高等教育的一切工具性目的也将不复存在。这种观点表明高等教育质量保障目标的走向正发生着变化，未来质量保障的目标应是价值理性与工具理性的融合。

（三）保障行为：强调社会参与和社会协商

高等教育是建设创新型国家的核心要素，也是培育国家战略性新兴产业、提高国际核心竞争力的基础。随着高等教育大众化进程的加快，高等教育质量保障已进入深水区，这不仅要求国家在高教质量保障上采取强有力的措施，也要求社会各界积极参与到质量保障活动中来，共同协商为提高高等教育质量而建言献策。

自 2001 年起，由中国高等教育学会发起的高等教育国际论坛，为中国高等教育的发展和质量的提高搭建了一个国际交流、借鉴的平台。其中，2011 年重庆国际高等教育论坛以"高等教育质量提升与发展"为主题，国内外著名专家学者就高等教育质量保障问题建言献策；在高等教育评估方面，注重学生的参与，把学生的感受作为高等教育质量高低的重要维度；此外，国家教育部门户网站也为高等教育发展提供了互动平台，其中，"部长信箱""政策解读""政策咨询""征求意见"等版块的设立进一步拓展了国家与社会各界就高等教育问题进行共同协商的平台。

（四）保障主体：由产品质量保障向全员化系统性保障转变

我国高等教育质量保障活动起步较晚，起初，质量保障活动是在政府的统一领导下展开的，具有浓厚的行政色彩。由于质量保障工作是政府行为，地方教育部行政部门在组织实施上全力配合，政府在质量保障活动中既是"运动员"也是"裁判员"，保障主体过于单一，质量保障活动只停留在政府层面，且未形成全员化、体系化的质量保障网络。

政府简政放权，高校自治权加强，使得高等教育质量保障突破了政府范畴，保障不断向系统化、全面化发展。这主要体现在以下几个方面：第一，从国际上看，全球性和区域性的高等教育质量保障网络已经初步建立，如国际高等教育质量保障网络组织联盟、欧洲高等教育质量保障协会、亚太区域质量保障网络组织等。第二，从国内看，地区性质量保障机构与全国性质量保障机构同步发展，确保高等教育质量的不断提高。如 2010 年成立的"全国高等教育质量保障与评估机构协作会"将地区性的 14 家专业质量保障机构以及 208 所高校内部质量保障部门结合起来形成了全国性、系统性的高等教育质量保障网络。[①] 此外，为贯彻落实《纲要》精神，进一步健全我国教育督导体制，国务院决定成立教育督导委员会，其成员不仅包括国务委员、教育部长，还包括各行业如科技部、公安部人力资源社会保障部审计署等部门，从而形成全方位、体系化的教育质量监督网络。[②] 第三，高等教育质量保障中民间组织的参与度不断增加。从 2003 年开始，中国校友会网与《21 世纪人才报》致力于中国大学评价，并把校友捐赠作为衡量高校教育质量的重要维度。[③] 此外，中国科教评价网，武书连大学排行榜等一系列评价网站也致力于高等教育质量的评价工作，推动着我国高等教育质量保障向普及化、系统化方向发展。第四，三位一体的教育质量评估模式逐步建立，即以"人才培养"为核心建立"人才、学科、科研创新能力"三位一体的系统化评估模式。这是随着我国"高等学校创新能力提升计划"而提出的全面提高教育质量的新思路。

（五）质量保障的政治杠杆加重

20 世纪 80 年代以后，随着市场化浪潮的兴起，高等教育质量的国家认可制度遭遇了市场化逻辑的挑战，传统的符合国家法定标准的政治正确式的质量观遭遇了满足顾客需要和符合市场适用性的挑战，象牙塔式的高等教育不得不面对质量时代的新挑战。按照克尔的说法："今天，教育比任何时候都无可避免地关系一个国家的质量。"

---

① http：//bkpg. ccsu. cn/structure/pgdt/zw？infid = 33.

② http：//www. moe. gov. cn/publicfiles/business/htmlfiles/moe/moe_ 1778/201208/141375. html/2012 - 05 - 21.

③ http：//wenku. baidu. com/view/19f6d82a915f804d2b16c132. html/2012 - 05 - 25.

在此背景下，高等教育的质量问题随之上升成为一个普遍的社会问题，甚至是政治问题。

高等教育质量保障的政治化倾向主要表现在各国对高等教育的政策和重视程度上。美国总统奥巴马将高等教育问题上升为"这个时代的经济问题"。① 德国政府开始反思大学"公平教育"所带来的种种弊端，并试图以"质量教育"取代"公平教育"。② 在我国，胡锦涛总书记在庆祝清华大学建校 100 周年大会上指出，不断提高质量，是高等教育的生命线，是实现经济社会又好又快发展，推动社会和谐进步，为社会主义现代化建设提供人才保障的关键。③ 温家宝总理也在全国教育工作会议上指出，强国必强教，强国先强教，高等教育要坚持稳步发展和提高质量相结合，重点放在提高质量上。④ 这一切都表明：高等教育质量问题绝不仅仅是高等教育内部的问题，高等教育质量保障已上升到国家政治生活层面，是关乎国家前途命运的重要政治性问题。

第三节　结论与对策

一　我国高等教育质量保障的新障碍

本书所指"新障碍"主要从两方面理解：一方面，从研究视角来看，目前对高等教育质量（保障）的研究存在以下问题：对高等教育质量的国际研究有余，国内研究不足；对高等教育外部质量保障的研究有余，对内部质量保障的研究不足；对宏观质量监控的研究有余，对微观质量管理的研究不足；质量保障硬件"不硬"，软件"不

---

① 《以教育为本 奥巴马政府高度重视高等教育》，http：//tech. southcn. com/t/2011 - 04/12/content - 22610402. htm. 2011 - 11 - 08。

② 《德国逐步告别免费教育 注重质量教育》，http：//www. chsi. com. cn/chuguo/zxzx/ lxzc/200702/20070225/753824. html/2011 - 11 - 08。

③ 胡锦涛：《提高质量是高等教育改革发展核心任务》，http：//www. china. com. cn/ news/txt/2011 - 04/24/content - 22428896. html/2011 - 11 - 15。

④ 温家宝：《强国必强教　强国先强教》，http：//politics. people. com. cn/GB/1024/ 12593919. html/2011 - 11 - 15。

软"。另一方面，从高等教育的发展历程来看，高等教育发展有一个"悠久的过去"，而对高等教育质量的发展研究则是一个"短暂的历史"。之所以说有"悠久的过去"是因为自高等教育产生之后，不论国际、国内还是政府，抑或是高等教育自身对高等教育发展的研究从未间断过；之所以说是"短暂的历史"是因为真正意义上的高等教育质量（保障）的发展研究始于 20 世纪 90 年代，在我国，质量保障可以说是新世纪的新命题，如质量文化、质量道德、质量测量的一些新技术与方法等纯属新事物。我们在访谈中还发现，诸如我国大环境下的体制机制问题也是制约高等教育质量保障的主要瓶颈，就这些涉及国家层面的问题，我们认为，不论从理论方面还是实践层面都无从触及高等教育质量保障的有效路径。因此，此类问题不作为本书关注的焦点。

我们认为，当前高等教育质量保障的新障碍有如下方面。

（一）对质量本质的探讨不够深透

近年来，随着教育的战略地位不断凸显，在高等教育领域，我国专家学者开始极力反思高等教育的质量问题，尤其是对高等教育质量的本质问题争论不休。有人认为，高等教育质量的本质就是其所培养人才的质量；也有人认为，高等教育质量的本质就是服务质量，即高等教育作为一项服务满足服务对象需求的程度；还有人认为，高等教育质量的本质就是价值增值，即通过高等教育的投入和产出之间的价格差来衡量高等教育的质量。虽然这些观点的提出源自不同的理论视角，各有其内在的理论逻辑与科学规范，但是，当我们反观我国高等教育的发展历程，深刻反思高等教育所具有的规律性与特殊性之后，我们认为，上述观点只是将高等教育作为社会生活的一部分，强调了高等教育的工具性，对高等教育本质的研究仍不深入。

从本书的前期访谈中可以了解到，在高等教育质量保障体系建设中，有 45% 的公众认为，合理的质量标准是质量保障的关键；有 40.3% 的公众认为，客观有效的质量评估是质量难题的突破口；有 14.7% 的公众（其中 10% 为教育方面的专家和学者）认为，解决"什么是质量，质量观的价值取向、质量标准的基本特征是什么"等问题才是建设质量保障体系的前提条件。这表明质量标准、质量评价等质量管理行为是人们关注的焦点，而质量本质、质量观以及质量标准的特性等虽然受到教育专家学者的重视，但对其他教育利益相关者而言，仍然很陌生。此外，通过 CNKI 学术搜索，我们了解到，学者们对质量观、质量管理和质量评估的研究较多，而对高等教育质量运行机制的研究不够；对国内高校质量的研究较多，而对国外的比较借鉴研究则较少；对质量研究的角度和方法很多，而对这些角度和方法本身的优缺点及执行情况的研究则很少。因此，重视质量本质，建立统一的、基本的高等教育质量研究体系和框架，是学者们今后需要攻克的难题。

（二）质量支持体系不完善

良好的保障环境和氛围是支持高等教育质量保障活动顺利进行的关键。良好的氛围既包括完善的质量保障制度和政策支撑，又包括全面系统的质量保障理论研究。然而，在我国高等教育质量保障中，这些方面仍存在许多不足。这主要体现在两个方面：

一方面，质量保障法制不健全，保障主体单一。我国在高等教育法律体系中，质量保障法缺位。尚未颁布专门的高等教育质量保障法以规定高等教育质量保障的目的、地位、规程等，法制建设远远落后于实际需要。事实上，离开了法律的指导、监督和约束，高等教育质量保障活动必定缺乏操作性，丧失了公信力。已有研究大多从教育或教育机构自身出发，如以高校论质量，以教育论质量，还未将其他研究领域已成熟的理论和方法移植到高等教育质量保障的研究中，缺乏学科间的交叉与贯通。只是在国家教育政策或规划中零星地提及高等教育质量评估，只强调政府在质量评估中的主体地位，忽视社会力量参与评估的重要性，更没有高等教育质量保障体系方面的专门法规。

在我国的高等教育质量保障模式中，"中央政府始终把握着质量保障的绝对影响力，其他保障主体能发挥的保障力不大"，[①] 政府部

---

① 陈廷柱：《中国高等教育质量保证的基本策略：市场化》，《江苏高教》2002 年第 1 期。

门是质量保障的主体，社会中介组织在质量保障中处于从属地位。"教育行政部门在质量保证活动中占有绝对权威，学校内部的自我保证居于服务、服从地位，社会外部保证尚未得到充分重视。"[①] 这使得高校只是单纯地被当作评估和监控的对象，而掩盖了自身能动性作用的发挥。实际上，政府不是质量管理的唯一主体，学校和社会各界作为利益人也是主体，也需要积极参与。因为质量保障主体的单一化，不仅不利于高校内部保障体系的建立和完善，而且不利于社会力量监督办学、参与办学。

另一方面，对质量保障的理论研究不均衡。通过对中国期刊网2007—2011 年有关高等教育质量保障的研究论文进行统计，我们发现，研究高等教育质量观的多达 135 篇，研究高等教育质量文化的有4 篇，而研究高等教育质量道德的仍是空白。这表明在理论研究方面，我国学者对高等教育质量保障的研究内容极不平衡，偏重对质量观的研究而对最基础的质量文化及其所产生的质量道德却涉及甚少。此外，由研究主体多元性所决定的理论研究成果质量参差不齐的现象极为普遍，如广大的理论研究者依据科学研究的思维得出的理性论断，在一定程度上被普通民众依据经验和直观感受得出的感性认识所消解，运用于实际领域中的理论研究成果的质量被大打折扣，这在很大程度上影响着理论研究的广度、深度和效度。

（三）质量保障硬件和软件不协调

自 20 世纪 80 年代以来，我国高等教育质量保障活动已开展 20余年，在此期间，质量保障活动得到国家教育部门和高校内部的广泛支持，高等教育质量的硬件保障大幅提高。在质量保障政策方面，我国自 2002 年以来，国家先后出台《普通高等学校本科教学工作水平评估方案》《高职高专院校人才培养工作水平评估方案（试行）》。此外，《国家中长期教育发展规划纲要》也明确规定要完善督导制度和监督问责机制，制定教育督导条例，进一步健全教育督导制度。在保障机构设置方面，我国教育部下设的全国高等教育质量保障与评估机

---

① 田思舜：《世界高等教育保证发展趋势探析》，《新华文摘》2007 年第 1 期。

构协作会，高等教育教学评估中心以及各省教育评估院都是我国权威性的教育质量评估组织。在具体的教学质量测量方面，引入了美国的服务质量理论以及 NSSE 技术。这些政策的出台、机构的完善以及质量测评技术的丰富为我国高等教育质量的持续上升提供了有效保障。

尽管如此，但是由于理论研究的不足，高等教育质量的软件保证明显不够。我们对中国期刊网 2007—2011 年有关高等教育质量保障的论文进行检索和统计后发现：涉及高等教育质量管理的有 94 篇，涉及高等教育质量评价或评估的有 107 篇，研究高等教育质量观的有 135 篇，而研究高等教育质量文化的仅 4 篇，对于高等教育质量道德及质量保障维度的研究甚至是空白。这表明在理论研究方面，我国学者偏重于质量的管理、评估及质量观的研究，而忽视了最基础、意义最广泛的质量文化及其所产生的质量道德问题。这主要表现在两方面：

一方面，对质量文化的研究乏力。高校质量文化是高校在长期的办学实践过程中自觉形成的涉及质量空间的价值取向、价值观念、意识形态、思维方式、道德规范、运行机制、制度保障、法律法规及传统惯例、风俗习惯及行为等"软件"的总和。一般而言，包括质量物质文化、质量制度文化、质量行为文化和质量精神文化四个层面，以人才培养质量为核心，以教育教学质量为主题，以全体师生员工为主体，以教育教学过程为主线。在现实生活中，人们时常会听到"二流学校"这样的词，对其的解释不过就是因为它们在生源、师资、硬件、位置等方面先天不足，甚至"这些学校的校长、老师常常拥有败北心态，以学生不出问题为宗旨，缺乏崛起的信心与勇气，没有主动发展意识。究其实质，就是缺乏学校的文化自信。……'二流学校'之所以二流，实质就是'文化的二流'，即文化自觉的缺失"。①

在高等教育领域中，现有的质量监控与管理基本上被限定在行政管理的范畴，侧重于方法与工具、程序与技术、体系与制度，却没有触及高等教育质量的核心——质量作为大学与大学人的一种生活方

---

① 许昌良：《"二流学校"崛起的支点在文化》，《中国教育报》2012 年 2 月 14 日。

式。过于强调操作的便捷而破坏了高等教育质量本身的完整性，使质量管理与质量形成两张皮，最终导致质量保障的长效机制难以建立。因此，高等教育质量保障须从质量管理、质量监控、质量经营的技术层面上升到质量理念主导、质量价值引领的文化层面。而且，我们愈发觉知，办大学就是办质量文化。在正常状态下，真正有效的高等教育质量保障的出路在于对质量文化的研究，对质量文化的培育。

另一方面，质量道德的缺失。质量道德是一般道德在高等教育质量领域中的彰显，是高等教育利益相关者将社会、外界对高等教育质量的要求内化的一种自我超越。高校质量道德包含于高校文化的价值观和道德观规范之中，是高校文化的内涵之一，是高校价值观和道德规范在人才培养质量和社会服务质量中的具体体现。高校质量道德建设不仅有利于提高高等教育参与者的职业责任和敬业精神，将高校质量问题上升到道德层面；而且有利于高校在质量管理过程中严格约束自己，从严管理，充分发挥道德在社会生活中的调节作用。事实上，我国的高校质量道德在理论研究和实际操作中都处于劣势，翻阅近年来有关高等教育质量的政策文本、书籍、论文，鲜有质量道德方面的内容。此外，随着大众化教育愈演愈烈，近几年来，高等教育界怪象横生：大学为争取优质资源掀起的合并、改名、升级、扩招之风；大学教师身兼数职，既是大学的教授又是公司的经理或社会团体的名誉主席或委员；大学领导权力撒野，贪污受贿等事件频发。这些怪象的出现表明，从高校教职工到高等教育事业的管理者还未形成良好的道德意识和道德行为。加之，在我国高等教育质量领域，完备的保障体系尚未建立，相关法律、法规尚未健全，这无疑使质量道德问题更加凸显。而高校质量道德作为高校管理的重要环节，它与质量管理并驾齐驱，共同在高校的生存与发展中发挥关键性作用。因此，质量道德建设也应是我国高等教育质量保障中一个不可回避、不容忽视的问题。

（四）质量标准和质量测量研究不到位

在质量标准的研究中，从国家层面来看，对本科各专业教学质量国家标准的研究较多；从地方层面和高校层面来看，对高等教育质量标准的研究甚少。目前，我国高等教育类型、层次呈复杂化、多样化。按类型可以分为普通高等教育、成人高等教育、远程高等教育和高等职业教育；按办学层次可以分为专科教育、本科教育和研究生教育；按功能可以分为人才培养、科学研究、社会服务和文化传承创新；按高校办学水平可以分为重点大学和普通大学；按学科结构则分为综合、师范、农林、理工、医学、艺术等。我国虽然颁布了《普通高等学校本科教学工作水平评估方案》《高职高专院校人才培养工作水平评估方案（试行）》，使普通高等教育和高职教育的质量保障工作有章可循、有据可依，但忽视了其他教育的特殊性，如艺术、医学等，将其笼统地归置在普通教育中进行评估，这显然不利于高等教育多元化与特色化的发展要求。

在质量测量技术方面，虽然我国引进了国外一些先进测量技术如美国服务质量测量方法、NSSE 本科教学评价技术等，但由于对其在我国高等教育中的适应性认识不够，汉化后的这些教育测量工具在实际应用中也存在不少问题。总之，在我国高等教育质量保障中，质量裁定以及测量是我国专家学者今后研究的重要方向。

（五）质量成本和质量效益不匹配

质量成本是企业为了保证和提高产品或服务质量而支出的费用的总和，以及因未达到产品质量标准，不能满足用户和消费者需要而产生的损失之和。在高等教育质量保障方面加强质量成本的考量主要源于四个因素：第一，从我国的基本国情来看，我国地域辽阔，人口众多，教育需求量大，这势必造成教育成本的上升。第二，自20世纪末我国高等教育大幅扩张以来，高校办学条件和经费问题比较突出，就高校本身而言，高校必须注重其经济性质量观，讲求质量成本，在考虑办学成本的同时兼顾时间成本和经济成本。第三，民办高校的兴起使高等教育从"公益事业"逐渐转向"私益事业"，比起公办高校，民办高校的投资者更加注重其教育成本与收益之间的差距。第四，从全球高等教育质量管理的发展历程来看，质量管理已经历了末端检验阶段、统计检验阶段、全面质量管理等阶段，而以前的末端检验主要以考试、考察等形式来检验教育质量，致使质量成本过高。在这些因素的促使下，质量成本势必成为衡量高等教育质量的一个重要维度。成本的价值就在于其产生的效益，包括经济效益和社会效益等。在高等教育领域，质量成本的价值自然也就是其产生的经济效益和质量效益，当然质量效益是其根本价值所在。然而，在具体的教育保障活动中，过分注重质量成本的考量也存在许多问题。一方面，管理者对质量成本关注的目的在于达到预先设立的符合性质量，但没有很好地掌握质量成本变化规律，从而导致高质量成本下的低质量效益。另一方面，质量成本只就成本论质量，没有将质量成本与质量效益有机联系起来，也几乎没有反映质量提高的成本。

二　高等教育质量保障新路径

（一）质量观的反思与批判

在质量核心价值观统领下，将新世纪高等教育质量观从不同的视角规整为哲学视角下的质量观、经济学视角下的质量观。在梳理过程中，我们发现，斑斑斓斓、形形色色的质量观应该是多样性与统一性的整合、学术性与职业性的整合、工具理性与价值理性的整合、现在与未来的整合。

伴随着大众化的进程，高等教育与社会的互动加强，高等教育为社会服务的呼声高涨，为满足利益相关者的质量诉求，高等教育质量观正悄然发生着微妙的变化，即高等教育质量观的异己性。所谓高等教育质量观的异己性指涉的是在质量观自身之外的，为人服务、为国家服务、为社会服务的这种服务于"他物"的性质。质量观的异己性根源于高等教育的"社会学转向"，并且其发展受到"技术合理性"的袒护，这也正是马尔库塞所极力批判的"单向度的人"的写照。为此，回归高等教育质量观的异己性就不仅是高等教育自身的发展与完善，而且肩负着将利益需求主体的期望内化于教育产品中的重任，更为关键的是要拿捏好教育自身和"技术合理性"之间的度，寻求一种可持续发展且忠诚于高等教育事业的质量观。

高等教育质量在上述转变和可持续发展战略中承担着不可替代的作用，高等教育质量自身也有一个可持续发展的问题。只有高等教育质量自身的可持续发展得到了有效保证，高等教育质量对社会可持续发展的作用以及为社会服务的质量才能得到更好的实现。

（二）再生性质量观

与社会学意义上的再生不同，与生物学意义上的再生相仿，这里借再生的名义引申出高等教育再生性质量观。所谓高等教育的再生性质量，指的是一切高等教育利益主体在接受高等教育过程中所形成的学识、能力的再造程度。广义的再生性质量，是指高等教育各利益主体在接受教育及其服务的过程中，逐渐形成且具备的学识迁移能力和水平，及其对后续学习、工作及生活所发生影响的程度和效果。狭义的再生性质量，是指受教育者在学习过程前后所具备的知识再生能力、创新的意识、洞察力和独特的视角等的形成和完善。显然，既定质量、弹性质量、超越质量共同构成了高等教育再生性质量观的基本内涵，再生与适应、连续性（不间断性）及继承性、创新与超越、效果最佳化（低代价）是再生性质量观的基本特点。

这一质量观强调高等教育质量的两大核心指标在于教育主体的差异及接受教育前后学识、素质和能力的变化。在高等教育培养目标与规格既定的背景下，如何追求教育主体再生能力的有效形成理应成为再生性质量观关注的焦点。于是，高等教育的再生性质量观便是以高等教育的有效作为、教育资源的高效利用和教育主体的最大收益为前提的教育质量意识倾向。由此，引出再生性质量观在实践应用中的两重意义，即督促高等教育机构的有效作为，同时引导教育主体的理性教育消费。

对高等教育质量观做如此缜密的思考、周全的解读和全新的重构，不仅明确了高等教育质量本质的特性，为后续探讨质量标准、质量价值取向、质量文化和质量评价等提供了理论依据，而且为找准突围高等教育质量保障困境的突破点，进而保障高等教育质量扫清了障碍。这也是本书最为核心的问题。

（三）价值圆融和质量文化建构

透过国内外学者对质量观的研究，探讨在高等教育发展演变的历程中人们所秉持的质量观的价值取向是题中之义。我们将高等教育的职能演变特别是大学职能的演变作为高等教育价值取向的一个研究的切入点，发现在大学职能不断演进、不断丰富的历程中，我国高等教育价值取向和利益相关者的价值诉求呈多元化态势。政府的价值诉求在于竞争力，社会的价值诉求在于贡献力，高校的价值诉求在于发展力，受教育者的价值诉求在于全面发展。高等教育质量观的价值取向呈现出两大特点：高等教育的工具理性占据主导地位；高等教育的价值理性逐渐弱化。

工具理性和价值理性作为一对概念范畴最早由韦伯提出。二者的本质区别在于工具理性注重对效率的追求，强调外在的功利性、理性化；价值理性注重人类的心灵，强调内在的本真性、人文性。将高等教育的工具理性和价值理性有机圆融是时代的最强音，同时构成了高等教育质量文化的内核。

高等教育质量文化是指高等教育质量保证活动中内外相生、以外促内的"双型"合成体，具有时代性、发展性和人文性的特征，是大学在教育教学实践过程中深入人心的以质量为目标的价值认同和履行质量承诺的行为表征的统一，是大学保证教育质量的技术层面的可操作和文化层面的可认知的统一，是在大学内部群体一致认同的情境之下上升到大学组织文化的层面，在大学内部凝结而成的一种"文化模式"。高等教育利益相关者对高等教育质量的诉求呈多元化、多样性和多变性，质量文化之于提升高等教育质量的作用无可厚非。我们认为，内生型质量文化是外发内生型质量文化的原动力，外发内生型质量文化是内生型质量文化的助产者。

如果说，质量是高等教育的生命线，文化则是贯穿于这一生命线的"灵魂"和"血脉"。由此，它建基于以"文化自觉"为基石、以"文化自信"为灯塔、以"文化自强"为动力的理念，我们认为，只有构建内生型和外发内生型高等教育质量文化，方能触及高等教育质量保障的真正内核，引领高等教育走出"重病"的阴影，迈向内涵式发展的新征程。

（四）质量标准及其测量与评价

1. 质量标准是高等教育质量保障的出发点和归宿，是高等教育质量保障的必由之路。价值哲学视角下的高等教育质量标准具有绝对性和相对性、一元性和多元性、阶段性和发展性、外在规范性和内在引导性的基本特征。

质量标准的绝对性是高等教育终极目标的统一，以人才培养质量为旨归。质量标准的相对性以质量标准的绝对性为基点，是特定历史时期高等教育职能的反映。质量标准的一元性是绝对的，是同一历史时期人们对质量标准的总体反映。质量标准的多元性是高等教育质量标准为满足多元主体质量诉求所表现出的差异性和多样性。它们既对立又统一，共同构成质量标准的科学内涵。

质量标准的阶段性用以区别教育活动的长期性和滞后性特征，反映特定阶段内质量特性所发生的变化及产生的效果。质量标准的发展性是质量评价主体在有限理性的支配下，审时度势、与时俱进，对当下质量标准的审视与更新。质量标准的外在规范性是相对于高等教育而言的探究高深学问的场所，必须借助政策、法律、法规等的规范。质量标准的内在引导性是先于质量评价活动预设的一种教育引导材料，包括教育目标、评估方案、教育内容等，这种材料具有高度的概括性、抽象性和包容性。

质量标准是衡量高等教育质量的标尺。唯有认清其具有的一些基本特征，才有可能制定出符合"以人为本"的质量标准，才有可能提高质量测量的可信度和有效性，才有可能为保障高等教育质量提供可资借鉴。

2. NSSE 及其应用。NSSE 是针对 20 世纪末美国高等教育质量下滑而产生的一种全新的本科教育质量评估的技术和方法。该测量工具突破了先前以"绩效"为核心的教育质量评价方法，首次将学生置于质量评估的主体地位；整个测评过程公正、公平、公开；通过 NSSE 工具所得的数据以及最终的研究结果用途广泛，既可作为美国高校排名的主要依据、高校内部改革的参考，又可作为即将进入大学的学生择校的参照依据。可以说，NSSE 技术是当下美国高等教育质量评估的一项重大突破。

我国自 2007 年以来对 NSSE 的产生背景、评估指标、测评流程等进行了不断的探讨研究，并在此基础上逐渐在部分高校试应用，我们发现，尽管对这一评估指标和评估流程以及评估报告的某些方面可以直接或间接采纳，但是受文化差异、学生特点等的影响，我们认为，NSSE 技术在文化适应性方面存在着困难；改良后的信度与效度问题以及常模参照标准的构建问题等常常导致在全国范围内的适用性和推广性不尽如人意。倘若能够真正将 NSSE 技术融入中国本土文化，能够在本土文化语境中有所改进、有所突破，显现成效，可以说，NSSE 技术对我国未来高等教育质量保障不无裨益。

3. SERVQUAL 及其应用。SERVQUAL 是一种用来测量服务质量的特定技术和方法，建基于顾客满意理论和利益相关者理论之上，利用顾客（学生）对服务的期望和感知信息来判断高等教育服务质量，服务质量的好与坏是通过顾客（学生）对服务的期望与感知服务绩效之间的落差来确定的。当感知服务绩效大于服务期望时，服务质量是良好的，反之则反是。将其应用于高等教育领域，我们发现，在小范围内尤其是在一所或两所高校范围内具有很大的适用性和可行性。

SERVQUAL 作为一种质量测量和质量评价模型，在应用过程当中虽然彰显了以学生主体性为目标和以过程控制为导向的优越性，但是在评价过程中必须处理好核心服务与附带服务的关系；处理好借鉴与原创的关系，以及高等教育服务质量评价的拓展探究等问题。

于是，我们认为，高等教育具有与其他服务产业不同的特殊性，在高等教育领域里进行服务质量的测评，必须对 PZB 的 SERVQUAL 模型进行反思，主要涉及对 PZB 初衷的再识读，真实瞬间感知的再认识，重申准确性与推广性，尊重办学特点等方面。坚持以学生为主体性目标和以过程控制为导向的准则建构 SERVQUAL 模型，充分尊重办学特点，以避免生搬硬造，简单移植，甚至难以"汉化"等问题。唯有真正触及这些问题，才能对我国高等教育质量测量和质量保障的持续改进提供可资借鉴的作用。

（五）现代大学治理与管理层面的路径设计

1. 大学产权规约和制度伦理治理

伴随着教育利益结构的日趋多元化、复杂化，教育制度的调整和改革不但深深影响着高等教育的质量，而且遭遇了前所未有的道德问责和伦理困惑，显而易见，高等教育质量保障制度也难逃道德与伦理的双重考量。因此，从制度伦理层面看，我们认为，可以从学生的认同度、教职工的忠诚度、融资的资信度、竞争的合理性、联盟的稳定性、社会的融合度以及社会的美誉度七个方面来构建高等教育质量保障的伦理框架。

调和高等教育各利益主体之间的利益冲突是高等教育质量保障体系构建的关键所在，而产权的规约恰恰是从源头对高等教育的财产权利做出一定的安排，消除了高教界无效产权存在的可能性，优化了教育资源的合理配置，减少了教育产权运行的不确定性。

质量托管作为产权规约的具体表现形式，以契约的形式明确规定了政府、高校、学生、教师等各教育利益主体之间的权责，是高等教育质量治理的一种重要手段。然而，高等教育利益主体的多样性、复杂性，致使质量托管本身问题重重，如托管主体混乱；保障机制不完善；托管链条冗长，效率低下；权力寻租和"内部人控制"现象严重。因此，我们认为，寻求新的高等教育产权落实模式、加强大学章程建设、重视大学制度伦理是弥补和完善产权规约和质量托管的重要拼图。

纵观高等教育的发展史，我们认为，主要存在三种大学产权落实模式：合并模式、分离模式和无所有人模式。但随着高等教育体制、机制改革的不断深化，高等教育产权主体逐渐向多元化方向发展。因此，在产权落实过程中应构建全方位的监督体系，尤其是第三方组织或民间组织的介入，辅之以教育资源配置市场化、建立高校利益相关者共同治理结构和多元产权主体的有限责任制度。

大学章程作为大学自律的"活宪法"，是高等教育内部质量保障的重要手段。健全高校内部质量保障机构、提高高校内部质量评价的科学性以及平衡高校内部质量监控内容都有赖于大学章程的完善。因此，我们认为，大学章程是高等教育内部质量保障的有效路径之一。

2. 公共问责

公共问责高等教育质量的主要形式有公众监督、网络问责和质量

"一票否决制"，三者共同拼凑成高等教育外部质量保障的蓝图。近年来，公众监督高等教育质量的呼声愈演愈烈，与此同时，公众监督乏力委实成为高等教育质量保障的一块短板。因此，健全和完善制度性法规不仅为公众监督高等教育质量指明了行动方向，而且为高等教育质量的保障提供了坚实的后盾。同时，要搭建公共问责的桥梁——舆论监督，使公众监督更具操作性和实践价值。舆论监督作为公众监督很重要的形式之一，其赖以生存的基础，一是拓宽信息渠道，二是增加问责的力度和效度。

随着"自媒体时代"的到来，我们敏锐地觉察到网络之于高等教育质量的作用非同小可，其广泛的群众基础更是令我们不可小觑。但与此同时，"网络是一把双刃剑"，网络问责作为高等教育质量问责的一种新兴手段，并不是完美无缺的，它有着自身的局限性。我们认为，突破网络问责高等教育质量的局限，需坚持以信息公开为基本前提、以道德自律与他律为基本保障、以舆论引导为强力抓手、以公民教育为终极指向。

质量"一票否决制"作为高等教育质量保障的又一进路，将质量作为衡量高校专业设置的核心标准，一方面在于坚守大学的育人使命和恪守塑造大学精神家园的要旨。另一方面在于攻克时代赋予高等教育提升质量的世纪难题。就转变高校拨款方式而言，我们认为，我国高校应实施绩效拨款制度，将质量作为衡量大学书记和校长绩效的一个很重要指标，并实行"双问责制"。厘清学术权力与行政权力的边界，由行政主导型问责制向学术主导型问责制转变。总之，大众化时期高等教育质量要想有所突破，就必须在这些节点处坚持以教学立命、以科研安身、以文化超越，死守人才培养关，严把学术研究关，狠抓质量关，意即高等教育质量"一票否决制"理念的内化和升华。

3. 法律问责和经济考量

将法律问责作为保障高等教育质量的一种"硬"手段。一方面，针对高等教育质量出现的种种问题即高等教育质量"破窗"的缘由——积极腐败和消极腐败，唯有借法律之手，依据"破窗效应"理论，要保证高等教育质量，就必须严厉打击和消解制造质量"破窗"

的高等教育腐败行为。为维护受教育者及其利益群体的合法权益，以法律的"硬"手段保证高等教育质量，就必须建立一套完整有效的法律制度，建构一个公正、公信、广泛、细化的法律问责网络，努力推动科学立法、严格执法、公正司法、全民守法。

高等教育质量法律问责体系建设是一项复杂、系统、艰巨的工程。为此，一方面，坚持以立法为根本前提、以执法为基本支撑、以司法为坚实保障、以守法为终极指向，各环节各尽其责，形成合力，协同作战，共同推进高等教育法律问责体系的构建。另一方面，引入教育判例法对高等教育在履行责任和义务——提高质量，尤其是在学术自由和教育公平方面所出现的不良现象进行依法问责，并使之具有现实的可行性和可操作性，即深厚的历史积淀、坚实的政策保障和迫切的现实需要。因此，法律问责以及引入教育判例法不失为高等教育质量保障的一大良策。

将质量成本视为提升高等教育质量的物质基础。在高教界，质量和成本统一主要存在传统质量成本观、零缺陷质量成本观、不良质量成本观三类。反观质量成本观，我们发现，高等教育质量管理和质量保障须以"低成本、高产出、优质、高效"为目标，以最佳质量成本获得最大化的质量效益，以"质量零容忍"理念，最大化地满足高等教育各利益相关者的价值吁求。同时，传统高等教育质量成本模式已不完全适用于现代质量成本观（现代质量成本观即政府—高校—企业协同为提高质量而付出的成本）。为此，在现代质量成本观观照下，唯有构建可量化、可操作的高等教育最佳质量成本模式，才能更好地反映质量成本的特性与规律，以弥补原有模式之最大缺陷：质量越高，成本越大。因此，质量成本的再考量不失为高等教育质量保障的又一良策。

4. 学术资本主义及其他

协同创新是全面提高高等教育质量的"突破口"和"新的增长极"。高等教育质量的有效保障有赖于校际的协同，有赖于师—师和师—生对话以及教育资源的互利共享，有赖于大中学教育的衔接，有赖于对大学建筑物设计中办学理念、文化底蕴的新探索。下面试就教学、学科专业、科研成长平台的构建、大中学 AP 课程衔接、机会均等下质量均等理念之于大学联盟的建立、大学校门等建筑物所承载的建筑文化功能等问题进行探讨，以期在校际实现教育、教学资源共享，为高等教育大协同、大创新开辟新天地。

高等教育质量最终要归于人才培养质量、教学与科研质量和社会服务质量以及文化传承创新方面。高质量的人才需要教学与科研的互动，自觉担当为社会服务的责任以及接受优质文化的熏陶。

就教学质量而言，第一，根在文化，魂在教师。高校的教育教学质量最基本的保障在于教师的创造性教学。每一位教师都是一部"活教材"，教师要坚持做人类灵魂和精神家园的守望者。教师要在鼓励学生勤于思考、敢于批判，坚持说真话，坚守公平、正义和良知的底线等方面为学生做出表率。对话应成为教师工作的常态。只有在不断的对话中，教师和学生才能结合在一起。课堂应成为师生对话的天堂。第二，指向问题与实践的学科、专业及课程应进行优化重组。第三，应实施大学与中学的课程衔接计划，即 AP 课程计划。一是可以缓和课业负担过重的问题，二是中学与大学协同以提高教学质量。当然，AP 课程在设计中应关注课程的逻辑性、知识的衔接性、个性发展的差异性、教育的系统性。

就科研质量而言，应讲求学术诚信与互动的教、研制度设计。通过强化学术诚信是学者的学术生命底线，基于学术激情与事业心的教、研制度设计等，保证高等教育机构科研质量的最大化实现。

就文化传承创新而言，大学建筑作为质量保障的一个窗口耐人寻味。大学建筑不仅是一种客观物质存在，也是一种精神存在，或者说是一种文化存在。校园建筑是人化自然物，具有鲜明的文化属性。典型的大学校园建筑，就像涌动的诗，流动的歌，漂浮的画，它以一种文化的形式，非强制性的教育手段，营造出的良好环境和氛围来达到教育的目的，影响教育的效果。

（六）改进与完善

本书从中国高等教育质量保障实践中的问题入手，集理论上尝试性的建构与实践上行动性的指向于一体，从质量观谈起，对质量标准及其测量、质量管理制度设计及其实践性路径均给予了较为着力的探讨，尤其是将整个研究置于高等教育内涵式发展的大背景下，将协同创新、共同体、学术资本主义等新的元素引入质量保障的新路径构建之中，实为一种与时俱进的努力与尝试。

当然，这种努力与尝试面临着新背景、新情境，可因循的现成模式与经验正在逐渐积累之中，所构建的破解路径也正在探索中，对其的修正、深入和完善必然是一个长期的、艰难的过程，这也正是后续研究所不容回避且亟待持续跟踪的缘由及起点。

第一编

理 念

第一章　质量观的解构：反思与批判

"人的生存意味着理解意义和渴望对意义的理解。"

——马克斯·范梅南《生活体验研究》

第一节　新世纪质量观的梳理

一　"单向度的人"和"技术合理性"视角的反思

美国哲学家、社会学家赫伯特·马尔库塞（Herbert Marcuse）曾提出"单向度的人"这一理论，借此对发达资本主义社会进行了尖锐的批判。"向度"（dimension）一词可理解为"方面"和"维度"，主要表达价值取向和评判尺度的意思。所谓"单向度的人"就是指丧失对社会现实进行合理批判能力的人。[①] 在高度集权的政治体制下，高等教育难免被国家所控制，为统治阶级服务，很容易趋向一种顺从主义。此外，技术密集型企业的大量涌现和工业生产的自动化，对劳动者的文化素质和智力水平提出了新的更高的要求。技术以一种强大的吸引力将高等教育吸附在它的周围，为它所用。正如我们在实践领域所看到的那样，"威斯康辛思想"已证明，在认识论和政治论可以并驾齐驱的当下，大学的纯理论研究既要被用于确定政治目标，又要被用于指明如何最有效地实现这些目标。[②] 当托马

---

① 赫伯特·马尔库塞：《单向度的人》，刘继译，上海译文出版社 2008 年版，第 4 页。
② 安心、毛慧：《高等教育质量价值取向的回归：对"单向度的人"和"技术合理性"的反思与评判》，《国家教育行政学院学报》2013 年第 3 期。

斯·伍德罗·威尔逊（Thomas Woodrow Wilson）在普林斯顿提出"为国家服务的大学"时，他受到了拥护而不是反对。[①] 布鲁贝克曾认为："在高等教育领域中，经验再次证明比逻辑更有影响。"[②] 美国社会学家默顿（R. K. Merton）的"精神特质"拉开了从外部环境尤其是社会层面研究科学及其本质的序幕。[③] 自此之后，传统科学知识观开始转向社会学。早先，培根在提出"知识就是力量"的时候就明确指出，知识的力量不仅取决于其本身价值的大小，而且取决于它是否被传播及被传播的深度和广度。[④] 21 世纪，"科学的传播速度在很大程度上取决于公众对科学的理解程度"。"社会"成了最初将传播高深知识作为己任的高等教育的最终落脚点。"服务站"取代"象牙塔"成了大学新的代名词。高等教育的职能逐渐从保存、传授、发展高深学问进而发展到服务社会。我们不难发现，高等教育本是创造研发技术的，为何又被技术所束缚，走上了一条唯技术至上的不归路？

马尔库塞在《单向度的人》中对"技术理性"的批判也许能给予我们一点启示。马尔库塞将科学技术执行发达工业社会意识形态职能的这一现象称为"技术理性"，体现着唯技术至上的社会意识形态的单向性。他认为，极权主义与工业和技术有关，是伴随着工业技术的发展而产生的。这种极权的力量不仅发生在生产领域，它已经渗透到了社会的政治、文化和生活各个领域，正是在这种意义上，技术理性才成为一种政治统治，一种意识形态的统治，甚至是一种思维方式，一种肯定性的思维方式。由此看来，工业和技术带给社会的不仅是经济的迅猛发展，而且是一种全方位的控制，一种从最初萌芽到发展壮大，到社会完全依附于它，最后变成社会的异己力量，反过来被

---

① 转引自约翰·S. 布鲁贝克《高等教育哲学》，王承绪等译，浙江教育出版社 2002 年版，第 17 页。

② 同上书，第 66 页。

③ 罗伯特·金·默顿：《十七世纪英格兰的科学、技术与社会》，范岱年等译，商务印书馆 2000 年版。

④ 张晶：《HPS（科学史、科学哲学与科学社会学）：一种新的科学教育范式》，《自然辩证法研究》2008 年第 9 期。

它所统治的过程。①

质量观基于摆脱传统的高等教育囿于"象牙塔"的背景，以市场本位论、社会本位论为价值导向，以实用、实效或重眼前利益为衡量质量原则的实用性质量观，② 事实上已经成了一种在"技术合理性"庇护下出现的，③ 本质就是一种为国家所用，实施政治控制的"软手段"。高等教育不再只是停留在教书育人、达到教学质量的阶段，更关键的是肩负着完成国家和社会的使命。但其实这两者并不冲突，前者是为了育人，后者是为了报国。

二 多视域分析与批判

"质量是生命""质量是灵魂"已全然构成了质量理念。新世纪质量的多元化和发展性决定了质量观的多样性和复合性。事实上，单一地从某个角度去探讨质量，难免会陷入"只见树木，不见森林"的困境。所以，应该在对各种质量观进行分类整合的基础上深入探究教育质量的本质，力求重构科学合理、明晰精确、具有普遍性意义的高等教育质量观。

唯物辩证法视角下的质量观力图基于高等教育的发展历程分析质量，认为质量具有发展性、整体性和个性化的特征。发展性的质量观不仅符合人类历史发展规律，也符合质量自身发展的过程，但过分强调发展性易忽视在特定时期内质量观的稳定性或静止性；整体性的质量观是从全局出发来界定"质量"一词，然而，往往由于人的有限理性，加之整体中各个部分的纷繁多样，人们很难恰当、准确地界定质量概念；个性化的质量观也存在一定的问题，因为个性是包含于共性之中的，过分强调个性，易导致片面化，出现"一叶障目不见森林"的情况；而过分强调共性，易导致趋同化，出现"千校一面"

---

① 安心、毛慧：《高等教育质量价值取向的回归：对"单向度的人"和"技术合理性"的反思与评判》，《国家教育行政学院学报》2013年第3期。

② 安心：《高等教育质量保证体系研究》，甘肃教育出版社1999年版，第4页。

③ 赫伯特·马尔库塞：《单向度的人》，刘继译，上海译文出版社2008年版，第4页。

的不和谐局面。①

价值哲学视角下的质量观将质量划分为外适性质量观、内适性质量观和人文性质量观。外适性质量观表明在市场化的影响下，高等教育如同"产品加工厂"，高校所生产的商品（学生）必须与市场需求直接对口，这显然忽视了学生的个人情感和自身追求。内适性质量观过分强调学校内部课程的独立与完整以及教学水平、科研水平、学术能力的高低，而忽视了高等教育主体与其系统之外客体的适应性，使教育脱离社会经济和文化的发展需要。人文性质量观是对外适性质量观和内适性质量观的融合与超越。它突出了学生自身的价值诉求，是价值理性在质量观中的体现。同时，也符合高等教育的发展规律，通过高等教育来促进人的个性发展和创造精神文明成果，进而大大促进社会文明程度的提高。

经济学视角下的质量观大体分为服务性的质量观、多样化的质量观、绩效观下的质量观、价值增值观下的质量观和国际标准组织规定下的质量观。服务性的质量观虽然突显了学生在高等教育中的主体地位，但将学生与商品交易中的"消费者"等同起来，明显忽视了高等教育的内在规律，也打击了广大教职工工作的积极性。多样化的质量观尽管在理论上是成立的，而且在这一理念下对各级各类教育进行分门别类，设定不同的评价标准，有利于各类教育各司其职，各尽其力，然而，在操作层面上，这委实是一个很庞大的工程。因为在市场经济和大众化的双重作用下，高等教育的类型纷繁多样，很难做出既公平又合理的分类。绩效观下的质量观以绩效来评判质量的高低，虽然可以调动校方的积极性，但是过分强调高校管理者和教师的主导地位，势必会弱化学生在教育中的主体地位，把学生仅仅当作被动的知识接受者或灌输对象。而以培养人才的价值是否增值来判断质量的好坏，同样忽视了学生的主体地位，把学生等同于产品的观念，更是与提倡以人为本、和谐发展的新的教育理念格格不入。正如马丁·特罗所说："如果以价值增值来概括质量概念，那么学校愿意招收学术水

---

① 安心、刘亚芳：《新世纪质量观：反思与批判》，《江苏高教》2012 年第 5 期。

平较低的学生而不是较高的学生，因为要提高低起点学生的水平比高起点学生的水平更加容易。"国际标准组织规定下的质量观在于使"质量"一词适用于不同的领域。需求导向主要反映在目的适切性的质量观上。从定义上我们明显可以看到它偏重于经济领域，与前面提及的服务性质量观念如出一辙，把学生及家长等同于消费者，忽视了高等教育的内在规律。显然，以此来评价高等教育的质量实在不妥。

第二节 学术资本主义对高等教育质量的影响

一 学术资本主义的兴起

学术资本主义是在高等教育市场化过程中大学在受外部环境变化的影响与自身内部不断变化成长的过程中逐渐形成的。最终兴起是由于各国政府对高等教育拨款的相对减少和高校开支的绝对增加。比如在英国，高等教育生均拨款在 1989—1997 年减少了 36%，尽管之后有所回升，但 2003—2004 年度的拨款仍然比 1989 年低 33% 之多。在美国，政府拨款占院校收入的比例从 1973 年的 50%，下降到 20 世纪 90 年代的 33% 左右。与此同时，学生的学费占总收入的比例在同一时期从 15% 增加到 22%，来自产业部门的合同收入和高校自身的创收占到近五成。[①] 各国政府同时也制定相关政策有意促进高等教育与产业界的相互合作，极力为双方提供广泛的合作空间。除此之外，各方面资金的困难使大学不得不去寻求新的资源，当大学所提供的产品正好能满足产业界对新知识和技术创新的追求时，学术资本主义也就因此开始兴起了。

二 对学术资本主义的再认识

"学术资本主义"一词最早主要在于指出知识分子批判的先天的冲突——知识分子利用其后现代的解构以获得特权与权力，蕴含着负

---

① 唐晓玲、王正青：《环境变化与大学管理革新：组织适应的理论视角》，《高教探索》2009 年第 3 期。

面的含意。① 美国学者希拉·斯劳特（Sheila Slaughter）和拉里·莱斯利（Larry L. Leslie）在 1997 年撰写的《学术资本主义：政治、政策和创业型大学》一书中，提出并论证了"学术资本主义"这一概念。他们在调查了美国、澳大利亚、英国和加拿大四国公立研究型大学的学术科研后认为，学术资本主义（Academic Capitalism）是院校和教授为获取外部资金而进行的市场或类似市场的活动。② 其中，市场行为指大学直接的营利活动，包括专利申请以及随之而来的版权税和许可协议、开办大学科技园、创立衍生公司、知识入股、出售教育产品和服务等创收活动；类似市场的行为指院校和教师为获得外部资金而展开的竞争，包括来自外部的拨款和项目合同、捐款、大学产业伙伴关系等。步入新世纪，斯劳特和加里·雷兹又专门对美国的高等教育机构进行了系统研究。他们在《学术资本主义和新经济：市场、政府和高等教育》一书中，从早期分析牟利动机对学术的影响，转向关注以利益为导向的院校行为跟院校能力提升之间的内在关系，并对学术资本主义的概念进行了适度修正。③

三 学术资本主义对质量影响的表现

高等教育作为一种旨在谋求公共福祉的事业，从欧洲中世纪产生大学之时将传授知识、追求真理作为其核心使命以来，经历了纽曼、洪堡、威斯康辛思想的转型与发展，最终将教学、科研、服务社会定位为其三大基本职能。而今，作为一种市场导向的知识生产与转化方式，学术资本主义对高等教育的挑战不可小觑，特别是在我国大学还未形成像西方大学那种学术自由、学术自治及通识教育的传统之前，就面对市场化、全球化浪潮，它将接受的挑战可能比西方大学更加艰

---

① 翁福元：《学术资本主义与高等教育人才培育政策：台湾的经验》，《高等教育研究》2009 年第 6 期。

② 希拉·斯劳特、拉里·莱斯利：《学术资本主义：政治、政策和创业型大学》，梁骁、黎丽译，北京大学出版社 2008 年版，第 198 页。

③ Sheila Slaughter, et al., *Academic Capitalism and the New Economy*: *Markets*, *State*, *and Higher Education*, Baltimore, MD: The Johns Hopkins University Press, 2004, XI, 256, 28 - 29.

巨。它正通过高等教育的职能，直接或间接地影响着高等教育的质量，笔者认为，这主要表现在以下几个方面。

（一）教学质量

1. 专业和学科的分裂

当我国由计划经济向市场经济转变的时候，高等教育专业设置的行业导向被市场导向所取代。此时，越是具有应用性质的学科和专业就越是备受大学和市场的青睐。那些关乎"术"的学科和专业成了新宠，人文学科和自然学科之间等级序列鸿沟被逐渐拉大。尤其是自然学科中的应用科学与技术工艺等科系与市场联系紧密，使得大学里的人文学科所能产生的作用越加微弱，更可悲的是只有在能够支持大学里那些最具有市场吸引力的研究时，人文学科才可能有哪怕是一点点的用武之地。

2. 专业和学科的同质化

高等教育学科和专业设置的市场化倾向一方面是市场对高校的需求所致，另一方面是学术被资本化之后的巨大利益使然。当学术成果和技术可以作为商品流入市场时，研发此成果的个人或是组织会得到一笔价值不菲的经济收入。这也是在政府减少对高校的拨款之后，高校自身创收的一个途径。因此，越来越多的高校追求向大而全的综合型大学发展，很多以人文学科而著名的古老院校也大力发展应用技术类专业，丧失了原本的学科和专业特色，呈现出千篇一律的状态。

3. 教师的教

教师成为在大学内部能够与市场接触的主要人员，他们利用自身在教学和研究领域所具有的市场化优势，通过课题、合同及与工商业的伙伴关系等途径了解市场，注重与产业部门合作，讲求将研究成果转化为实际生产力，是"学术资本家"的合格人选。当教师的成绩不再被限定为通过出版物的形式来获得，反而更加注重通过市场及市场性活动的成功来衡量时，这使他们逐渐摆脱以"学术研究"价值观，转向以"学术研究"价值观为主导，同时关注社会服务、经济发展、社会关系等多方面的"多元化"价值体系。① 在实践活动中，他们的行为表现出明显的市场化倾向，如提供咨询、专利申请、参与科学型区域经济生产以及开办独立运营的公司等。一方面，他们将学术成果商业化，从中获取地位、荣誉和利益，为学校创收；另一方面，他们在专注于商业化运作的同时，忽视了教学，使得教学质量难以得到有效保障。

4. 学生的学

学术资本主义对学生最直接、最有力的影响在于学费的攀升。我国的学费制度经历了免费、双轨制、正式形成三个阶段的发展，从计划经济时期的政府负担所有高等教育经费到双轨制时期的公费生与自费生共存且自费生招生比例增加，再到统一本专科收费标准，没有公费自费之分。随后，普通公立高校的学费标准开始逐年攀升，热门专业、市场化程度高的专业的学费更是大大超过其他专业，私人家庭承担的学费在高等教育成本中所占的比重日益上升。此外，学术的资本化对学生入学之前填报志愿有一定的导向作用。当前高校毕业生就业压力骤增，越来越多的学生选择专业的标准不再是自己的兴趣和专长，而是什么专业就业率高就报什么专业，导致有的应用性专业人数爆满，而人文社科类专业则无人问津。这对高等教育服务于公共领域产生了一定的抑制作用。

从教学质量来看，不可否认的是，院校和教师为引进教学资源而进行的这种市场化或类市场化活动起到了积极作用，如与市场联系紧密的科系的硬件设施的配备比起其他学科来说就要先进，并且数量充足。但是教师花在教学方面的时间和精力则大打折扣，教学质量受到一定的影响。正如纽曼所言："从最简单和最原始的形式看，大学是由来自世界各地的教师和学生组成、探索各种知识的场所。"教学质量保障渐行渐远，更多地充斥着来自于市场的气息。②

---

① 孙冬梅、梅红娟：《从"学者"到"创业者"——论学术资本主义背景下高校教师角色的转变》，《江苏高教》2010 年第 2 期。

② Newman, John Henry Cardinal, *The Idea of a University: Defined and Illustrated*, Chicago, Ill.: Loyola University Press, 1987, p. 464.

（二）对科研质量的影响

两极分化严重。学术资本主义对科研质量的影响主要在于基础性研究和应用性研究的两极分化上。高等教育机构的研究向来偏重基础性或是因好奇心驱使的研究，此等类型的研究比较不重视商业的利益和应用性，可以说纯粹是为研究而研究，为学术而学术。可是，在全球化与市场化的影响下，政府提供经费的减缩以及偏向补助技术性、应用性与受市场青睐的学科，采取市场取向的绩效责任手段，要求高等教育机构展现其办学成效。为回应这些因素的挑战与要求，高等教育机构的成员也调整其态度，积极回应产业界的需求，竞争市场的庞大利益。这种现象使得高等教育机构的研究由偏重基础性与好奇心驱使的自主性研究，转向重视特定目的、策略性、与商业性的应用性研究。[①] 进行学术科学研究的人员较少单纯地出于学术兴趣而追求学术事业，金钱成为他们进行科学研究和创新的最主要目的和动力，趋利而为似乎成为科研的主流趋势。由此导致应用性学科或应用性的研究型院校能够吸纳更多的市场资本，从而赚取更多的名誉和利益，而基础性、人文类学科或基础性教学类院校能申请到的科研经费则少之又少。由此造成两极分化严重，院校或科研机构呈现出明显的"马太效应"，洪堡提出的教学和科研相统一的著名法则遭受严重的挑战，科研反哺教学不断减少，科研漂移现象日趋严重。

（三）对社会服务质量的影响

社会服务的中坚力量。"为社会服务"的理念自威斯康辛予以践行以来，高等教育就再也没有与社会疏离过，历经百余年，如今联系甚为密切。在埃慈科维茨提出的"三重螺旋结构"理论中，高校、企业和政府围绕科技创新连成了一体，院校及学术人员满足了企业开发新产品的需要，自身成为新技术和产品开发的场所，同时又从政府和企业寻求到了资金资助，而政府由此既减轻了财政负担，又提升了自己在全球市场上的竞争力。根据"三重螺旋结构"理论，大学、政

---

① 陈伯璋：《学术资本主义下台湾教育学门学术评鉴制度的省思》，《新世纪高等教育政策与行政》，高等教育出版社 2005 年版，第 559—588 页。

府和产业之间联系的日益紧密，使为社会服务成为大学的另一个核心职能。这一转向引发了大学的第二次革命，"创业型大学"的兴起就是这次革命的必然结果。① 大学自身的组织类型不可能永远不变。从最开始的以教学为主，到后来教学与研究相统一，再到后来的为社会服务，即便是传统的大学也不断发生着演变。

四 学术资本主义对质量影响的归因分析

正如"学术资本主义"的概念被不断修正一样，它对高等教育的影响也随着时代的发展而被逐步深化。但毋庸置疑的是，学术资本主义对高等教育质量的影响并不只是负面的。因此，有必要看清它对质量产生诸多影响背后的原因，以便我们能有效地利用它，更好地发挥它的积极作用，在未来高等教育质量保障之路上扬长避短。

（一）"学"与"术"资本地位的变化是前提

何为"学"？《汉语大词典》上的解释为：效法，钻研知识，获得知识，读书；传授知识的地方；掌握的知识；分门别类的有系统的知识。何为"术"？《汉语大词典》上的解释为：技艺；方法；古代城市中的道路。何为"学术"？《汉语大词典》上的解释为：有系统的专门学问。由此可见，"学术"的含义本应既有"知识"，又有"技艺"，是基础研究与应用研究的双重组合，然而"有系统的专门学问"似乎偏重于"学"的概念而淡化了"术"的含义。"资本主义"这个词意味着生产要素（土地、劳动和资本）的私人占用。梅里厄姆·韦伯斯特《韦氏高阶英语学习词典》对资本主义的定义是："一个由私人或公司拥有资本的经济系统，经由私人的决定进行投资而非经由国家的控制，以及价格、生产、销售产品主要都由自由市场所决定。"从这种意义上讲，科学精神特质中的公有性与资本主义经济中把技术当作"私人财产"的概念是水火不相容的。② 这也就必然

---

① 徐辉、王正青：《大学—产业—政府的三重螺旋：内涵、层次与大学的变革》，《西南大学学报》（社会科学版）2007年第5期。

② R. K. 默顿：《科学社会学》（上），鲁旭东、林聚任译，商务印书馆2004年版，第372页。

决定了在后工业时代追求科学与真理的"学"很难资本化，而那些与市场、社会紧密联系的"术"，则更能迎合市场的需要。因此，"学"与"术"资本地位发生了改变，学术资本有了初始的分化。

（二）外部环境提供了学术资本主义影响质量的现实土壤

1. 政治上的全球化和新自由主义思潮

全球化通常是指全球联系不断增强，人类生活在全球规模的基础上发展及全球意识的崛起。英国学者杰勒德·德兰迪（Gerard Delan-ty）撰写的《知识社会中的大学》对学术资本主义与全球化的关系进行了专门论述。作者认为，全球化把大学推向了市场，全球化时代政府关注的重点之一是使大学为技术文明服务，继而使原本处于象牙塔之中的学术研究也走向市场，使学术具有了逐利的性质，知识就是经济，就是资本，学术资本主义应运而生。[①] 斯劳特和莱斯利认为，全球化对高等教育的影响至少有四点：第一，能够用于像中学后教育这样的可以自由决定的活动的经费紧缩。第二，与市场特别是国际市场紧密相关的技术科学和领域日益成为中心。第三，跨国公司与产品开发、革新有关的政府机构的关系日趋紧张。第四，跨国公司和老牌工业国更多地关注全球知识产权政策。[②]

20 世纪 70 年代，石油危机的爆发让西方国家经济陷入"滞胀"的困境中，凯恩斯主义主导下的国家福利政策逐渐失宠。随着美国总统里根和英国首相撒切尔夫人上台，特别是 1990 年"华盛顿共识"的出笼，新自由主义的经济理论继承了古典自由主义的自由经营、自由贸易等思想，鼓吹"经济自由化、私有化、市场化"，在政治理论方面强调和坚持"三个否定"，即否定公有制、否定社会主义、否定国家干预，成为西方国家的主流政治意识形态，并逐步向全球蔓延。新自由主义思想对大学最直接的影响就是来自国家的直接拨款迅速减少。政府资金开始以项目资助和委托开发的名义下拨到学校，目标激

---

① 杰勒德·德兰迪：《知识社会中的大学》，黄建如译，北京大学出版社 2010 年版。

② 希拉·斯劳特、拉里·莱斯利：《学术资本主义：政治、政策和创业型大学》，梁骁、黎丽译，北京大学出版社 2008 年版，第 35 页。

励性拨款、绩效拨款、边际成本拨款、竞争性投标等方式大为流行。与此同时，政府也极力鼓励大学与产业界建立起密切联系，支持大学的科技成果转化等市场行为。此时，法国社会学家皮埃尔·布尔迪厄（Pierre Bourdieu）笔下那种心智空间与社会空间的异质同构逐渐消解。

2. 经济上的资源依赖理论

全球化理论使我们理解国家在高等教育政策上发生的变化。资源依赖理论则可以帮助我们理解在一些大学中学术劳动性质上发生的改变。

资源依赖理论是一个组织最重要的存活目标，就是要想办法减低对外部关键资源供应组织的依赖程度。当关键性资源被剥夺之后，组织的资源依赖关系发生变化，因此会寻求新的资源，并且寻求一个可以稳定地掌握这些关键资源的方法。对于高等教育来讲，资源依赖理论认为，给像大学这样的组织提供资源的人有能力对这些组织行使很大的权力。① 简言之就是："谁付钱，谁点唱。"谁手里掌握资本并且成为大学的资本源，谁就对大学有发言权。

高等教育领域资源依赖关系的改变正在推动大学内部的实质性变化。世界各国的大学似乎都面临着不同程度的财政问题。在美国，高等教育被视为进入了一个新时代，财政问题是结构上的问题，并将长期存在。在欧洲，财政方面也有一些压力。1994 年欧洲大学校长会议的中心议题是经济力量如何"重塑院校"。在我国，不说一般性院校，仅就 985 工程的重点院校来说，各个研究型大学也都开始寻求来自政府拨款以外的资金支持。随着财政资助模式的变化，大学变得不再稳定，而是更多地依赖资源提供者，不得不在消费资源的同时履行相应的义务，大学逐渐失去完全的自主权。

3. 文化体制上的新公共管理和高等教育市场化

新公共管理是指将多种学科知识融合到公共管理研究之中，提出

---

① 希拉·斯劳特、拉里·莱斯利：《学术资本主义：政治、政策和创业型大学》，梁骁、黎丽译，北京大学出版社 2008 年版，第 61 页。

了不同于政府有限论和以市场解救"政府失灵"的一种公共管理模式。随着"新公共管理"运动的兴起，各国政府开始越来越强调投入与产出的效益最大化，倾向于有目的的、短期的拨款机制，并要求高等学校提供配套资金或实现特定产出。与此同时，作为区域内经济发展的"动力源"和知识经济的关键性引导者，大学的科技创新及其成果转化对产业界获得竞争优势至关重要，产业部门对新知识及技术的兴趣也日益浓厚。加上政府为增强国家竞争力而有意识地推动高等教育与产业部门之间的联系，无形中促成了学术资本主义的发展。

在全球化和知识经济的影响下，不管在哪个国家，哪个大学，由哪个部门主管，以什么名义来实施，甚至不管发生在哪个机构的哪个部分，总之，高等教育正在逐步"市场化"。为招收到最优秀的学生和增强自己的吸引力，世界各地大学都开始把自己"规模化""品牌化"；为提高大学的知名度和声望，对少数学术大师及科研精英开出巨额薪酬，并给予子女以特殊照顾；真正的纯学术研究逐渐变成了有利可图的专利产品；学术思想和科研成果开始走向市场并最终以高额的价格被买走；高等教育领域市场化的程度越来越大，很多大学传统的人文学科逐渐萎缩甚至消亡。从大学的管理到培养模式各方面都开始走向市场，以分享全球化和知识经济所带来的好处。

（三）内在逻辑埋下了影响教育质量的种子

大学的理念穿越了时间的界限，诠释着大学之所以传承至今乃至永久的真相。纵观大学理念不难发现，高等教育自身为学术资本主义对其质量的影响埋下了历史的种子。中世纪后期的欧洲，通过"师生行会"这种社团组织，大学对外倡导自治，对内又给学者以充分的学术自由，避免封建教会和世俗城市当局的控制。如纽曼一类的人认为，大学之目的在"传授"学问而不在"发展"知识，是一个提供博雅教育，培养绅士的地方。此时的大学完全是一个独立研究学问、追求真理的场所。

然而，德国著名哲学家卡尔·雅斯贝尔斯（Karl Jaspers）曾在《大学之理念》中指出："……因为大学为公共服务领域那些需要具备各科研能力和学术训练的职业提供了毕业生……如此说来，大学自然是服务于实际目的的机构。"① 事实确实如此。随着英国工业革命的发展，以英国伦敦大学和一大批城市学院的建立为首的"新大学运动"，打破了大学教学中固守古典课程，脱离社会经济发展的局面。英国大学的培养目标从为统治阶级服务转向立足于社会需要，为工商业发展服务。19 世纪洪堡创建柏林大学后，科学研究在大学中的独立地位基本形成。② 科学研究是大学的首要任务，为世界大学教育提供了新模式，大学由此成为集教学与科研功能于一体的机构。1862年，美国政府颁布《莫里尔法案》，通过立法建立起大学为社会服务的体制，注重研究成果的社会化和市场化，推动大学更加深入地参与地方经济的发展，从而开启大学"产学研"相结合的新风，对世界各国的大学产生了深远的影响。至此，大学的性质由单纯的"教学场所"逐渐变成教学和科研相统一的"研究机构"，再到集教学、科研和社会服务于一体的"社会服务站"。教学、科研和社会服务被最终确立为大学的三大职能，成为现代大学理念的目标与追求。

与大学理念相比，大学精神并不着重于人才培养模式、大学的课程等微观方面的理想设计。相反，它似乎总是站在一种宏观的立场上，以一种批判性的向度审视大学的现状，检视大学目的的合理性与行为的意义和根据。正如德国哲学家尤尔根·哈贝马斯（Jürgen Habermas）所言，它永远停留于正常话语的外围，超越和独立于权力、货币等具体利益的操纵，以其独特的价值立场实现对大学存在的批判。③ 大学在其有形的实体结构内部深藏着它存在的意义和价值，是一种精神存在，立足于大学发展的现实根基，这就为学术资本主义影响高等教育的质量播下了历史的种子。尽管在某种程度上大学精神还执行着对大学理念的批判，但是，大学的资源依赖性和脆弱性也决定了大学必须变通以满足社会的需要，维持自身的生存

---

① 卡尔·雅斯贝尔斯：《大学之理念》，邱立波译，上海人民出版社 2007 年版。

② 肖海涛：《一种经典的大学理念——洪堡的大学理念考察》，《深圳大学学报》2000年第 4 期。

③ 贺来：《现实生活世界——乌托邦精神的真实根基》，吉林教育出版社 1998 年版，第 7 页。

与发展。这也是为什么欧洲中世纪特殊时代背景所造就的大学自治的精神随着时代的发展在分别遭遇宗教、政治、经济这些社会主导力量的干预之后，经历了由最初的纯粹自治到伴随着神学信仰直到国家本位再到社会服务站等一系列角色的转变。"自由、独立、批判"的大学精神具有时代内涵，也许正是因为随着时代的变化而变化，大学精神才得以丰富和传承，这也是它基于现实而超越现实的精华所在。

五 运用学术资本主义保障教育质量的建议

（一）高等教育质量的"守"

高等教育的核心宗旨是培养人才，人才的质量体现着高等教育质量保障的成败。在面对学术资本主义所带来的挑战的同时，我们不能被浮云遮望眼，要清醒地认识到当务之急是要守住高等教育质量的核心目标——人才培养质量。在高等学校的人才培养、科学研究、社会服务三大基本职能中，人才培养是高等学校最基本的或者说固有的职能，科学研究是人才培养职能的延伸，社会服务又是人才培养、科学研究职能的延伸。三者相互联系、相互影响，其中，人才培养质量是高等教育质量的核心，科学研究质量是高等教育质量的重要组成部分，而人才培养质量和科学研究质量在一定程度上决定了社会服务质量，因为高等教育的社会服务主要是通过人才培养和科学研究的成果转化来实现的。潘懋元先生在论及高等教育的三大职能及其相互关系时指出："高等学校三个职能的产生与发展，是有规律性的。先有培养人才，再有发展科学，再有直接为社会服务。它的重要性也跟产生的顺序一样，产生的顺序也就是它的重要性顺序。应该说，第一，人才培养；第二，发展科学；第三，直接为社会服务。不能颠倒过来，把直接为社会服务摆在第一位，把教学或者科研摆在第二位、第三位。"① 正因为如此，《纲要》明确要求高等学校"牢固树立人才培养在高校工作中的中心地位"。这充分体现了高等学校应以人才培养为

① 潘懋元：《高等学校的社会职能》，《高等工程教育研究》1995 年第 2 期。

根本的思想。我们必须清醒地认识到，人才培养是高等学校的根本任务，人才培养质量是学校的生命线，不断提高人才培养质量是学校永恒的主题，这是教育的基本规律，也是高等学校区别于其他社会机构的根本之所在。

（二）高等教育质量的"变"

高等教育质量的"变"并不是说在高等教育面对学术资本主义的时候要顺应，要屈从，要改变高等教育质量的衡量标准，而是说要懂得适当变换保障高等教育质量的手段。从某种意义上说，学术资本主义就是一种保障高等教育质量的手段。通过学术资本化的形式，倾听市场的声音，满足社会的诉求，让学术的价值在社会和市场中得以充分体现，使高等教育成为社会发展的重要推动力量。西方大学延续 800 多年，有一套相对成熟的学术体系和运行机制，它有其相对独立的大学精神和自由的学术传统，在市场的冲击下不太容易迷失方向。而中国的大学由于自身的政治体制所面临的情况可能更为艰巨和复杂，还正在摸索寻找适合自己的发展道路时就要面对市场化的冲击，受到的负面影响比较大些。为此，我们必须给予足够的重视。

在由高等教育三大职能决定的教育价值、学术价值和社会价值构成的大学价值体系中，基于高等教育围绕知识而展开活动的特性，无论是创造知识、传播知识还是应用知识，我们都很容易发现学术价值是其核心价值，其他价值都是以学术价值的实现为前提的"伴随价值"。学术真正的价值体现在教学的质量、科研的质量以及人的发展和科学技术进步的质量上。高等教育既要维护其学术价值以保障质量，又要适当地考虑社会效益。在学术资本主义这股市场化浪潮面前，最重要的就是明确区分目的和手段，市场化只是手段，而绝非目的。就像我国所采取的市场经济体制一样，体制只是方式和手段，目的是发展经济并最终达到共同富裕。高等教育在学术价值的诉求下与市场"联姻"，唯有在保证高等教育质量的前提下，满足学术资本主义的新要求，方可继续生存；唯有归宿于学术价值的实现，方可持续发展。

第三节 质量观的价值圆融

教育是整个社会发展的重要议题。就高等教育而言，人们关注的焦点已不仅仅是高等教育的工具理性，更加关注的是高等教育的价值理性能否体现。未来高等教育质量观的价值取向应当是工具理性和价值理性的圆融。我们说文化是大学的灵魂和血脉，是大学人的精神家园。而全面提高高等教育质量的一个重要支点在于质量文化。因此，在工具理性和价值理性有机融合的质量价值取向引领下，构建内生型和外发内生型高等教育质量文化不失为破解我国高等教育质量保障的有效路径之一。

一 高等教育质量观的价值取向

质量是高等教育的"生命"和"灵魂"。尤其是从 1999 年我国高校扩招以来，高等教育质量一直是我国高等教育界的重要研究课题，涌现出了众多关于高等教育质量观的研究文献，时至今日，高等教育质量研究已经进入了"深水区"。国家层面对高等教育质量也给予了足够的重视，在《纲要》中明确提出"全面提高高等教育质量"。那么，十多年来我国高等教育界主要涌现了哪些质量观？众多的高等教育质量观秉承了什么样的价值取向？在我国未来的高等教育质量观发展中应该坚持什么样的价值取向？这些问题都需要我们进行深入的研究。因此，本书主要以文献研究法，通过对十多年来我国高等教育质量观的系统梳理，以工具理性和价值理性作为研究视角，借此深化对高等教育质量观的价值取向认识。

高等教育质量观的价值取向问题贯穿于整个高等教育发展的历史脉络之中，甚至影响着人们对高等教育活动的参与以及高等教育活动本身的效益。"论从史出"，从历史的角度出发对高等教育价值取向的演变加以考察，既有助于我们准确把握高等教育质量观的价值取向演变规律与特点，又能为高等教育质量观的价值取向找到更有说服力的依据。

（一）工具理性和价值理性的内涵及其相互关系

工具理性和价值理性这两个命题，是德国著名社会学家马克斯·韦伯（Max Weber）提出来的。韦伯将人们的社会行为分为合理性和非合理性两大类；合理性分为工具合理性和价值合理性。所谓工具合理性行为是指能够以计算和预测后果为条件来实现目的的行动；而价值合理性则是由对价值的绝对确信所驱动的，是不顾后果如何、条件如何都要完成的行动。现在人们通常把这两个命题称为工具理性（或技术理性）和价值理性。现今，运用工具理性和价值理性探讨高等教育领域问题的研究成果俯拾皆是。当然，不同的研究者以不同的解释视角和不同的研究方法对其的理解各不相同，笔者认为，对其内涵还需进行进一步深入的研究。

根据马克斯·韦伯在《经济与社会》中对它们所下的定义，工具理性即"通过对外界事物的情况和其他人的举止的期待，并且利用这种期待作为'条件'或者作为'手段'，以实现自己合乎理性所争取和考虑的作为成果的目的"①。换言之，工具理性强调功利性，人们会为达到既定的目标而考虑采用各种可能的手段，并且最终选择最为有效的手段，那么，在工具理性的语境中，理性的价值完全取决于它在具体境况中解决实际问题的功用和效果。因此，持工具理性的一般主体不是看重行为本身的价值，而是注重所选择的行为能否达到目的的手段。更为准确地说，它所关注的是手段的选择是否最有效率。这样，工具理性行为者会将人或者事物作为自己实现目的的工具。价值理性是"通过有意识地对一个特定的行为——伦理的、美学的、宗教的或作任何其他阐释的——无条件的固有价值的纯粹信仰，不管是否取得成就"②。也就是说，在价值理性之中，人们更为看重的是行为本身的价值，而不是手段与后果。其实，价值理性就是人们在现实的价值活动之前已经建立起的，它是人们根据主体需要和意志进行价值活动的控制和规范。

① 马克斯·韦伯：《经济与社会》，林荣远译，商务印书馆1997年版，第56页。
② 同上。

概言之，工具理性和价值理性是两个层次的价值理念，表现了人们对价值本质理解的两个层次和价值追求的两种境界。西方世界的工具理性主要是从主观主义价值论，特别是情感主义等观点出发理解价值的，从情感是否愉快，是否满足兴趣、欲望、需要等出发去理解价值，往往把直接的物质功利，如金钱、财富、名利、感官愉悦、现实的技术、效率等能够计算和实现目的的有效后果作为价值追求的主要目标，而忽视长远的、根本的价值，忽视远大理性，缺乏任何终极价值，忽视对真善美的追求。① 真正的价值理性是从发展，特别是从整个人类物质文明、政治文明、精神文明全面协调、可持续的发展进步、人与自然和谐发展与每个人自由而全面的发展效应出发去理解价值，把整体的、长远的、根本的价值，把远大理性或终极价值，把人的尊严的维护和人类的美好未来，把对真善美的执着追求，作为价值追求的主要目的。

工具理性与价值理性有联系也有区别。工具理性是价值理念、价值追求的较低层次，而价值理性则是价值理念、价值追求的较高层次。工具理性主要追求现实的直接价值；价值理性则主要追求远大的理想价值。工具理性主要追求手段价值、崇拜技术价值；价值理性则是对目的价值，特别是对远大的整体的根本目的价值的执着追求。工具理性和价值理性的关系实质上是现实与理想、手段与目的的关系。目的与手段是相对而言的。手段是相对一定的目的而言的，手段与目的都是多层次的。一种行为相对于其实现的目的来说是手段，相对于实现它的行为来说则是目的。手段不能离开目的而存在，手段离开了目的，就会产生迷误，失去其合理性。工具理性正是由于只追求手段价值，而忽视目的价值，只追求直接的现实价值，而忽视长远的根本价值，从而导致物对人的统治，玩物丧志，物对人的惩罚，产生了严重的不良后果。工具理性脱离价值理性必然会导致价值迷失，所以，工具理性有赖于价值理性的指导。更为通俗地讲，这两者的根本区别

---

① 王玉樑：《21 世纪价值哲学：从自发到自觉》，人民出版社 2006 年版，第 338—340 页。

在于，工具理性更为注重对效率的追求，价值理性则侧重于对公平以及真、善、美等方面的追求；工具理性侧重于理性化，价值理性更侧重于人性化。

工具理性直接实现着人们的现实价值，是现实生活所必需的。它可以直接调动广大群众的积极性，促进技术进步，推动经济发展，是不容小视、不可或缺的。价值理性和工具理性是人类理性不可或缺的两个有机组成部分，价值理性为工具理性提供精神动力，看护着人类的"心灵之命"；工具理性给价值理性带来的是现实支撑，不断满足和提升人类的"肉身之爱"。① 离开工具理性去追求价值理性，对远大价值理想的追求就会脱离现实而失去现实的基础，变得苍白无力。真正的价值自觉应当是工具理性和价值理性的统一，在价值理性的指导下发挥工具理性的积极作用，抑制其消极效应，而不是脱离价值理性去崇拜工具理性，也不是只讲求价值理性而否定工具理性。或者说，工具理性与价值理性存在着相互作用、相互转化、相互促进的内在联系。工具理性的存在是通过实现对人自身环境的开拓，从而使价值理性确立新的人生的终极目标以及人生意义，为实现价值理性的升华提供一定的条件与支撑。也就是说，没有工具理性的存在，价值理性的实现是非常困难的，因此，工具理性和价值理性需要融合和统一，并置其于高等教育发展的具体场域中分析其价值倾向性。

（二）高等教育发展演变中的价值取向

人们对高等教育的价值认识以及在实践过程中对高等教育的价值选择倾向受到高等教育职能的影响，因此，我们将高等教育的职能演变特别是大学职能的演变作为高等教育价值取向的一个研究入口。

自欧洲中世纪大学产生始，大学作为高等教育的主要组织机构，其高等教育活动的基本追求突出表现为对知识的传承和对学术的追求，但侧重的主要目的就是开展职业训练，为社会培养更多的法官、

---

① 邹喜：《对工具理性与价值理性关系的批判性反思》，学位论文，广西师范大学，2006 年。

医生以及牧师等专门人才，即对人的完善发展，尤其是精神发展的追求基本上没有得到体现。① 从社会发展的需要看，中世纪的高等教育建基于满足当时社会对专业教育的期望上，学习专业知识，受到良好的专业训练是社会和高等教育关注的中心。② 在欧洲中世纪，人们对高等教育的价值取向是，高等教育主要能为整个社会培养多少专业人才，对社会发展的推动力有多大，实际上就体现了高等教育工具理性指导下的社会本位取向。

在文艺复兴之后，直至 18 世纪，大学的主要职能还只是单一的培养人才。③ 1810 年，以德国洪堡创立的柏林大学作为标志，高等教育职能第一次得到了扩展，高等教育活动中心从教学转向了重视科学研究，随着科学研究在大学中的日益兴起与发展，知识创新和学术成果的出现主要满足学者个体的理智兴趣，他们考虑的问题是以自己的关注点为中心，④ 实际上，高等教育逐渐成为探索知识的工具，因为这一时期高等教育的价值取向主要表现为知识本位的工具理性。19世纪中叶，经过美国实用主义的发展，高等教育的职能进一步扩充，开始致力于为社区服务、为工农业生产服务。也就是说，现代大学已经发展成为集教学、科研、服务于一体的多功能学术机构，因而形成了现代高等教育的三大职能，即"培养人才、发展科学研究、为社会服务"，简言之，就是教学、科研和服务。

从 19 世纪 60 年代始，高等教育又经历了一轮新的变化。尤其是在第二次工业革命的推动下，1862 年，美国颁布了《莫里尔法案》，由政府赠予各州土地办大学，这种名为"赠地学院"或"农工大学"的高等教育机构，不仅用它的传统教育，而且用应用研究为全州的人民服务，促进了工业和农业的发展。⑤ 高等教育机构开始直接为社会

---

① 黎琳：《高等教育价值观演变与现代大学理念》，《吉林教育科学》2000 年第 2 期。
② 彭拥军：《高等教育功能研究的困惑》，《江苏高教》2003 年第 4 期。
③ 潘懋元：《高等教育学讲座》，辽宁人民出版社 1993 年版，第 53 页。
④ 王洪才：《论高等教育的四元结构理论》，《江苏高教》2003 年第 1 期。
⑤ Philip G. Altbaeh, *Comparative Higher Edueation: Knowledge, the University, and Development*, Hong Kong, Comparative Education Research Centre, the University of Hong Kong. 1998, p. 82.

服务甚至是为社会经济发展服务。这样，高等教育的职能得到了进一步的发展。与此同时，高等教育价值取向的工具理性又一次得到了体现。20 世纪后半叶，实用主义逐渐深入影响了高等教育领域，到目前为止，这种高等教育价值取向仍然发挥着主导作用。尤其是第二次世界大战之后，随着新科技革命的出现，经济的发展越来越依赖于高等教育所提供的科学技术，高等教育在各国经济竞争中也占据了越来越重要的地位。在这样的大背景之下，高等教育价值取向主要是工具理性指导下的社会本位论。

尽管从 19 世纪下半叶到整个 20 世纪，高等教育价值取向侧重于工具理性指导下的社会本位。但是，反对高等教育忽视受教育者主体的呼声一直没有间断，这种反对"工具化"，呼唤"人性""价值理性"的声音也是持续存在的。19 世纪的英国红衣主教纽曼在《大学的理念》一书中指出，作为弘扬人的理性的知识本身即为大学教育的目的。他主张，如果大学的宗旨在于科学发现和哲学探索，就看不出它为何需要学生。[①] 他还主张，拥有知识是为了知识本身，而不是为了知识能做些什么，并认为知识作为方法或条件功不可没，但就其本身来说，它对世俗环境的改善与对心灵的完善一样，作用微乎其微，[②]大学教育有非常实际、真实、充分的目的，不过有着人类心智的本性。[③]

美国芝加哥大学校长赫钦斯以《美国高等教育》一书，对高等教育的价值理性进行了呼唤。赫钦斯指出，大学不是仅为社会服务的，而主要是批评社会；它不能依附于社会，而应独立于社会；它不是一面镜子，而是一座灯塔，它不能为适应眼前的实际需要而失去传播和发展高深文化的主旨。[④] 他认为，大学是社会所有机构中唯一能做理性思考，发展理性思考的地方，培养理智方面优点的教育是最有利的

---

① 约翰·亨利·纽曼：《大学的理念》，徐辉等译，浙江教育出版社 2001 年版，第 21 页。

② 同上书，第 40 页。

③ 同上书，第 23 页。

④ 潘懋元、王伟廉：《高等教育学》，福建教育出版社 1995 年版，第 94 页。

教育，不管学生将来过思辨的生活还是行为的生活。①

　　美国高等教育专家布鲁贝克也主张高等教育在为社会服务的同时，不能放弃对人性的培养。他指出，有用性不是学生的最大财富，他们的普通教育模式不是从这些外在因素中产生出来的。相反，它是独立的。它的目标是要培养全面发展的、有价值的人。教育本身和受教育这一状态就是普通教育的主要目的。②

　　事实上，在中世纪以后的任何时代，高等教育的价值理性几乎经常遭受着工具理性的挑战，因此，大学必须拒绝那种事事为社会服务的倾向；作为众多利益集团中的一个，大学必须随时警惕自己的利益由于人们要求它更加实用、更为适应现实、更受大众喜爱而受到损害。③ 随着高等教育由精英时代向大众化时代的转变，高等教育就变得世俗化、工具化以适应社会发展的需要，因此，高等教育的价值理性与工具理性的冲突也就在所难免。在高等教育的发展过程中，人的价值理性没有受到普遍的重视，高等教育主要体现出浓厚的工具化色彩，这种价值取向主要是为满足社会某一方面的需求，在实践过程中又忽视了对受教育者发展的重视。但是，伴随着人力资本理论的出现，人们关于社会发展的理念逐步开始由以物为中心到以人为中心，由经济增长论到经济增长与社会变革论直到可持续发展论，再到以人的发展为中心的综合发展论转变。④ 相应地，在高等教育价值取向上，人们也开始逐步向"受教育者主体的需要"转变。

二　我国高等教育利益相关者的价值诉求

　　高等教育从"学术"的象牙塔中走出来，与社会的发展和进步更为紧密地联系在了一起，实现了从社会边缘走向社会中心的转变，这

---

　　① 罗伯特·M. 赫钦斯：《美国高等教育》，汪利兵译，浙江教育出版社2001年版，第37页。
　　② 约翰·S. 布鲁贝克：《高等教育哲学》，王承绪等译，浙江教育出版社2001年版，第51页。
　　③ 同上。
　　④ 王玉樑：《21世纪价值哲学：从自发到自觉》，人民出版社2006年版，第399页。

是高等教育发展的一个重要体现。在这种观念的引导下，衡量高等教育质量的标准就成了推动社会进步、提高经济发展水平，实际上，这就是在强调高等教育的工具性价值。事实上，一方面我们关注的是高等教育对社会发展的贡献，另一方面，不能忽视一定程度上对人的崇高精神的追求。但是，伴随着我国高等教育的多元化发展，高等教育利益相关者主体也出现了多元化，这对于我国高等教育质量观的价值取向发展有着非常重要的影响。因此，本节主要探讨以下两个方面的内容，即高等教育利益相关者主要有哪些？大众化背景下我国高等教育不同利益相关者主体价值诉求是什么？

（一）对高等教育利益相关者的解读

我国高等教育正逐步向多元化发展，高等教育已经逐渐成为一种人们可以选择的资源。这样就形成了高等教育不同的利益相关者主体，不同高等教育利益相关者主体的价值诉求也不尽相同，对高等教育质量观的形成会产生不同的影响和作用。因此，我们要探讨一下高等教育利益相关者主体有哪些？从经济学中可以容易地看到"利益相关者"一词。"利益相关者"一词很好地表述了这种意涵："一所大学就是一个利益相关者组织。"[1] 高等教育作为一种非营利性的组织或者机构，没有如企业一般严格意义上的股东，对大学的管理也不是独立行使控制权的，而是由高等教育的利益相关者主体共同控制。

对高等教育利益相关者的具体划分，有学者从不同的角度进行了论述。如罗索夫斯基在《美国校园文化——学生、教授、管理》一书中采用了利益相关者的分析框架，将大学的利益相关者分为四个层次：第一层次是教师、行政主管和学生，他们是学校最重要的利益相关者。第二个层次是董事、校友和捐赠者，他们是学校重要的利益相关者。第三个层次是政府和议会，他们是"部分拥有者"的利益相关者。第四个层次则是大学利益相关者中最边缘的一部分，即市民、社区、媒体，是次要层次的利益相关者。[2]

---

① 李福华：《利益相关者视野中大学的责任》，《高等教育研究》2007 年第 1 期。
② 王连森、王秀成：《利益相关者视角下大学发展的境域转换》，《江苏高教》2006 年第 6 期。

　　我国学者对高等教育利益相关者的划分也不尽相同，其中比较有代表性的就是胡赤弟借鉴罗索夫斯基对大学利益相关者的划分，即三类利益相关者：教师、学生、出资者、政府等是大学的权威利益相关者；校友、捐赠者和立法机构是潜在的利益相关者；市民、媒体、企业界、银行等是第三层利益相关者。[①]　还有李福华认为，大学是一种典型的利益相关者组织，大学的决策必须权衡和兼顾各方利益相关者的利益，即大学的利益相关者可以分为核心利益相关者（教师、学生、管理人员，即广大师生员工），重要利益相关者（校友和财政拨款者），间接利益相关者（与学校有契约关系的当事人，如科研经费提供者、产学研合作者、贷款提供者等）和边缘利益相关者（当地社会和社会公众）四个层次。[②]

　　尽管已有研究对高等教育的利益相关者有多种不同的划分，但为了研究方便可行，本节主要从高等教育主要利益相关者即政府、社会、高校以及受教育者四方进行逐一分析，探讨这些高等教育利益相关者主体对我国高等教育质量的基本价值诉求有哪些？

　　（二）我国高等教育利益相关者的不同价值诉求

　　高等教育作为与社会大系统的子系统之一，与社会系统存在着各种联系，出现了不同的高等教育利益相关者，如政府、社会、高等学校本身以及受教育者等。不同的利益相关者，会形成不同的高等教育质量观。正如一些学者所指出的那样，不同的社会单位、家庭、个人乃至学校提出差异性的教育价值诉求，这些多元化的教育价值取向超越了政治化的要求而走向实用化与现实化。[③]

　　1. 政府的价值诉求：竞争力

　　借用伯顿·R. 克拉克的一句话，即政府要求高等教育所具备的效用至少有：（1）社会经济效用，即职业培训以及对社会的实用价值；（2）文化效用，即文化复兴和民族特色；（3）政治效用，即培

---

　　① 胡赤弟：《高等教育中的利益相关者分析》，《教育研究》2005 年第 3 期。
　　② 李福华：《利益相关者视野中大学的责任》，《高等教育研究》2007 年第 1 期。
　　③ 金生鈜：《教育的多元化价值取向与公民的培养》，《教育理论与实践》2000 年第 8 期。

养良好的公民以及为政治目标服务。①

"科学技术是第一生产力。"国家竞争就是人才的竞争，在这样的大背景下，知识在经济社会发展中的作用显得越来越重要，政府更加重视高等教育的发展。正如一位学者在描述美国的大学时所指出的，大学现在不仅是美国教育的中心，而且是美国生活的中心。它仅次于政府，成为社会的主要服务者和社会变革的主要工具……它是新思想的源泉、倡导者、推动者和交流中心。② 高等教育在社会、政治、经济和文化等方面的作用越来越重要，政府与高等教育之间的联系也越来越紧密，高等教育在提高国家综合国力方面也发挥了举足轻重的作用，如我国大力倡导的"科教兴国"战略。为了履行其职能，要实现社会发展的安全、稳定、公平，政府就需要代表全社会对高等教育有综合的价值诉求，它不仅要求高等教育具有社会经济价值，即"专业培训以及对社会的实用价值"，而且要求其具有文化价值，即"文化复兴和民族特色"；还必须具有工具价值，即"培养良好的公民以及为政治目标服务"。③ 整体来说，政府的价值诉求就是要求高等教育的工具理性和价值理性的统一。

诚如布鲁贝克所言，高等教育越卷入社会的事务中就越有必要用政治观点来看待它。就像战争意义太重大，不能完全交给将军们决定一样，高等教育也相当重要，不能完全留给教授们决定。④ 在我国高等教育大众化的发展进程中，政府对高等教育的价值诉求越来越多，如此，政府的公共责任不断加强，政府对高等教育的管理方式也在转变，从单纯的高等教育提供者转为监督者，加强了对高校的监督和宏观调控，对高等教育进行更为科学、合理的评估。

---

① 伯顿·R. 克拉克：《高等教育系统——学术组织的跨国研究》，王承绪等译，杭州大学出版社 1994 年版，第 281 页。
② 约翰·S. 布鲁贝克：《高等教育哲学》，王承绪等译，浙江教育出版社 1998 年版，第 21 页。
③ 伯顿·R. 克拉克：《高等教育系统——学术组织的跨国研究》，王承绪等译，第 281 页。
④ 约翰·S. 布鲁贝克：《高等教育哲学》，王承绪等译，第 32 页。

2. 社会的价值诉求：贡献力

从广义上讲，社会是指"以共同的物质生产活动为基础而相互联系的人类生活共同体"，① 其中既包含着高等学校，也包含着政府。本书则是从狭义的角度使用"社会"一词的，是指除了政府、受教育者主体之外的与高等学校发生直接或间接联系的一切组织和个人。

社会作为高等教育利益相关者主体之一，追求的是高等教育对社会的贡献力。高等教育的三大职能之一就是为社会服务，它在推动我国经济建设、文化建设、社会建设过程中发挥着非常重要的作用。高等教育为社会服务的具体职能主要体现在：一方面，高等教育要保证和提高在培养人才、发展科学技术从而直接为社会服务方面的质量；另一方面，还要不断致力于对新知识的探索，为社会发展提供更多、更全面的技术。进入 21 世纪，高等教育对于社会发展的贡献也越来越大，对高等教育资源配置不断优化，提高高等教育各方面的贡献力，从而使高等教育发展担负了更多的社会责任。"责任"（accountability）一词正和高等教育逐渐联系起来，即公众想要更多地了解大学的运转情况，因为他们并不满意那些关于大学产品质量的宽慰人心的保证。② 同样，也有学者进行了这样的论述，德里克·博克提出，大学有理由承认自己的义务，应该向公众提供有助于解决重大社会问题的服务，回报于社会。③

社会对高等教育的需求有其功利性，即高等教育的工具理性体现得相对比较突出，事实上，社会对高等教育质量的衡量标准在很大程度上取决于高等教育所提供的社会服务、终端产品、超前思想成果等能否带给人们更大的收获和福祉。如很多用人单位从品牌、质量的角度来衡量毕业生，家长的择校意识也大大增强了，高等院校要通过培养高质量的优秀人才，在竞争中取得信誉，赢得市场，这样就形成了高等教育"适销对路"的人才培养取向。

---

① 《中国百科大词典》，华夏出版社 1990 年版，第 271 页。
② 唐纳德·肯尼迪：《学术责任》，阎凤桥等译，新华出版社 2002 年版，第 5 页。
③ 德里克·博克：《走出象牙塔：现代大学的社会责任》，徐小洲、陈军译，浙江教育出版社 2001 年版，第 73 页。

3. 高校的价值诉求：发展力

"全面提高高等教育质量，必须大力提升人才培养水平；全面提高高等教育质量，必须大力增强科学研究能力；全面提高高等教育质量，必须大力服务经济社会发展；全面提高高等教育质量，必须大力推进文化传承创新……总之，我国高等学校要把提高质量作为教育改革发展最核心最紧迫的任务。"①

知识和学术是当今我国高等教育发展必然的价值取向之一。亚伯拉罕·弗莱克斯纳认为，不管留有多大余地来考虑民族传统或性格的不同，我们都会注意到学者和科学家们主要关心四件事情：保存知识和观念；解释知识和观念；追求真理；训练学生以"继承事业"。②另外，怀特海也进一步指出，大学决不是简单地向学生们传播知识，也不在于仅向教师们提供研究的机会。大学存在的理由是，它使青年和老年人融为一体，对学术进行充满想象力的探索，从而在追求知识和追求生命的热情之间架起桥梁。大学确实传授知识，但它以充满想象力的方式传授知识。至少这是它对社会应起的作用。③ 这样，高校对高等教育价值理性的追求依然存在。我国高水平大学（研究型大学和大部分研究型大学）的质量观内核在于"引领"，我国研究型大学和部分教学型大学的质量观内核在于"创新"，我国教学型本专科学校以及职业技术学院质量观的内涵在于"服务"。④

同时，在高等教育大众化发展的背景之下，高等教育质量的高低关系着高校长远的发展前途。因此，在如今知识经济和市场经济发展的大潮中，唯有积极追求自身的发展特色，才能更好地提升高校的发展能力。高等教育发展也同时侧重了工具理性的价值取向，其根本原因在于，在高等教育大众化的今天，多样化已经成为高等教育发展的

① 中国政府网：《胡锦涛在庆祝清华大学建校 100 周年大会上的讲话》，http：//www.moe. gov. cn/public files/business/htmlfiles/moe/moe_ 838/201104/118579. html/2010 - 02 - 12。

② 亚伯拉罕·弗莱克斯纳：《现代大学论：美英德大学研究》，浙江教育出版社 2001年版，第 4 页。

③ 怀特海：《教育的目的》，生活·读书·新知三联书店 2002 年版，第 137 页。

④ 张炜：《强国战略视野下高等教育质量观的嬗变》，《江苏高教》2010 年第 3 期。

基本特点之一，与此同时，也要求高等教育具有多样化的质量标准。只有具有多样化的高等教育质量观，才能引导和促进高等教育更好的发展。目前，高等教育要充分发挥高校自身在高等教育评估中的作用，提高教育评估的主动性和自主性，建立高等教育质量保证和监控体系。在一个按照国家监督模式构建的质量评估系统中，政府应该避免试图完全驾驭高等院校的活动。政府的任务是要求各院校搭建一个质量评估操作系统，这个操作系统必须反映社会的需要，院校必须回应社会的需求。质量评估系统的实际设计和操作可以留给高等院校本身。[①] 高校为了自身的长远发展，不仅要注重高等教育的价值理性，也非常关注高等教育的工具理性，这二者关系到高校的长远发展。

4. 受教育者的价值诉求：全面发展

作为高等教育的利益相关者主体，受教育者的基本价值诉求是追求自身的全面发展。人们的价值追求也必然包含两个方面的内容，首先是工具性的价值追求，比如社会声望、经济地位、社会地位的提高以及职业发展等。然而，这些可能成为一些个人主体价值选择或考虑的起点，但它们却不可以成为价值追求的终点。因为根据需要层次理论的研究者马斯洛的研究经验来看，如若不考虑人的最高志向，就永远无法理解人的生命。现在，必须毫无疑义地把生长、自我实现、追求康乐、追求个性和自治、追求卓越（换一种表述方式即"奋发向上"）作为一种广泛的也许是普遍的人类倾向来接受。[②]

诚然，受教育者在接受高等教育的动机中不排除就业、谋生的因素，也不排除为经济社会发展贡献智慧和力量的因素，然而，对自身生命、生活意义的追求，对人的全面发展的诉求是高等教育产生的最直接的基础和依据。其实，高等教育的主要价值功能就是要促进学生个人能力的全面发展，主要包括学习能力、研究能力、劳动能力、创造能力、管理能力、表达能力、社会交往能力等，当今时代需要的就

---

① 弗兰斯·F. 范富格特：《国际高等教育政策比较研究》，王承绪等译，浙江教育出版社 2001 年版，第 431 页。

② Abraham H. Maslow, *Motivation and Personality*, New York：Harper and Row, 1954, p. 2.

是能力全面发展的通才。大学真正的目的也就是培养受教育者的独立性和开放的心灵。正如英国学者富雷哲（Malcolm Frazer）所言，高等教育质量是一个复杂的思想，人们可以从各自的角度对其作出不同的理解。但有一点是肯定的，高等教育质量是指学生发展质量即学生在整个学习历程中所学的"东西"（所知、所能做的及其态度）。学生在认知、技能、态度等方面的收益是衡量教学质量的核心标准。[①]

因此，我国高等教育应该注重受教育者的价值诉求，关注受教育者的全面发展，注重以受教育者的学习效果为导向的高等教育质量评估，这是"以人为本"理念在高等教育质量观上的体现，反映了人们在对质量意识提高后所显现出的主体意识的自觉性。在大众化高等教育阶段和市场经济的发展条件下，高等教育逐渐发展成为服务性产业，受教育者作为消费者的主体地位是不能忽视的，受教育者的合理价值诉求，应该在高等教育质量保证中得到更好的体现。

综上可见，在高等教育大众化的条件下，高等教育质量观的多元化发展已然成了一种趋势，换言之，高等教育质量观的发展也是高等教育利益相关者之间不同价值诉求博弈的结果。只有高等教育利益相关者共同努力，才能更好地实现高等教育质量的长远发展与提高。综观我国高等教育质量观的发展与演进态势，高等教育质量在新的环境下已经发展成为一个具有多样、复合的多层性概念。但是，高等教育的工具理性过于凸显，其价值理性日益式微，二者出现了对峙的态势。

三　工具理性和价值理性的冲突与融合

《大学》开篇即道："大学之道，在明明德，在亲民，在止于至善。"即便在今天，它对于以家庭群体本位和农业性文化为重要背景的中国人而言，仍具有深远的影响。我国古代高等教育价值取向以培养社会精英为主，在高等教育过程中体现出"读书做官""学而优则

---

① 陈玉琨等：《高等教育质量保障体系概论》，北京师范大学出版社 2004 年版，第 59 页。

仕""书中自有颜如玉"等价值取向标准。无论是当时的太学、书院，还是各种类型的私学，都以能否"步入仕途"为主要目的。这个时期"高等教育"完全变成为统治阶级培养接班人的工具，高等教育完全服务于社会政治目的，其基本价值取向是以社会政治中心为主，这样的价值取向实际上体现的就是高等教育的工具理性。中国近现代的高等教育，在推动社会进步方面，成绩是卓著的，无论是从洋务运动时期的高等教育为中国科学技术、为民族经济的发展作出贡献来讲，还是抗战时期为战争取得胜利来讲，高等教育工具价值的发挥在历史上已显示出巨大成效。[①] 坦率地讲，新中国成立以来我国的高等教育长期受功利性、实用性的价值观念所支配，一直起着"工具"的作用。"文化大革命"中它是"政治斗争""阶级斗争"的工具；改革开放以后，它又被要求成为"经济建设"的工具。[②] 随着我国经济建设的不断发展，"科学技术是第一生产力"的观念已深入人心，科技教育也越来越受到政府和社会的普遍重视。

（一）高等教育的工具理性占据主导地位

大学对整个社会发展所负的责任，在发展中国家比在其他任何地方都更为突出。在发展中国家，高等教育机构的研究工作作为国家的发展计划、政策制定和中高级人才培养打下了重要基础。[③] 这样，作为高等教育主体的国家、社会在实现科技进步、民族兴旺发达等方面委实起到了举足轻重的作用。但是，在我们过分追求高等教育对社会的价值的同时，也该关注到社会取向对受教育者个体价值的凌驾。因为可能会导致这样的结果，即个人主体的价值取向仅仅是被动地迎合了国家和社会的需要，而不能真正追求自己的需要。

学者们陆续提出了更多的高等教育质量观，其中比较有代表性的如"发展的质量观""多样化的质量观""需要性质量观""适应

---

① 朱永坤：《中国近现代高等教育价值取向研究》，学位论文，东北师范大学，2005年。

② 周光迅等：《哲学视野中的高等教育》，中国海洋大学出版社2006年版，第218页。

③ 联合国教科文组织、国际教育发展委员会：《教育：财富蕴藏其中》，教育科学出版社1996年版，第124页。

性质量观""产品质量观""特色化质量观""人本质量观以及再生性质量观"等。众多的高等教育质量观实际上体现出了学者们对高等教育质量价值取向的不同看法，如潘懋元先生所述，从质量的个体价值看，衡量高等教育质量的标准经历了从知识到能力，再到素质的转变；从质量的社会价值看，衡量高等教育质量的标准既有学术性的，又有职业性的；从质量的系统价值看，衡量高等教育质量的标准可以是单一的，也可以是多元化的。[1] 尽管我国学者谢维和在"高等教育大众化的质量评估"主题报告中认为，高等教育质量目前有两个非常重要的基本取向：一个是根据高等教育本身的学术规范和基本价值来建立高等教育大众化的质量标准；另一个是在高等教育大众化的过程中强调高等教育的质量应该满足劳动力市场的要求，接受客户要求的质量标准。[2] 事实上，结合当前我国高等教育的发展现状，高等教育几乎就是按照市场的需要来培养人才，相对弱化了人才培养中的价值理性教育，这样培养出来的高等教育人才成为市场中"适销对路"的人才，其实是一种被工具化的人才。因为随着科学技术的发展，人们对工具理性的依赖程度越来越高。很多高校围绕着经济效益转，受教育者围绕着实用知识转，专业设置围绕着市场行情转。在这样的高等教育质量观的引导下，高等教育的工具理性不断膨胀，内在价值则被忽视，这不正是高等教育工具理性凸显的真实写照吗？

社会是高等教育的重要用户和"产品"即高校所培养出来的人才、学术成果、科技发明等的主要使用者。从市场影响的观点来看，若要使用产品，就必然会对产品有一定的质量要求。借此推理，即使是高等教育这种特殊化的产品，它的质量观，即"高等教育的产品质量观"也带有非常浓厚的市场化色彩。在此种质量观的引导下，高校最终产出的是人才，高校的产品是学生，培养高质量且"适销对路"

---

① 潘懋元、肖海涛：《改革开放 30 年中国高等教育思想的转变》，《高等教育研究》2008 年第 10 期。

② 国家教育发展研究中心：《2001 年中国教育绿皮书》，教育科学出版社 2001 年版，第 270 页。

的人才是高校获得生存和发展的目的。在用户看来，高等教育的首要任务是"生产"经济社会发展中急需的、劳动力市场紧缺的人才产品。高等教育质量的高低是以毕业生在实际工作中的能力表现来衡量的。[①] 也就是说，从产品分类标准来看，产品会有不合格、合格、优秀等衡量标准，不合格所指的就应该是"滞销品"，合格所指的就是"符合需要"，而社会最为关注的、最为优秀的"产品"便是能创造性地应用知识、具有实践能力和创新能力的人才。

综观十多年来我国高等教育质量观的发展，明确地凸显出了"社会化本位"的价值取向，尤其是改革开放以后，我国高等教育观中"适应论"占据了非常重要的地位。某些学者在相关论述中认为，高校的人才培养应该与市场需求直接对口，在一定程度上高等教育甚至沦为了"人力工厂"。因为如今大学与社会之间联系的途径由"政府中介"转向了直接面对面的方式，市场在高等教育与社会之间的地位一跃而起，高等教育的办学经费、生源、毕业生的就业、科技成果的转化无一不打上了市场的烙印，市场对于高等教育的影响已经不可忽视。市场对于高等教育质量的评判再也不是可有可无的、无足轻重的了，而是成了大学生存和发展中举足轻重的砝码。[②] 或者说，由于工具理性的"独裁"和价值理性的"失语"，高等教育质量观最终缺乏对受教育者主体的关注。

（二）高等教育的价值理性弱化

当前的高等教育仅仅是把教育作为一种工具，追求工具理性，将高等教育作为人们谋划生活的工具。正如冯建军教授所言，现代社会高度的社会分工和市场经济的功利主义逻辑，使人不再关注他自身，而关注社会的需要，因此，教育不是成"人"的教育，而是成"材"、成"器"的教育。[③] 这样的高等教育能否促进个体乃至整个社

---

① 马万民：《试述高等教育质量观的演进与建构》，《高等工程教育研究》2007年第4期。

② 吴鹏：《大众高等教育质量观的市场价值取向合理性及其局限》，《江苏高教》2001年第4期。

③ 冯建军：《生命与教育》，教育科学出版社2004年版，第4页。

会的发展值得我们深思，事实上，今天的高等教育工具理性过于凸显，在浮华的外衣虚饰下逐渐丧失了高等教育固有的价值理性。

在高等教育进入大众化阶段之后，高校也顺应时代的发展，形成了不同类型、不同层次的办学体系，从而满足了高等教育发展的各种需要。如以往的学术质量观可以被研究型大学所认可或者接受，但是，各种类型、各种层次以及不同区域的高校，为了自身的生存和发展，倾向于不同的高等教育质量衡量标准，在此过程中必然也秉承了不同的价值取向。但是，尽管我国高等教育质量观是朝着多元化方向发展的，但是，要真正树立"一切为了学生，为了一切学生，为了学生的一切"的办学观念，就要在高等教育实践中把促进受教育者的和谐发展作为高等教育活动的出发点和教育改革的立足点。①

人们关于高等教育价值的认识开始由过去片面强调促进社会政治、经济的发展回归到它的本义——促进受教育者发展与促进社会发展相结合。高等教育实践中受教育者的本体价值、生命发展开始受到重视。② 具体主要通过扩大高校办学自主权，实行选课制、学分制等来体现，扩大了受教育者选择学习的自由度，同时推进了教学方法和内容的改革，最终致力于培养具有独立性、创造性以及适应性的高素质人才。这些都可以充分体现出高等教育质量观的价值取向转变，即从注重以受教育者为主体出发，以促进受教育者发展为前提这样一种高等教育质量价值取向。

实际上，高等教育的价值理性和工具理性一直贯穿于整个高等教育的发展史中，其根本的驱动力来自科学技术发展和人类社会进步的客观需要，因此，二者的融和既是目标，也是过程。高等教育正是在对每一个人施加影响，满足每一个个人的求知欲望，帮助实现每一个个人的目标的过程中，体现着其他的价值与功能。由于教育是发展人的一种特殊手段，离开了人自身的发展，教育就无从反映和促进社会

---

① 丁亚金：《科学发展观视域下的高等教育质量观》，《中国冶金教育》2007 年第 5 期。

② 闫震普：《高等教育价值取向研究》，学位论文，山西大学，2008 年。

的发展，教育本身也就不会存在，因此，在高等教育价值体系中，最为基础的是高等教育的个人价值，即高等教育促进个人发展的价值。①

我们认为："工具理性为价值理性的存在和发展提供了条件，价值理性则引导工具理性的发展。高等教育是培养人的活动，离开了培养人的活动，高等教育的一切工具目的也会变得没有意义。重视高等教育的价值理性，可以防止高等教育沦为'精神退化的制器工厂'。高等教育应该保留非工具理性的价值追求，拓展被工具理性所支配的价值理性，应该在一定程度上与世俗尘嚣保持一段距离，对现实高等教育发展起到一定的精神引导和矫正作用。"②

弗莱克斯纳在《现代大学论——美英德大学研究》中谈道："大学不是风向标，不能流行什么就迎合什么。大学应不断满足社会的需求，而不是它的欲望。"③ 高等教育质量观就是一个主观与客观不断统一的价值观，为了高等教育和谐、高质量、更好地发展，各个高等教育活动的主体一定要形成共同的价值认识。实际上，若要达致共同的价值认识，就需具备一定的客观基础。高等教育就是为了各个相关主体的发展需要，它们在本质上是统一的。只是不同的主体有自己的价值判断，会因为各自的主观认识和客观条件不同而有所侧重，我们应该关注的就是既使各个主体的价值需求达成统一，又在满足社会发展需要这个大前提下，充分尊重受教育者的主体价值，使高等教育相关主体的各种价值诉求在平衡中和谐发展。

第四节 质量文化的再识读

高等教育质量保证自 20 世纪 80 年代以来，在全世界范围内如雨后春笋般迅速展开，并随着高等教育的大变革、大发展与大调整而成

---

① 胡建华：《高等教育学新论》，江苏教育出版社 1995 年版，第 157 页。
② 安心、刘拴女：《呼唤工具理性与价值理性融合的质量观》，《中国教育报》（论衡）2011 年 8 月 22 日第 7 版。
③ 弗莱克斯纳：《现代大学论——美英德大学研究》，徐辉、陈晓菲译，浙江教育出版社 2001 年版，第 12 页。

长。在社会文化大发展和大繁荣时期，文化无疑是推动社会进步和教育发展的强劲力量。大学文化是大学的灵魂和血脉；大学文化是大学人的精神家园；大学文化更是保证教育质量的软实力。全面提高高等教育质量是今后一个时期高等教育改革和发展的核心任务之一。然而，全面提高高等教育质量的一个重要支点在质量文化。当下，大学质量文化淡薄是我国高等教育质量滑坡的主要症结所在，构建内生型和外发内生型高等教育质量文化是破解我国高等教育质量保障的有效路径之一。

一　高等教育质量文化研究述评

新世纪，在高等教育领域，由于公共财政的压缩，市场竞争的加剧，公众问责的兴起，高等教育质量问题越来越凸显。教育质量、招生、经费问题一并成为世界高等教育改革的三大中心议题。高等教育正发生着深刻变革，特别是其主要矛盾日益指向严重短缺的优质高等教育资源，我国高等教育的发展方式正以规模扩张和空间拓展为特征的"外延式发展"转向以全面提高教育质量为核心的"内涵式发展"，建立和完善高等教育质量保障体系成为政府、高校、社会关注的焦点。1998 年《世界高等教育大会宣言》明确指出："21 世纪将是更加注重质量的世纪，由数量向质量的转移，标志着一个时代的结束和另一个时代的开始。重视质量是一个时代的命题。谁轻视质量将为此付出沉重的代价。"[①]《纲要》指出："提高教育质量是高等教育改革和发展的核心任务。"由此，高等教育质量保障运动在世界范围内如雨后春笋般地开展。大量的质量管理和保障机构建立起来，开展了大量的质量管理和保障活动，试图保障和提高高等教育质量。就我国而言，对如何有效保障高等教育质量，学界遵循保障内涵、保障主体、保障内容、保障功能、保障路径的研究逻辑，呈现出三大特点：其一，理论与实践相结合；其二，从宏观逐渐转向微观；其三，注重

---

① 赵忠建：《21 世纪世界高等教育的展望及其行动框架》，《上海高教研究》1998 年第 12 期。

多维的研究视角和视野。① 这些质量保障活动及其研究对提高高等教育质量起到了一定的作用，然而，随后却开始遭遇瓶颈，"高等教育质量保障与评价事实上一直处于其'重要性'的不断被强化以及其'问题性'的不断被批判的尴尬境地"②。

为了有效保障教育质量，实现内涵式发展，许多高校高度重视高等教育质量管理，积极建设高等教育质量保障体系的热情和动力一直被强化。新世纪，我们国家实施了一系列以提高高等教育教学质量为核心内容的标志性工程，如"211""985""质量工程"等。面对高等教育质量滑坡的严峻形势，高教界在理论与实践两方面都付出了艰辛的努力，研究者从不同角度阐释了构建中国特色的高等教育质量保障体系的思路与方法。之所以一度处于"问题性"的不断被批判的尴尬境地，是因为长期以来在高等教育质量管理实践中，比较容易接受一种技术、方法、工具或程序的更新，而一旦触及思想观念和心智模式的问题，尤其是涉及生活方式的变革，人们的内心都会比较抵触。③ 此外，"长期以来高等教育质量管理一直局限为一种工具、程序或技术，由于过于强调操作性的便利，从而破坏了高等教育质量本身应具有的一种完整性，使得质量管理与质量本身容易流于两张皮，质量保障的长效机制很难建立。"④ 针对此种情况，研究者提出"质量文化"这一概念与思想来传达他们的质量理念："质量是一种院校里所有成员共享的观念和集体的责任，质量是一种文化，而不仅仅是标准与过程。外部监督体系虽然能在一定程度上保障质量，但高等教育机构里的成员才是保障和改进质量的主体，教育的质量发展应该把新的价值观、技巧和态度纳入机构成员的行为中，以对教学和学习过

---

① 杨彩霞：《我国高等教育质量保障研究现状及展望》，《高等理科教育》2012 年第 5 期。

② 王俭：《当前我国教育评价理论研究存在的问题与实践误区的价值取向分析》，《教师教育研究》2008 年第 6 期。

③ 王建华：《高等教育质量管理的新趋势及我国的选择》，《中国高教研究》2008 年第 8 期。

④ 王建华：《高等教育质量管理：从技术到文化》，《中国高等教育》2008 年第 21 期。

程产生影响。因此，真正高质量的教育不仅是正式的质量保障程序的结果，而且是高等教育社区里所有成员共享的质量文化生发的结果，要想在高等教育领域建立起质量保障的长效机制，以质量管理实践为基础，培育出能够融入组织内部、深入组织中所有人内心的质量文化是必然的选择。"①

2009 年，高等教育质量保障机构国际网络组织（INQAAHE）在阿联酋首都阿布扎比举行了第十届双年会，年会的主题是"高等教育变革中质量保障的新路径"。会议围绕"质量保障与质量提升""质量保障实践及反思""质量文化及其培育""跨境质量保障"等议题展开交流和研讨，其中"质量文化及其培育"作为高等教育质量保障领域的一个重要命题被提上会议日程。②

2012 年，INQAAHE 论坛在澳大利亚举行，论坛与会议的主题是"外部质量保障的未来及对发达机构和欠发达机构的影响"，会议围绕"外部质量保障方法的新进展""高校多样性与质量保障""外部质量保障和内部质量保障的文化建设""外部质量保障独立性之内涵的变化"等议题展开交流和研讨。其中"外部质量保障和内部质量保障的文化建设"又一次被提上会议日程。参加中国高教学会评估分会 2012 学术年会的与会代表们认为，当前我国高等教育改革发展的重心已聚焦于高等教育的质量建设与提升，而内涵式发展的动力就是质量文化，所以以应用文化的力量来达到文化自觉去影响社会系统和高等教育系统，以保障高等教育质量体系建设。③

于今观之，对于教育质量保障程序和技术不能从根本上解决质量的改进问题，学界将研究的焦点转向质量文化，质量文化才是以高等教育质量建设与提升为核心的内涵式发展的内生动力。因此，下面将

---

① 王建华：《高等教育质量管理：文化的视角》，《教育研究》2010 年第 2 期。

② 黄丹凤：《高等教育变革中质量保障的新路径——高等教育质量保障机构国际网络组织第十届双年会综述》，《教育发展研究》2009 年第 13—14 期。

③ 王媛、马佳妮、杜瑞军、白华、张会杰：《质量文化、教师发展、本科教学评估与质量保障体系建设——中国高教学会评估分会 2012 学术年会综述》，《中国高等教育评估》2013 年第 2 期。

针对近年来学者对质量文化的研究，循着"质量文化的内涵、功能、特性、建构"对其作一番梳理和回顾。

（一）质量文化的界定

"质量文化"概念的提出始于 20 世纪 80 年代的美国。鉴于当时日本企业呈现出一派蒸蒸日上、欣欣向荣的景象，而相比之下，美国的企业优势日渐丧失，并出现衰微的趋势。美国的管理学者就试图从美、日企业管理制度的比较角度，研究日本产品质量迅速提高的"秘诀"，挖掘影响企业竞争力的深层次原因。结果，他们发现，日本经济的成功不是单纯依靠质量工程技术、质量标准等"硬件"，质量文化发挥了重要作用，随着质量向人类社会各领域的渗透，质量逐渐超出了企业的范围，质量文化也从企业文化中剥离出来。质量文化从"隐形"到"显性"并走上质量管理的历史舞台。到 20 世纪 90 年代，国际质量管理机构也开始重视对质量文化的研究。欧洲质量组织第 33 届年会提出："全面质量管理从强调全员参与管理，强调最高管理者亲自领导正逐步扩展到强调发展质量文化。"[①] 如今质量文化已经成为文化社会学、管理学等学科领域研究的新课题。在高等教育领域，学者们对质量文化的研究最初源自企业质量文化，援引企业质量文化理论和实践经验，希冀质量文化之于高等教育的发展尤其是高等教育质量的提升大有可为。

严格来说，"质量文化"属于管理学范畴——质量管理理论研究领域中一个重要的概念，正如人们对"文化"概念的困惑和疑难一样，迄今为止，关于质量文化的界定依旧是众说纷纭，莫衷一是。有学者认为，关于质量文化的定义比较典型的观点有三类：一是认为质量文化是在长期质量管理过程中形成的具有本企业特色的管理思想和精神理念。二是认为质量文化是企业全体员工为实现企业的质量发展目标而自觉遵守的共同的价值观和信念。三是认为质量文化既是企业的一种质量经营活动过程，又是调节企业质量活动的一种方式；既是

---

① 唐华生、叶怀凡：《高校质量文化建设的价值探索与路径选择》，《学术论坛》2007年第 3 期。

企业质量管理的职能，又是企业质量管理的成果；既是企业发展的内容，又是企业发展的形式。[①] 拜瑞（Berry, G.）认为，质量文化是一种全面和整体的观念，它吸纳现有人们的共同认识、态度、行为、价值观和信仰，并将之转变为另外一种崇尚质量的模式。[②] 萨拉夫和塞巴思庭（Saraph, J. V. and Sebastian, R. J.）则认为，质量文化是一个机构在发展自己适应外部环境及处理内部事务能力的过程中所形成的关于质量价值的集体观念和认识。[③]

显然，上述有关质量文化的概念基本属于描述性的，它们实际上主要揭示了构成质量文化的一些基本要素。这些文化要素相互混合在一起，对组织及组织中人们的行为起到潜在的规范或者控制的作用。

欧洲大学协会认为，"质量文化"是一种以持续提高质量为目标的组织文化，它有两个显著特征：一是关于提高质量的程序、结构、管理因素；二是关于质量的文化、心理因素。[④] 据此，质量文化概念形成了两条路径：一条是质量保障的程式，由此而衍生出各种保障工具和保障过程的界定、测量、评估、保证以及强化的各个步骤。另一条则是质量承诺下的文化元素，包含个人层面和团体层面对质量的认知。欧洲大学协会的定义被人们奉为比较经典的质量文化概念之一。它与前述描述性概念的不同之处在于，它不再执着于具体的要素描述、分析、概括与归类，而是视质量文化为整体性、结构化和可操作性的模式概念，从而就质量文化中所体现出的功能予以规范性的界定。但是，这种界定也有明显的不足，由于完全把质量文化作理性色彩浓厚、功能主义的抽象理解，难免抽干了质量文化本身所包含的极为丰富的内涵。譬如，通常对大学组织内部的整合以及组织与外部环境相适应的情形并不恒久，相对而言，一些"貌似反常"的冲突现

---

① 何茂勋：《高校质量文化论纲》，《高教论坛》2004 年第 3 期。

② Berry, G., "Leadership and the Development of Quality Culture in Schools," *International Journal of Educational Management*, 1997, 11 (2): 52–64.

③ Saraph, J. V. and Sebastian, R. J., "Developing A Quality Culture," *Quality Progress*, 1993, 9: 73–78.

④ 文静：《质量文化调查：欧洲大学内部质量保障强化的新路径》，学位论文，厦门大学教育研究院，2011 年。

象更为普遍，也更为持久，而恰恰是这些冲突反而更能体现大学组织内部所固有的文化内涵。还有，对文化的理解仅仅遵从自上而下的抽象、模式化的假定到证实的线路，并不足取，因为"文化现象在表现形式上的具象性、生动性和丰富多样性，决定了作功能主义的解释难免会带来结论的片面性"①。

（二）有关高等教育质量文化研究的现状

"质量文化"概念在高等教育研究领域被热议，发生在 20 世纪 90 年代以后。质量文化的研究在刚刚兴起之时就迅即为从事高等教育研究的学者所接受，也与当时人们对日本企业文化比较感兴趣有关。

1. 高等教育质量文化的内涵研究

关于高等教育质量文化，理论界见仁见智，通过梳理发现，学界对高等教育质量文化内涵的探讨可以归纳为六种观点：

（1）质量文化要素观

此类观点一般倾向于质量文化的状态描述，以企业质量文化为母本。学界比较认同的观点是：高等教育质量文化是指"高等学校在长期教育教学过程中，自觉形成的涉及质量空间的价值观念、规章制度、道德规范、环境意识及传统习惯等'软件'的总和。可以简单地概括为：高校质量文化是全体师生员工涉及质量空间的一切精神活动、精神行为以及精神物化产品的总称"。② 大学质量文化是指大学"在长期的教育教学过程中，自觉形成的涉及质量空间的价值观念、规章制度、道德规范、环境意识及传统习惯等的'软件'的总和"。③ 有学者认为，高校质量文化即为高校在长期办学过程中形成的、为全体成员共同认可的、以高校质量建设为中心的、体现学校精神内核和个性特色的价值观念、道德规范、意识形态、思维方式、历史传统、

---

① 阎光才：《识读大学——组织文化的视角》，教育科学出版社 2002 年版，第 13 页。

② 韩映雄、梁亦菡：《高等教育质量保障体系中的质量文化建设》，《中国高等教育评估》2006 年第 4 期。

③ 唐大光：《高校质量文化及其培育研究》，《国家教育行政学院学报》2009 年第 5 期。

风俗习惯、运行机制、规章制度、法律法规以及行为方式等一切精神活动、精神行为以及精神物化产品的总称。其内容包括质量价值观、质量精神、质量目标和质量形象等多个方面。[①] 亦有学者认为，质量文化的概念源于现代企业管理，主要指与企业产品质量密切相关的思维方式、道德观念、价值取向、管理理念、行为模式、规章制度等文化因素及其总和。而大学教育质量文化是在现代高等教育中逐渐形成的相对稳定并被普遍认同的群体质量意识和质量价值观、质量制度建设的总和，[②] 是高校质量价值观念和质量行为规范的集合。[③] 更有学者从纷繁复杂的关于质量文化的定义中，提炼出了高等教育质量文化的构成要素：高校质量文化实际上是一种以价值观为核心、对组织全体员工进行质量意识教育的微观文化体系。其构成要素主要包括质量价值观、质量管理哲学、质量伦理道德、民主参与、学校风尚、质量规章制度；[④] 从大学独立自主、学术自治和学术自由的文化传统角度考虑，高等教育质量文化的要素便是"了解""承诺""能力""改正""沟通""持续""宽容""信任""自律"。[⑤]

（2）质量文化结构观

持此观点者认为，高等教育质量文化结构主要有二层次论、三层次论和四层次论。二层次论者认为，高校质量文化的含义有广义和狭义之分，广义的高校质量文化是指在学校系统内，以质量为核心的所有存在方式的总和，包括物质层、制度层和精神层三个方面。狭义的高校质量文化主要是指学校质量文化的精神方面，是高校在长期的办学过程中所形成的具有本校特色的管理思想和管理理念，是一种团体意识和精神氛围。它具体可以体现为师生员工共同的信念和教学质量观念，以及在追求教学质量过程中共同遵循的行为准则和思维方式

---

① 李运庆：《浅析现代大学质量文化的基本内涵及建设的方法与途径》，《鸡西大学学报》2011 年第 11 期。

② 傅大友：《高等教育质量建设的三个关键词》，《江苏高教》2013 年第 4 期。

③ 傅根生、唐娥：《高校质量文化研究：问题与思考》，《国家教育行政学院学报》2009 年第 11 期。

④ 何茂勋：《高校质量文化论纲》，《高教论坛》2004 年第 3 期。

⑤ 王建华：《高等教育质量管理：文化的视角》，《教育研究》2010 年第 2 期。

等。它是保证教学质量达到预定目标的精神力量。[1] 三层次论者认为，质量文化主要有物质行为层、组织制度层、精神道德层。[2] 质量文化最终表现为物质文化、制度文化与精神文化。[3] 四层次论者认为，质量文化主要有物质层、行为层、制度层与精神层。高校教学质量文化是指高校在教学和管理过程中所形成的质量意识、质量方针、质量规章、质量精神、质量价值观、质量行为和质量形象等的总和，一般包括物质文化、制度文化、行为文化和道德文化四个层面。[4] 大学质量文化是大学人基于大学组织属性对质量的理解，将人才培养质量作为组织活动的中心，并依此构建的共有价值体系，是体现大学质量追求的精神文化、制度文化、行为文化和物质文化的总和。大学质量文化是追求大学本真的文化，体现了作为大学组织的质量文化特性。[5] 实际上，三层次论或四层次论者的观点是对二层次论者方法的延伸和拓展，无外乎物质行为、组织制度和精神理念等层面。

（3）质量文化功能观

持此观点者认为，高校质量文化一方面促使学校形成办学理念、办学特色和提升办学品质；另一方面可以指导实践，加强学校教育教学的战略性管理。高校质量文化是一种以文化的力量来促进和推动教育教学工作的，并且教育工作者在意识上实现了自我追求和自我约束的高度理性的文化，是在不断总结高校的质量管理经验和教训过程中提出的管理理论，是高校质量管理经验的结晶。它形成于实践又指导实践，是一种实践的文化、管理的文化；[6] 是在一般学校文化基础上

---

① 高海生、王森：《论文化生态学视野下的高校质量文化建设》，《国家教育行政学院学报》2013 年第 7 期。

② 王章豹、王朝兵：《高校教学质量文化的层次结构和建设原则探析》，《合肥工业大学学报》（社会科学版）2011 年第 5 期。

③ 董立平、孙维胜：《大学质量文化的本质特征与结构剖析》，《当代教育科学》2008 年第 13 期。

④ 王朝兵、王章豹：《高校教学质量文化建设初论》，《合肥工业大学学报》（社会科学版）2009 年第 5 期。

⑤ 费振新：《大学质量文化特性探析》，《现代教育管理》2011 年第 10 期。

⑥ 唐大光：《高校质量文化及其培育研究》，《国家教育行政学院学报》2009 年第 5 期。

发展提升的、集中体现学校变革及发展进程中在价值观、质量观等方面高境界的质量追求和质量品质的学校文化。它代表着学校变革及发展的品质，体现着学校变革及发展的个性，是学校在变革及发展进程中所积淀的精神成果以及由此具体化的外在的质量表现。① 随着研究的不断深入，人们认识到，为提高质量和协调机构工作人员的努力而制定质量管理程序和致力于永久性提高质量的组织文化。高校在质量保障方面承担着更重大的责任，应当通过内部质量文化的建立来促进战略性的管理。

（4）质量文化形态观

高校质量文化的形态有内隐和外显两种：学校质量文化包括学校内隐的观念文化、心理文化和外显的物质文化、制度文化、行为文化等方面的质量追求及体现出的质量品质。② 蒋友梅认为，大学组织内部质量文化的形态大致可分为显性形态、关系形态和隐性形态三种。③显性形态是指大学质量文化中的物质形态；隐性形态是一种对大学组织内部质量文化中质量的理性认识。关系形态是在文化创造、占有和享受过程中所结成的各种社会关系。显性形态是指大学质量文化中可以耳濡目染的物质形态即质量文化的依托物。隐性形态是一种对大学组织内部质量文化中物质形态的二级抽象，是教师、学生、管理者对大学质量的理性认识。关系形态是联系大学质量文化显性形态和隐性形态的"中介"，指人们在文化的创造、占有或享受过程中所结成的各种社会关系，以及为维护这些关系而建成或制定的、充分体现这些关系的社会组织形式。

（5）质量文化人才观

应该说，适切的质量制度对于高校提升教育质量具有非常重要的

---

① 顾书明：《论高师院校质量文化体系的构建及"教育"品质的提升》，《江苏高教》2007 年第 4 期。

② 范国睿：《多元与融会：多维视野中的学校发展》，教育科学出版社 2002 年版，第205—207 页。

③ 蒋友梅：《转型期中国大学组织内部质量文化的生成》，《江苏高教》2010 年第 5 期。

意义，加强质量管理也是非常必要的。但是在实践中，必须注意制度、管理具有其自身的局限性，这种局限性在高等教育领域可能更加明显，其可能带来的问题也更突出。因为高校是培养人的地方，教育是培养人的活动，高校教和学的主体都是人。"只有从根本上把提高教学质量行为由外部约束力变为内部原动力并使其成为全校教职员工自觉自发的行为和终极追求的目标，培育能够融入组织内部、深入组织中所有人内心的质量文化，才能从根本上解决高校的质量困惑。"①因此，高校质量文化是以人才培养质量为中心，以教育教学质量为主题，以全体师生员工为主体，以教育教学过程为主线的一种文化，是具有高等教育特色的意识形态、行为模式及与之相适应的物质特征的总和，是质量管理层面的技术文化与质量理念层面的精神文化的统一。② 大学质量核心是人才培养质量，通过办学理念、培养模式、师资水平、教学方法与教学条件等表现出来，最终体现在人才培养质量上，重塑以学生为中心的高等教育质量文化成为焦点。③

（6）卓越质量文化观

正确认识和把握卓越质量文化的内涵，是高校卓越质量文化建设的前提和基础。卓越质量文化是学校全体成员在教育质量方面所共有的卓越质量观与质量信念、质量制度，是卓越文化质量管理与"零缺陷"质量行为及其表现的综合。它具有以下几方面的特性：其一，卓越质量文化是一种以追求卓越质量为旨归、整合性较强的生态型文化。其二，卓越质量文化是一种以顾客为中心、满足和超越顾客需求为导向的人本型文化。其三，卓越质量文化是一种以卓越标准为依托、动态生成的内生型文化。其四，卓越质量文化是一种以持续变革、不断突破为核心的创新型文化。④

---

① 傅根生、唐娥：《高校质量文化研究：问题与思考》，《国家教育行政学院学报》2009 年第 11 期。

② 刘丹平：《高校质量文化特征及建设策略》，《江苏高教》2010 年第 6 期。

③ 唐文：《培育以学生为中心的高等教育质量文化》，《江苏高教》2009 年第 6 期。

④ 罗儒国、王姗姗：《高校质量文化建设的战略目标与实现路径》，《江苏高教》2013 年第 2 期。

综上所述，尽管对质量文化的界定见仁见智，但是从理论和实践结合的角度讲，欧洲大学协会对质量文化的界定较为全面，它认为"质量文化"是一种以持续提高质量为目标的组织文化，它有两个显著特征：① 一是关于提高质量的程序、结构、管理因素；二是关于质量的文化、心理因素。因此，质量文化既有质量保障程序、制度，又有质量保障的文化力量。在国内，蒋友梅认为，"大学组织内部的质量文化是以学生为核心的多重文化作用下的动态结构，它不仅是学术文化、产业服务文化、行政管理文化相互循环作用而形成的一种整合的'情境化'的场域，更是一种教师、学生和管理人员'心力'的场域"②。这一界定也与国际接轨，高等教育质量文化的生成就是以人为主体，以大学为载体，高等教育质量文化就是在大学组织内部将大学人统一于质量保障的制度规范与文化—认知之中。

2. 高等教育质量文化的功能价值研究

对高校质量文化的价值功能，学界的观点是：高校质量文化作为文化的一种形式，是高校的一种宝贵的无形资产。它具有导向功能、激励功能、约束功能、凝聚功能③、辐射功能。④ 或者说发展高校质量文化，至少能够体现以下几方面的价值：凝聚作用、约束作用、激励作用、辐射作用⑤，而且能够提升高校的地位，增加学校的美誉度。⑥

我国学者对高等教育质量文化功能价值的认识趋于一致，即认为在"质量问责和质量提升两大取向相通"下对高等教育质量保障具有导向性、激励性、制约性和弥散性。

---

① 文静：《质量文化调查：欧洲大学内部质量保障强化的新路径》，学位论文，厦门大学教育研究院，2011 年。

② 蒋友梅：《转型期中国大学组织内部质量文化的生成》，《江苏高教》2010 年第 5 期。

③ 杨良梁：《对高校质量文化的思考》，《大庆师范学院学报》2007 年第 1 期。

④ 何茂勋：《高校质量文化论纲》，《高教论坛》2004 年第 3 期。

⑤ 唐华生、叶怀凡：《高校质量文化建设的价值探索与路径选择》，《学术论坛》2007 年第 3 期。

⑥ 张海军：《试论高校质量文化的价值与构建》，《教育探索》2010 年第 8 期。

3. 高等教育质量文化的特性研究

已有研究对质量文化特性的探讨，从区别于文化的共性特征、不同的学科视角和不同的构成要素着手。

（1）从区别于文化的共性特征来看，质量文化特性有四元论、五元论和综合论。四元论者认为，质量文化作为一种特殊的文化，必然带有文化的共性特征，而质量文化所具有的自身独特性才是其本质特征的具体体现。质量文化的本质特征主要有综合性、全员性、内隐性、实践性。[①] 高校教育质量文化是高校校园文化和质量文化的亚文化，是高校质量文化的核心，其本质特征有实践性、持久性、创新性、时代性。[②] 五元论者认为，学校质量文化具有稳定性、时代性、养成性、整体性、学术性特征。[③] 因为文化的形成是一个长期积累、循序渐进的复杂过程，在形成与发展过程中，学校质量文化会受到社会文化及学校内部各种因素的影响。需要学校人员有意识地、精心地培育。但文化一旦形成，就会稳定地存在，很难改变。同时其内容势必与时代的主题相一致，反映时代的精神。学校作为人才的培养基地，是一个教学科研单位，学校教学、科研等活动具有很强的学术性特点。因此，学校质量文化必然体现出一定的学术性。综合论者认为，高校质量文化的特征应该是物质性与精神性的统一；社会性与学术性的统一；一致性与独特性的统一；阶段性与系统性的统一；稳定性与发展性的统一；理论性与实践性的统一。[④]

（2）从不同的学科视角来看，管理学视角下质量文化具有形式的文化性、内容的综合性、基础的一致性、功能的整合性、形成的自觉性、目的实践性；[⑤] 文化学视角下质量文化具有实践性、独特性、可

---

① 曾宪群：《试论成人高校全面质量管理中的"质量文化"及其建设》，《继续教育研究》2009 年第 9 期。

② 王朝兵、王章豹：《高校教学质量文化建设初论》，《合肥工业大学学报》（社会科学版）2009 年第 5 期。

③ 刘邦奇：《学校质量文化建设初探》，《国家教育行政学院学报》2006 年第 2 期。

④ 刘丹平：《高校质量文化特征及建设策略》，《江苏高教》2010 年第 6 期。

⑤ 何茂勋：《高校质量文化论纲》，《高教论坛》2004 年第 3 期。

塑性、综合性；① 文化生态学视角下质量文化具有主体性、整体性、动态性（发展变化性）、自律性（约束性）、自由性（非组织性、无序性）、逻辑性（理性）、开放性、相互渗透性、排斥性、主导性。②

（3）从质量文化的结构要素来看，大学质量文化各要素具有如下特性。有学者比较系统地阐释了大学质量文化四个层面的特性③：质量文化展现了批判反思的精神品质；质量文化是大学组织文化的深层表现形式；质量文化是大学在长期的教育实践过程中，受一定的社会文化背景、意识形态影响而形成的为其师生员工所认同和遵循的精神成果与价值观念，最终表现为师生员工的思维方式；质量文化是引领师生员工实现自我超越的制度形式。罗宾斯认为，制度化是文化的前奏。制度涉及组织中人的根本利益，许多利益是通过制度进行调配的，对人的行为动机影响很大；行为文化动态地阐释了大学的质量理念。人们在习惯认识中，往往更愿意谈论大学的精神文化，而忽视实践过程中的行为文化，即在所拥有的理想、信念、行为准则之下的行事方式，导致人们在学校文化认识上的偏差，从而表现出学校文化的二重性，即实际行为与学校文化的脱节。④ 事实上，大学文化本身不单纯是理念的抽象体系，也包含了大学组织中人们的实践活动。大学质量管理理念必须通过大学组织中人的行为加以注释，也只有行为才能够体现文化的力量。因此，大学组织中人的行为是大学质量文化的动态阐释系统；物质文化体现了以人为本的质量理念。它以静态的物的形态展现大学的质量，它主要包含两类：一类是保障大学教与学的活动有效开展的建筑、设备及公共设施等；另一类是以文字、图标等对大学组织高度概括的标识系统。大学中的物是大学人依据自己对大学的理解而建立的。

（4）从质量文化的优劣程度看，卓越质量文化具有如下特性：卓

① 何茂勋：《高校质量文化论纲》，《高教论坛》2004 年第 3 期。

② 高海生、王森：《论文化生态学视野下的高校质量文化建设》，《国家教育行政学院学报》2013 年第 7 期。

③ 费振新：《大学质量文化特性探析》，《现代教育管理》2011 年第 10 期。

④ 赵中建：《学校文化》，华东师范大学出版社 2004 年版，第 324 页。

越质量文化是学校全体成员在教育质量方面所共有的卓越质量观与质量信念、质量制度，是卓越文化质量管理与"零缺陷"质量行为及其表现的综合。其特性主要表现在：① 第一，卓越质量文化是一种以追求卓越质量为旨归、整合性较强的生态型文化。第二，卓越质量文化是一种以顾客为中心，以满足和超越顾客需求为导向的人本型文化。第三，卓越质量文化是一种以卓越标准为依托的动态生成的内生型文化。第四，卓越质量文化是一种以持续变革、不断突破为核心的创新型文化。

4. 高等教育质量文化的建设研究

过去为提高高等教育质量，政府和高校制定了非常详细、庞杂的管理制度，企图通过详细的制度规范和全面的程序设计来达到质量保障和提升。显然，这样的质量管理仅仅是作为一种工具、程序或技术手段被引入高等教育教学质量建设中的。② 高等教育质量保障不仅需要严密制度的约束，也需要质量文化的引导，高等教育教学质量需要走向"文化式"管理。缘此认识，学界便开始探讨如何培育和建设积极有效的高校质量文化。

（1）质量文化建设的原则

从质量文化建设策略评价的角度，有学者认为，高校质量文化建设策略评价指标设计应遵循如下原则：目标性与过程性相结合原则、继承性与发展性相结合原则、全面性与可操作性相结合原则、定性评价与定量评价相结合原则。③ 从质量文化建设系统设计的角度，有学者认为，高校质量文化建设应坚持突出特色、领导推动、以人为本、全员参与、继承与创新、④ 总体规划和循序渐进、可持续发展的原则。⑤

---

① 罗儒国、王姗姗：《高校质量文化建设的战略目标与实现路径》，《江苏高教》2013年第2期。

② 王建华：《高等教育质量管理：从技术到文化》，《中国高等教育》2008年第21期。

③ 刘丹平：《试论高校质量文化建设策略评价》，《高教论坛》2011年第10期。

④ 何茂勋：《高校质量文化论纲》，《高教论坛》2004年第3期。

⑤ 唐大光：《高校质量文化及其培育研究》，《国家教育行政学院学报》2009年第5期。

依循同样的理念，EUA课题组的报告针对高校如何培育质量文化提出了八项较为具体的"优秀原则"：第一，增强职工对学校的认同感；第二，培养学生的参与意识；第三，重视内部沟通并赋予教职工权利；第四，对于评估程序和标准达成一致；第五，对于关键数据作系统的定义、收集和分析；第六，吸纳各方面（教师、学生、家长、雇主等）的适当参与；第七，重视自评；第八，评估后及时跟踪研究并改进工作。[①]

（2）质量文化建设的内容

在2003年《格拉茨宣言》（Graz Declaration）的影响下，大学质量文化成为激发大学教育活力，保障大学教育质量的新理念，英国大学开始建构适合于大学发展的院校层面的质量文化和个体层面的质量文化。"院校层面的质量文化建设主要围绕大学自治、大学事务的透明度与大学教育的效率进行，其直接目的在于整合大学内部成员结构性和管理性资源要素，提升大学教育质量。""个体层面的质量文化主要是指作为个体的学生和教师在价值观、信仰、期望与成就方面所发生的改变。"[②] 高师院校教师教育的特性要求其高等教育的"学术性"和教师教育的"师范性"能达致高水平的统一，以凸显高师院校的办学理念和教师教育的特色，提升高师院校的教育品质。所以，"高师院校质量文化体系的构建及'教育'品质的提升一般要从院校的领导管理文化、教师群体文化、学生群体文化、物质制度文化等不同方面进行综合整体的设计并加以强化"。[③]

总体而言，高校质量文化建设主要包括精神道德层面、组织制度层面和物质环境层面。精神（道德）层质量文化建设是核心，是先导，主要包括形成自己独特的办学理念、人才培养的质量方针、质量

---

① EUA. Developing an International Quality Culture in European Universities, Report on the Quality Culture Project 2002–2003, Brussels：2005, European University Association.

② 王保星：《质量文化与学生参与：新世纪十年英国大学教育质量保障的新思维》，《杭州师范大学学报》（社会科学版）2012年第1期。

③ 顾书明：《论高师院校质量文化体系的构建及"教育"品质的提升》，《江苏高教》2007年第4期。

价值观、质量目标、教风、学风、工作作风和道德风貌。"高校质量文化建设的实质，就是用质量哲学、质量精神统领教职工的意识，从而使他们对工作对象、对质量产生宗教般的激情与狂热，在工作中分享生命的意义。"① 制度层质量文化建设是保障，以领导体制、组织结构和管理制度等作为建设的主要内容。物质层质量文化建设是基础，主要包括"品牌文化"建设，环境与校容校貌建设，技术、设备现代化与文明程度建设等，具有不可替代性。② 值得注意的是，"高校的物质层质量文化建设，要符合其育人环境的特点，体现出其高校独特的学术机构的学术品位。既要表现出庄重、严整的学术氛围，又要体现出青春的活力和雅静的美，还要体现出精益求精、追求完美的精神。高知名度、美誉度的品牌标志体现高质量的形象，以优质的专业机构、优质的工作设施、优质的专业水平、优质的工作环境来保证优质的人才质量，实施'以物保质'"。③

（3）质量文化建设的策略

纵观学界对高等教育质量文化建设方法和途径的探讨，质量文化建设一般遵循质量文化的制度设计、质量文化取向阐释、质量文化内涵教育和质量文化的行为激励来形塑大学质量文化，筑牢高等教育质量保障体系的文化根基。

质量文化的制度设计。在哈唯和纳艾特看来，质量文化的培育有五个重要元素：④ 提高质量应被视为一个转变过程，而非结果；决议应自下而上制定；对外开放，并对外界要求反应迅速；重视措施的有效性；反应敏感的外部监督机制。有效质量文化的建构需要以下五个条件：⑤ 有效的质量文化需要多种质量保障工具，需要与高等院校战略和价值相关联；有效的质量保障制度源自有效的内部决策程序与结

① 何茂勋：《高校质量文化论纲》，《高教论坛》2004 年第 3 期。

② 徐翠霞、樊小东、程纯：《试论合并高校质量文化的建设》，《科教文汇》（中旬刊）2012 年第 9 期。

③ 何茂勋：《高校质量文化论纲》，《高教论坛》2004 年第 3 期。

④ Harvey, L. and Knight, P., *Transforming Higher Education*, Buckingham：1996, SRHE/Open University Press.

⑤ 宋鸿雁：《欧洲高等教育质量文化检查探析》，《世界教育信息》2012 年第 11 期。

构；内部质量保障程序也是权力的反映；教师发展在质量保障中十分重要；在界定大学质量与内部质量保障程序以确保其与学校现状、战略、组织文化相一致方面，质量保障组织的自治十分重要。构建良性的高校内部质量文化的思路：① 高校内部质量文化应当体现以人为本，即围绕学生成长成才和教师专业成长来构建质量文化；高校内部质量文化应当体现宽松自由；高校内部质量文化应当体现宁静致远，即高校内部质量文化构建要从"安得下一张安静的书桌"开始，而不为眼花缭乱的功利需求所迷惑以至急功近利、失去自我，既要培养"关注脚下"的人，又要培养经常"仰望星空"的人；高校内部质量文化应当体现个性创新，即高校内部质量文化应当是异彩纷呈的，不同高校有自己的内部质量文化。就我国高校本科教学工作水平评估而言，其实质是一种"控制"理念，是一种由上而下的质量管理机制。它的巨大优越性是：明确了国家高等教育发展的政策性和导向性，确立了高校本科教学评估内容指标体系，形成了可操作的运行机制。其最大缺陷是对"自主"的贬抑：学校、教学基层与教师在评估中处于客体地位，出现了评估过程中专家话语霸权，师生很少把质量建设当成自己的事情及导致师生员工的浮躁情绪。我国本科教学评估的基本方法应该是"控制"与"自主"的平衡。② 事实上，"在同一制度下不同的人或人群所获得的往往是各异的东西，而那些已经从既定制度中，或可能从未来的某种制度安排中获益的个人或集团，无疑会竭力去维护或争取之"。③ 这就要求任何一项旨在推动内部质量保障体系建设的制度，都需要把决策者的文化观念与价值取向及时地传递出来，加深公众对大学文化的理解，最终上升到质量文化的高度，从内心深处认可质量制度设计的价值与意义。

质量文化的取向阐释。质量文化的培育是日常办学行为中师生共同参与、自省反思、动态生成的过程。培育有效的质量文化的关

---

① 卢晓中：《对创建高校内部质量文化的认识》，《大学教育科学》2012 年第 4 期。
② 余会春、孙明：《保控制与自主：我国高校质量文化建设的方法选择》，《湖南师范大学教育科学学报》2009 年第 3 期。
③ 张宇燕：《经济发展与制度选择》，中国人民大学出版社 1992 年版，第 116 页。

键在于赢得大多数教职工、学生以及外部利益相关者（如家长、雇主等）的支持和参与。例如牛顿就指出，一个有效的质量体系应当有全体职工的参与。① 高校质量文化的培育是一个逐步累积的过程。此间，国家和地区间的相互借鉴、INQAAHE 等国际组织的支持大有裨益，而追求卓越的质量意识是推动院校质量文化发展的核心内生力。② 树立卓越的质量意识和质量理念需塑造共同质量愿景。塑造"共同质量愿景"是卓越质量文化建设的核心与灵魂。"共同愿景"是学校所有成员共同的、发自内心的意愿，它所表达的景象是学校未来质量文化发展与建设的目标、任务和使命，它对于提升学校教育质量、促进卓越质量文化建设至关重要。正如美国著名管理大师彼得·圣吉所说："当一群人执着于一种心中的愿景时，便会产生一种力量，做出许多原本做不到的事情。""共同愿景是一个方向舵，能够在遭遇混乱或阻力时，继续循正确的路径前进。"③ 因此，一方面，确立卓越质量理念与精神，为学校质量文化建设指引方向。另一方面，确立卓越质量目标、塑造"共同质量愿景"，为卓越质量文化建设提供动力。

质量文化内涵教育。在英国学者哈奇森看来，"制度维护共同的观念和预期，且被共同的观念和预期维护……制度融入了价值和规范的估价过程，特别是制度增强了它们自身的道德合法性"④。也就是说，制度在个人或集体的选择过程中，植根于社会文化结构之中，受各种文化因素的影响。营造良好的质量文化氛围，是高校教学质量文化建设的动力。积极开展质量文化宣传与教育，营造"追求卓越"的良好氛围是高校质量文化建设的外部保障。因此，首先要加大质量

---

① Newton, J., "What Is Quality," Lucien Bollaert, Sanja Brus, Bruno Curvale, Lee Harvey, Emmi Helle, Henrik Toft Jensen, Janja Komljenovi, Andreas Orphanides and Andre Sursock, *Embedding Quality Culture in Higher Education*, Brussels: 2007, European University Association.

② 黄丹凤：《高等教育变革中质量保障的新路径——高等教育质量保障机构国际网络组织第十届双年会综述》，《教育发展研究》2009 年第 13—14 期。

③ 彼得·圣吉：《第五项修炼——学习型组织的艺术与实务》，郭进隆译，上海三联书店 1994 年版，第 238 页。

④ 秦海：《制度范式与制度主义》，《社会学研究》1999 年第 5 期。

文化建设的宣传力度。其次要坚持对学校成员开展质量培训活动。通过卓越质量宣传与培训等措施，使学校成员树立从单纯符合标准的符合性质量观向"以顾客为关注焦点、满足和超越顾客需求"的卓越质量意识转变，营造一种"人人关心质量、关心顾客，人人追求质量、追求卓越""提高教育质量是学校成员的职责与使命，超越顾客期望是学校成员应尽的义务"的良好质量氛围。[①]

质量文化的行为激励。在大学内部质量保障体系建设过程中，理解与认同大学质量文化可以通过教育的方式实现，但是，把大学质量文化上升到引领行为的高度，成为全体教职工，特别是决策者的价值取向与行动指针则较为困难。[②] 建立健全质量制度，创新质量激励机制，建立健全质量制度与规范，创新激励机制是质量文化建设的根本保障。一方面要加强质量制度建设力度，建立健全质量制度体系。高校质量文化建设需要建立健全各项质量工作制度、责任制度、管理制度、评估制度、奖惩制度、培训制度等，从而使学校核心价值观、质量理念与质量精神得以落实，并为学校全体成员质量行为提供准则与规范。另一方面要完善和创新激励机制。建立完善的激励机制，激发学校教职员工的积极性，是提高教育教学质量和质量文化建设迫切需要解决的现实问题。另外，高校质量文化建设应该树立质量意识、健全规章制度、加强师资团队建设等。比如有学者认为，高校教学质量文化建设应该"树立质量意识，质量意识包括人本意识、竞争意识、特色意识、团队意识、创新意识、管理意识、服务意识；重视教学硬件层面的物质文化建设，是高校教学质量文化建设的基础；健全高校教学管理规章制度，是高校教学质量文化建设的保障；营造良好的质量文化氛围，是高校教学质量文化建设的动力；加强师资队伍和教学团队建设，是高校教学质量文化建设的关键；充分发挥现代网络技术的作用，是高校教学质量

---

① 罗儒国、王姗姗：《高校质量文化建设的战略目标与实现路径》，《江苏高教》2013年第2期。

② 刘学忠、时伟：《大学内部质量保障体系的文化基点》，《中国高教研究》2012年第6期。

文化建设的有效途径"。①

（三）总结与反思

当前学术界对高校质量文化的研究，在各个方面都取得了一系列甚至是突破性的进展，对我国高校的质量文化建设具有一定的指导意义。尽管质量文化是一个外来词，学界对其内涵的把握难免有借鉴甚至复制之嫌，然而，随着高等教育质量保障工作的展开，质量文化在高等教育领域占有一席之地已是不争的事实。对质量文化林林总总、斑斑斓斓的观点无疑从理论上为本书提供了极为丰富而又珍贵的资源。但是，应该明确的是，作为一个移植的概念，高校质量文化研究从一开始就没有自己主导的研究体系和范式。正是由于在研究体系中对一些核心范畴未能加以清晰的界定，研究的边界显得模糊而混乱，使高校对其作深入研究遭遇了困境。有学者认为："国内对高校质量文化进行深入系统研究的人还不多，大多数学者把高校质量文化分析研究与企业质量文化混为一谈，都没有站在高校培养人的这一使命基点上深入探讨质量文化所具有的丰富内涵及其表现方式。不少文章都是就质量谈质量，就管理说管理，就文化论文化，各方面研究基本都停留在比较抽象的认识论上，缺乏对实践课题的思考，缺少具体的研究方法，结果也没有形成可操作的建议。"②

总之，目前的高校质量文化研究既没有形成一个可行的研究理论框架，也没有厚实的实践经验作基础，总体呈现出三大误区。一是复制企业质量文化研究。对"什么是高校质量文化""高校质量文化结构"等本体性问题的研究，基本套用企业质量文化研究的成果，可以说，迄今为止的所有高校质量文化研究都或多或少受其影响，多是套用其定义，复制其结构，利用企业质量文化研究的分析框架来构建高校质量文化的研究体系，完全忽视了企业与高校文化建设的区别，最终导致高校质量文化研究的隔靴搔痒与支离破碎。二是把质量保障程

---

① 王朝兵、王章豹：《高校教学质量文化建设初论》，《合肥工业大学学报》（社会科学版）2009 年第 5 期。

② 傅根生、唐娥：《高校质量文化研究：问题与思考》，《国家教育行政学院学报》2009 年第 11 期。

序或制度文化等同于质量文化。应该说，质量保障制度文化是质量文化的重要组成部分，二者绝不可等同，当前的高校质量文化研究由于复制企业的研究模式，关注的重点是管理文化与制度建设，即使谈到精神层面的文化建设，也仅是作为质量文化建设的目标，既无法论证实现的可能性，也没有透析实现的途径。三是没有明晰质量文化与质量保障之间的关系，这就导致高等教育质量文化研究既偏离了教育质量和文化之间的本质关系，又忽略了高校质量文化的特有属性，研究的层次与有效性都大打折扣。

高等教育质量文化随着质量保障的展开已经成为一个国际语境。通过梳理我国高等教育质量文化相关研究现状和存在的偏差，更为深入地探讨了质量文化的内涵、质量文化之于质量保障的交互作用以及质量文化的建构路径。应该说，高教界对高等教育质量文化的建设和培育也处于"重要性"不断被强化阶段，对高等教育质量文化的内涵、质量文化与高等教育质量保障的关系探讨以及如何培育和建设积极的质量文化的研究似乎依然需要时间和耐心。缘此认识，本书以质量文化为研究对象，以高等教育质量保障为出发点和落脚点，重点就高等教育质量文化的内涵、质量文化与高等教育质量保障的关系以及如何建设和培育有效的高等教育质量文化等问题作一番探讨，以期为新时期高等教育质量保障与提升注入新鲜血液，提供一个特殊的视角。

二 内生型和外发内生型质量文化的由来及蕴含

高等教育质量保障自 20 世纪 80 年代以来，在全世界范围如雨后春笋般展开，并随高等教育的大变革、大发展与大调整而成长。在社会文化大发展和大繁荣时期，文化无疑是推动社会进步和教育发展的强劲力量。大学文化是大学的灵魂和血脉；大学文化是大学人的精神家园；大学文化更是保证教育质量的软实力。全面提高高等教育质量是今后一个时期高等教育改革和发展的核心任务之一。然而，全面提高高等教育质量的支点在文化。当下，大学质量文化淡薄是我国高等教育质量保障的主要症结所在，而破解之路又在何方？

（一）内生型和外发内生型高等教育质量文化的由来

英国高等教育质量保障在传统上强调大学自我管理和自我负责。其质量保障体系经历了"从大学自治到强化外部控制再到以大学自治为主、内外控制有机结合的演变过程"①。正如伦敦大学教育学院罗纳德·巴内特（Ronald Barnet）所说，英国高等教育质量保障机制走过一段弯路，经历了大学自己负责教学质量，到外部评估教学质量，又回到原来的出发点——学校自己负责教学质量这样一个循环过程。这个过程用了 20 年的时间，这是一个教训。② 近年来，尽管英国大学教育质量也受到质疑，遭遇政府和社会的干预，但是"高等教育质量保障署"（Quality Assurance Agency，QAA）在吸纳来自院校和社会质疑的基础上，于 2002 年开始以"院校审计"取代"院校评估"，将高等教育质量保障视为高等院校自身的学术事务，高等教育质量保障责任的承担者应该是教师、学生以及管理者，高等教育质量的真正保障在于建立一个成熟的主动自我规范、力行学术自治的学术共同体。同时在评估中提出了"质量文化"理念。该理念认为："高等教育质量保障是院校自己的责任，而高校保障教育质量的所有努力，只有内化为高校广大员工积极自觉的行动才能取得预期的效果；这种行为只有当质量成为高校全体成员共同信奉的价值，成为高校全体成员的内在追求时，才有可能实现。"③ 比如，剑桥大学理事会明确指出，大学质量保障应与大学的教学、学习、评估活动相称，而不是被外部质量管理体制所驱使。④ 教与学质量保障程序旨在反映大学的使命、大学作为学者共同体的特性以及大学委托给各院系发展、监督自身质量保障程序的责任，确保学术人员

---

① 莫甲凤：《大学自治模式的英国高等教育质量保障体系：特点与启示》，《中国高教研究》2012 年第 4 期。

② 金顶兵：《英国高等教育评估与质量保障机制：经验与启示》，《教育研究》2005 年第 1 期。

③ 张珊珊：《英国高校质量文化与内部质量保障机制研究——以伦敦大学学院（UCL）为例》，《教育与考试》2013 年第 1 期。

④ 焦磊：《自评估文化：高等教育质量持续提升的内核》，学位论文，华东师范大学高等教育研究所，2011 年。

与学生在支持性、参与性的大学环境内是高效的。[1] 作为英国继牛津、剑桥后的第三所大学，伦敦大学学院（University College London，UCL）是英国历史最悠久的大学之一，在发展过程中形成了自己独特的"质量文化"。英国大学教育保障的实践表明，过于频繁的外部评估和过于刚性的外部行政管理只能对大学质量文化建设以及大学自主发展造成伤害，无益于大学教育质量的稳步提升。因此，将高等教育质量保障的责任落实到院校自身，最重要的问题就是要认识到高等教育质量保障的根本是发挥高校各个部门尤其是广大教师的自觉性。当质量成为大学文化的一部分，成为教师、学生、行政人员的追求和信念时，高校的质量自然就得到了最有效的保障与提升。[2] 由此可见，质量自治是英国高等教育质量保障的新思维和新路径，同时是"内生型"大学质量文化建设的结果。

不同于英国高等教育质量保障以大学自我管理和自我负责为特点，美国高等教育质量保障以专门机构及民间中介组织主导为特点。美国的高等教育质量保障则是高等教育认证机制下的认证机构对高等教育质量进行认证（accreditation），以检查和评估其高等教育质量。[3] 比如美国的院校认证和专业认证，院校认证分两种：一种是属于院校自发组织的认证机构，另一种是政府建立的认证机构，属于外部质量评价，大致每十年一次。院校认证机构主要负责检验院校质量，以及院校如何达成自己的战略规划以及如何应对挑战，等等。政府认证机构主要负责对院校的政策、规则、制度进行认证。它们在某种程度上与联邦政府有所关联，政府为这些院校认证机构提供正式许可和政策依据。专业认证主要由一些专业认证组织进行。一些系（不是全部系）在诸如工程、舞蹈、商业、医学领

---

① University of Cambridge, "Introduction to Quality Assurance and Enhancement at the University," http: //www. admin. cam. ac. uk/offices/education/intro/2011 – 11 – 12.

② 王保星：《质量文化与学生参与：新世纪十年英国大学教育质量保障的新思维》，《杭州师范大学学报》（社会科学版）2012 年第 1 期。

③ Volodymyr Manakin, "Quality Assurance: Internal Strategies in US Higher Education Institutions," 2011 – 11 – 12.

域提供某些专业项目，专业认证组织对院校的这些专业学术项目进行认证。①

　　伴随着质量保障体系的"进化"，如今美国大学形成了包含"外部认证＋大学自评估"的质量保障模式。正是这种外部发起的认证活动，促使大学自评估制度的形成，从而催生了美国大学的院校研究。②院校研究指的是拥有一支强大的科研团队，为大学提供准确、及时的研究，确保满足认证报告的需要以及为大学进行科学决策提供智力支持和制度保障。比如，哈佛大学的院校研究办公室负有对大学内部的评估和自评估的责任，同时要接受新英格兰院校协会（NEASC）的认证与再认证。③ 由此可知，美国高等教育质量保障活动催生了内外相生的"外发内生型"质量文化。

　　（二）高等教育质量文化的蕴含

　　"质量文化"的概念始于20世纪80年代的美国，是随着世界范围内质量管理的实践发展而来的。学者们对高等教育质量文化的研究最初源自企业质量文化，将其理念应用于高等教育领域，希冀质量文化之于高等教育的发展尤其是高等教育质量的提升大有可为。近年来，质量文化伴随着质量管理和质量保障成为高教界关注的焦点之一。唐华生教授认为，大学质量文化是指"大学在长期的教育教学过程中，自觉形成的涉及质量空间的价值观念、规章制度、道德规范、环境意识及传统习惯等的'软件'的总和"④。该定义明确了质量文化的构成要素，反映了质量文化的状态性结构。诚然，与文化一样，质量文化的内涵博大而精深，颇具抽象意义，质量与文化的深度融合乃学者们研究的永恒追求。从理论和实践结合的角度讲，欧洲大学协会对其的界定比较全面，它认为"质量文化"是一种以持续提高质

---

① 徐丹：《制度与文化的共生：加州大学伯克利分校的教育质量保障之道——与约翰·奥布雷·道格拉斯教授对话》，《大学教育科学》2011年第2期。
② 焦磊：《自评估文化：高等教育质量持续提升的内核》，学位论文，华东师范大学高等教育研究所，2011年。
③ 同上。
④ 唐华生、叶怀凡：《高校质量文化建设的价值探索与路径选择》，《学术论坛》2007年第3期。

量为目标的组织文化，它有两个显著特征：① 一是关于提高质量的程序、结构、管理因素，二是关于质量的文化、心理因素。在国内，蒋友梅认为：大学组织内部的质量文化是以学生为核心的多重文化作用下的动态结构，它不仅是大学多重文化交互作用而形成的一种"情境化"的场域，也是大学人集体智慧式引领大学发展的一种"心力"的场域。② 这一界定与国际相接轨。缘此认识，质量文化概念下形成了两条路径：一条是质量保障的程式，由此而衍生出各种保障工具和对保障过程的界定、测量、评估、保证以及强化的各个步骤。另一条则是质量承诺下的文化元素，包含个体层面和团体层面对质量的认知。第一条路径是质量文化之明线，更为显见，而第二条路径涉及思想观念、意识形态等抽象层面的东西，实属质量文化的暗线，相对而言难以驾驭。这两条路径要很好地对接，使其不至于各行其道，大学人须寻求大学生存之根，以质量文化引领、提高教育质量，保证大学健康发展。因此，人是质量文化生成的主体，大学是质量文化的承载，持续提升和有效保障高等教育质量需要大学人齐心协力，努力构建大学质量文化。

无疑，要对质量文化做出一个全面而又确切的界定是艰难的，我们能够做到的，或许只能是在理解上述一系列概念表述的基础上，对质量文化概念的轮廓作大致勾勒。

根据质量文化的描述性定义，我们可以将其主要构成因素作如下归类。

1. 观念形态即质量意识：主要指大学组织内部全员所持有的基本价值取向，包括组织成员共有的信条、信念，人们对组织的忠诚，以及组织的理念，等等。

2. 规范即质量制度：制度有正式与非正式之分。正式规范是指大学组织内部那些具体条文形式，针对其成员的行为而作的有关硬性

---

① 文静：《质量文化调查：欧洲大学内部质量保障强化的新路径》，学位论文，厦门大学教育研究院，2011 年。

② 蒋友梅：《转型期中国大学组织内部质量文化的生成》，《江苏高教》2010 年第 5 期。

规定，它对成员的行为有引导、协调、约束和控制作用，如组织内部各种有关质量保障的规章制度就属于正式规范；非正式规范则是指组织内部那些虽然没有成文规定，但又可以被成员所理解、认同甚至被不假思索地接纳的隐性规定，如包括教风、学风、习俗、惯例等则属于非正式规范。

3. 符号即质量话语：主要指那些被组织内部成员所共同接受的、代表某种意义的特殊标志。如大学组织内部人们所采用的言说方式、概念系统，标志组织成员身份的不同称谓、头衔，各种具有象征意义的建筑、仪式、旗子、图案、歌曲、标语和口号等标志，等等。

4. 组织结构即质量组织：指大学组织作为一个系统，其内部各要素间的关系，主要包括人们相互间的工作关系、权力关系、情感关系和利益关系等。此外，根据质量文化的功能性定义，大学组织内部存在的种种相沿成习的实践模式，抑或那些带有普遍性的思维和行为模式也属于质量文化范畴。

以上是对质量文化概念的内涵与外延所作的基本框定，毫无疑问，这种泛泛的概念体系厘定并不会使人们对之一目了然。但是，最起码我们会对质量文化的基本内涵获得一种知觉感受，并且在认知层面上，可以据此建构一个大致的分析框架来理解作为组织的高等教育质量所具备的文化内涵与文化特征。故此，我们认为，高等教育质量文化指涉的是高等教育质量保证活动中内外相生、以外促内的"双型"合成体，具有时代性、发展性和人文性的特征，是大学在教育教学实践过程中深入人心的以质量为目标的价值认同和履行质量承诺的行为表征的统一，是大学保障教育质量的技术层面的可操作和文化层面的可认知的统一，是在大学内部群体一致认同的情境之下上升到大学组织文化的层面，在大学内部凝结而成的一种"文化模式"。

三 质量文化和高等教育质量保障的相互作用

高等教育质量保障和建设是一个不断的、动态的建构过程。在这个过程中，它和质量文化交互作用、互动发展。高等教育质量的产生和发展深深地打上了质量文化的烙印，若隐若现地反映了质量文化的轨迹。质量文化在对内产生作用的同时，也在向外辐射和传播，良好的质量文化氛围为高等教育质量建设和高等教育内涵式发展提供了基础。因此，质量文化之于提升高等教育质量的作用无可厚非。高等教育利益相关者对高等教育质量的诉求呈多元化、多样性和多变性，探寻内生型和外发内生型质量文化之间及其与高等教育质量保障的交互作用以强化对高等教育质量的提升。

（一）内生型和外发内生型质量文化的交互作用

内生型质量文化是外发内生型质量文化的原动力。"文化是民族的血脉，是人民的精神家园。"以高等教育大变革、大发展、大调整为契机，文化作为引领大学科学发展的浪潮不可阻挡。大学作为优秀文化传承与创新的载体，质量文化在大学内部油然而生，须以内部质量的卓越引起外部及时的回应。从根本上而言，大学以提高人才培养质量、教学与科研质量和社会服务质量为根本使命。唯其如此，质量文化才能保证与提升高等教育质量。故此，我们认为，内生型是外发内生型实现的原动力。

外发内生型质量文化是内生型质量文化的助产者。"文化发展为了人民，文化发展依靠人民。"高等教育质量的保证与提升是质量文化生成的"润滑剂"和"助推器"。为满足高等教育利益相关者的价值诉求，当下高等教育质量时常备受指责与批评，大学发展也因此经历了从保守到开放、从无意识到有意识、从技术到文化、从侧重工具理性到回归价值理性的认知过程。在激烈的市场竞争中不断发展、壮大自己，在坚守使命的历程中探寻一种使自己立于不败之地的最根本的东西，那就是源自内部的质量文化。因为大学从本该是一个集教学、科研、服务于一体的人才培养的"文化站"已经蜕变为服务社会的"服务站"。因此，促成质量文化的生成，保障教育质量理应成为高等教育发展的应有之义和重要使命。唯其如此，高等教育才能更好地满足高等教育利益相关者的多变价值诉求和有力地实现为社会服务之目的。故此，我们认为，外发内生型质量文化是内生型质量文化的外驱力和助产者。

（二）质量文化和质量保障的相互作用

质量文化是高等教育质量建设的核心和灵魂。高等教育本质上是一种文化活动，高校本质上是一个文化机构。文化从根本上决定着高校的生存和发展，是高校教育质量的根本体现。高校质量文化的生成蕴含在高等教育质量保障尤其是内部质量保障的全过程和结果当中，是高等教育质量保障造就了高校质量文化。

1. 高等教育质量制度给予质量文化建设以保障

制度的产生是社会进步的有机特性，而文化创新时期特别有利于新生事物的产生。不同的制度选择需要以不同的文化为前提。只有通过文化创新才有可能改变制度变迁的"历史惯性"，意即对文化的惯性依赖。改变制度变迁初始条件的一个重要途径就是给制度变迁的初始条件注入新的文化力量，从而改变制度变迁主体的固有观念和思维模式。① 因此，大学文化的根本在于对大学人的改造，而对大学人的改造之根本就是培养其主体意识。培养其主体意识旨在"建立大学人的主体性，以完成大学人之自我解放……使大学人可以挺立心志，自我支撑，而不再屈从于大学人以外的'客体'的主宰和制约"。高等教育质量建设是大学精神培育和大学质量文化传承与创新不可或缺的制度文化和制度支撑。没有科学完善的各项规制，就不可能有稳定而有序的质量保障环境，更谈不上大学质量文化的培育。大学质量文化作为一所高校赖以存在和发展的精神支柱，沉淀着学校的精神内核和学术传统，凝聚着大学的办学质量和水平，其中，高等教育质量保障制度的发展，无疑是推进大学质量文化传承与创新的文化保障。

新时期我们之所以要建立现代大学制度，是因为"科学合理的大学制度，对规范每个大学人的行为举止，引领人们的价值观和人生观，具有极为积极的作用。这种作用的长期性和持久性会逐步转变每个人的自觉行为，形成一种文化，升华为一种精神即大学文化和大学精神"。② 同样的道理，形成完善的高等教育质量保障制度，最根本

---

① 孙雷：《现代大学制度下的大学文化透视》，光明日报出版社2010年版，第53页。
② 同上书，第46页。

的是张扬一种深沉的、博大的、批判的、求真向善尚美的大学质量文化。高等教育质量建设保证了大学的文化地位，维护了大学之所以为大学的优秀传统，从而为大学质量文化建设提供了保障。在高等教育质量保障进程中，首要的任务是通过建立健全法律规范，协调大学与外界的价值冲突，维护知识的权威，实施人才培养、教学科研、社会服务和文化发展的职能，保障大学作为知识权威的文化地位。一种理想的新型的大学、市场与政府的关系应该是三者之间形成一个交往的共同体。大学最终还是要摆脱权力和金钱的诱惑，进行自身的文化再生产，大学在与外部的交往中提高人才培养的质量。[①] 大学之所以为大学，就因为它在漫长的历史发展中积淀了优秀的精神和传统——大学自治、学术自由、教授治学、校长治校。这些优秀的精神和传统恰恰成为今天高等教育质量保障制度的基本内涵，为大学质量文化的发展发挥了重要的保障作用。

2. 质量文化赋予高等教育质量保障以精神和灵魂

文化是社会文明程度的重要标志，而大学文化则是一所大学发展水平与发展程度的重要标志。建设一所高水平、高质量的大学，不仅需要大楼和大师，而且需要"大学文化"。[②] 制度与文化就是硬件和软件的关系，是肉体和灵魂的关系。制度如果失落了文化，最终只能是空有"躯壳"，而无文化之精髓来引领和驾驭。反之亦然，我们在进行制度之建构时，必须关注它与文化的这种紧密的制约性和关联性。"名校"成长的历程证明，大学的竞争是文化实力的竞争而不是经济实力的竞争。[③] 这一特性决定了文化机制是高等教育质量保障的根本途径，同时，质量文化赋予其精神和灵魂，是一个不断渗透和影响的过程。质量文化内化到大学人的思想深处，成为其思维和行动的基本指南和规范，从而引领大学人形成一种思想和共同

---

① 蒋友梅：《转型期中国大学组织内部质量文化的生成》，《江苏高教》2010 年第 5 期。

② 孙雷：《现代大学制度下的大学文化透视》，光明日报出版社 2010 年版，第 50 页。

③ 李辉：《从文化层面审视大学教学与科研职能的和谐》，《现代教育科学》2006 年第 1 期。

目标，推动大学健康发展，成为推动大学发展的精神动力和灵魂支撑。当然，在其背后也隐含着文化的选择与价值判断。比如，中世纪大学制度的一项重要价值在于它通过制度的建构彰显了大学独特的批判、追求真理等精神气质，并由此诞生了大学自治与大学自由等文化传统；柏林大学制度的价值关键在于它吸纳了文艺复兴的思想，张扬了自由与理性精神。① 可以说，有什么样的大学文化，就有什么样的大学精神与之相适应，否则无异于无本之木，无源之水。据此而言，质量文化是高等教育质量保障的精神和灵魂。

（1）从作用机制来看，质量文化是高校内部质量保障的新路径。高校内部质量保障是高校为维持和提高自身教育教学质量而主动采取的有计划、有组织的系统管理过程，是高校作为一个自主发展的学术自组织，运用科学有效的管理方法与技术构建的具有自我改进、自我约束、自我发展功能的教育教学质量管理系统。在高校内部质量保障体系中，最根本的作用机制是文化，因为"学校保障教育质量的所有努力，只有通过组织高校广大教职员工积极自觉地行动才能取得预期的效果；这种行动只有当质量成为高校全体成员共同信奉的价值，成为高校全体成员的内在追求时，才有可能实现"②。高校内部质量保障体系的建设必须从质量文化培育着手，只有当高校的质量要求融入全校所有成员共同的价值观念，内化为全体成员的自觉意识和追求，最终使质量作为全体成员的一种生活方式或习惯时，质量保障活动才能真正发挥作用。任何科学的标准体系、合理的制度规范、恰当的技术方法，只有在追求卓越的质量文化中才可能奏效。

高等教育质量保障是依靠内部和外部质量保障体系的有机结合来实现的，但一般是"以内为主、以外促内、内外结合"，即把高校作为质量保障的真正主体，用外部主体的要求推动高校采取实际行动，最终通过师生员工的共同努力，实现质量保障的目标。在高校内部质量保障中，最根本的作用机制是文化，因为学校保障教育质量的所有

① 孙雷：《现代大学制度下的大学文化透视》，光明日报出版社 2010 年版，第 51 页。
② 蒋家东：《质量文化研究》，《航空标准化与质量》2000 年第 3 期。

努力,"只有通过组织高校广大教职员工积极自觉的行动才能取得预期的效果;这种行动只有当质量成为高校全体成员共同信奉的价值,成为高校全体成员的内在追求时,才有可能实现"①。

(2)从构成要素来看,质量文化是高校内部质量保障体系实现的核心竞争力。高等教育质量保障的要素有两部分:一是有形资源如规章制度、组织结构、保障程序、物质环境等;二是无形资源如质量标准、机构的宗旨、组织理念、质量文化等。其中,质量文化决定着整个高等教育质量保障体系的价值取向、运行方式、保障效果等。长期以来,高校内部质量保障体系的实现总是依赖于管理技术。从纯技术的视角看,质量保障体系实现活动体现为确保主体需要和期望得到持续满足的完整过程。但是,随着高校内部质量保障体系实现活动的不断发展,质量保障活动就逐步超越其技术范畴而演变为一种文化现象——质量文化。高校质量文化实际上是一个把质量管理的本质及理念从单纯的硬性管理转变为以软管理为主的管理系统。它对质量管理本质的认识已从"物"发展到"人",并从"个体的人"发展到"整体的人",从简单、片面的人发展到复杂、全面的人的管理;从"个体"发展到整体,着力塑造的是全部的工作质量与形象,是内外结合的利益系统。② 如此,高校质量文化就以质量价值观、质量精神、质量管理哲学、质量伦理道德、学校风尚、管理规章制度为主要因素,形成一种以价值观为核心、以人为本对全员进行质量管理的文化体系。③ 高校质量文化是一套共享的价值,是大学人(包括师生、管理者)的一种集体责任,也是高校自觉地致力于教育教学质量提高的一种集体责任。我们关注更多的质量保障程序的建构实际上只是质量文化的结构性因素的一部分。质量保障程序的建构有助于加强质量文

---

① 彭正霞、朱继洲:《英国高校"质量文化"及内部质量保障体系》,《高教发展与评估》2006 年第 4 期。

② 王建华:《高等教育质量管理的新趋势及我国的选择》,《中国高教研究》2008 年第 8 期。

③ 彭正霞、朱继洲:《英国高校"质量文化"及内部质量保障体系》,《高教发展与评估》2006 年第 4 期。

化，而质量文化的建构才能为持续的质量保障提供不竭的动力，赋予质量保障程序的建构与运作以深层的价值驱动。① 它才是高等教育质量保障体系得以实现的核心竞争力。

（3）从功能价值来看，质量文化在高等教育质量保障中发挥着不可替代的特殊作用。高校质量文化作为一种文化形式，在质量保障体系建设中发挥着导向目标、凝聚力量、激发动力、约束行为、辐射社会等不可替代的特殊作用。在质量保障体系中，质量文化不仅渗透到质量保障活动的方方面面，而且决定着整个质量保障体系的价值取向、运行方式和保障效果。一是导向目标，它对全体师生员工有一种内在的感召力，能够引导全体师生员工把个人的目标和理想拴系在同一个目标上，朝着一个共同的方向努力。"质量文化通过其形成的校园氛围的熏陶和影响，使教职工的个人质量观与学校的质量取向趋于一致，从而能够对全体师生员工起到在工作上、心理上和行为上的规范和约束作用，促使生活在这种文化氛围中的每一个人获得并发展类似的信念、价值标准以及能力，形成自觉的约束机制，能动地从事质量管理活动。"② 二是凝聚力量，质量文化通过潜移默化的方式影响着高校教职员工的教育教学思想和行为，使人们对学校的质量观念、质量方针、质量规范等产生使命感和认同感，产生一种凝聚力和向心力，吸引和激发师生员工为实现质量目标而努力工作。三是激发动力，通过质量文化的定势作用和质量文化氛围所产生的心理效应，吸引和激发人们为实现质量目标而努力工作，具有强大的激励作用。四是约束行为，通过明确质量目标以及制定质量管理规章制度，规范和约束人们的行为和职业道德，形成自觉的约束机制。五是辐射社会，质量文化是社会文化的精髓，通过宣传、交流、展示，发挥优秀的质量文化对社会风尚的积极辐射作用，引导和推动社会文化的健康发展。③

---

① 宋鸿雁：《欧洲高等教育质量文化检查探析》，《世界教育信息》2012 年第 11 期。

② 朱永江：《质量文化：高校内部质量保障体系建设的灵魂》，《现代教育科学》2012 年第 4 期。

③ 邬智、王德林：《加强质量文化建设 完善高等教育质量保障体系》，《华南理工大学学报》（社会科学版）2010 年第 2 期。

四 构建高等教育质量文化的现实路径

质量是高等教育的生命线，文化是贯穿于这一生命线的"灵魂"和"血脉"。在"文化强教"战略下，保证教育质量的关键在于质量文化的建设。就实质而言，质量文化建设应坚持以育人为本，以"文化自觉"为基石、以"文化自信"为灯塔、以"文化自强"为动力。然而，质量文化是一项系统的质量工程，主要涉及理念、制度、行为等方面，需要长期的涵养过程。为此，我国大学应致力于构建自身的"双型"质量文化，使我国高等教育质量真正实现"近悦远来"。

（一）内生型质量文化的建构

内生型质量文化的生成有赖于大学自反性功能的形成。吉登斯和贝克等人认为，"自反性"具有反身性、客观性、过程性和分叉性等特点。[①] 一言以蔽之，自反性指大学不依赖外部力量，以具体问题为切入点，对自身质量行为进行反思与监控、修正与改进，自主地、自觉地致力于提升质量。中国大学组织内部多样性质量文化的形成所遇到的最大障碍应该是中国大学在组织模式上的趋同化，这种趋同化使得中国的大学没有形成一种具有自己风格的质量文化，没有与学生多样的能力倾向相适应。[②] 那么大学的自反性功能如何形成呢？大学以培养人才质量的价值取向为依托，依据自身办学条件和特色，制定质量标准并对质量负责，对质量教育行为进行修正、改进，经过"认识—实践—再认识—再实践"的循环往复过程，逐步提升教育质量。

高等教育质量建设也离不开制度文化作为保障。制度文化有显性制度文化和隐性制度文化。显性制度文化是以文本等形式呈现的制度；隐性制度文化是对创建制度与遵守制度的态度、价值观、认同感等。[③] 我们的质量管理模式从根本上说，还是以"控制"为主的方法

---

① 王能东：《"自反性现代性"理论述评》，《国外理论动态》2009 年第 7 期。

② 蒋友梅：《转型期中国大学组织内部质量文化的生成》，《江苏高教》2010 年第 5 期。

③ University of Cambridge, "Quality Contacts", http：//www. admin. cam. ac. uk/offices/education/roles/, 2011 - 11 - 12.

而不是"控制"与"自主"统一的方法，是一个外部约束机制而不是一个自发自动的内部机制，没有从"外部性"变成"内在性"。比如我国高校本科教学工作水平评估，实质上是一种"控制"理念，是一种由上而下的质量制度。它的巨大优越性是明确了国家高等教育发展的政策性和导向性，确立了高校本科教学评估内容指标体系，形成了可操作的运行机制；但其最大的缺陷是对"自主"的贬抑。比如学校、教学基层与教师在评估中处于客体地位，出现了评估过程中专家话语霸权，师生很少把质量建设当成自己的事情及导致师生员工的浮躁情绪。[1] 要从根本上使质量行为成为高校教师的自发行为与自律行为，真正做到以学生发展为根本，除了硬件投入和硬性约束外，必须真正培育以教师为主体的质量文化，建立常态化质量管理模式，变被动为主动，变约束为自发和自觉的行为。[2] 任何制度规范的合理、程序结构的完善、标准体系的科学、技术方法的恰当，唯有在卓越的质量文化中才可能奏效。高等教育质量保障不能局限于一种工具、标准、程序或技术，而应该形成以质量保障实践为基础，融入教育教学生活，深入组织成员内心的质量文化。

大学应以内生型质量文化，积极向社会、政府、市场等提供其绩效证明。高等教育质量保障归根结底在于大学自己，唯有在大学人认同基础上的质量理念，将其渗透于大学组织中所有成员的意识之中，并成为一种生活方式之时，大学提高质量才会成为一种自发自为的行为，而非迫于压力的被动应付。安心教授认为："从更广泛的意义上说，质量是'生产'出来的，而非检查出来的，一个真正持久的质量保证应当是学校全体师生员工共同努力的结果。"[3] 也即质量是设计、生成、实现的"流程再造"过程。在此理念下，大学人应协同参与制定全员认同的质量保障制度，使大学质量保障的具

---

① 余会春、孙明保：《控制与自主：我国高校质量文化建设的方法选择》，《湖南师范大学教育科学学报》2009 年第 3 期。

② 唐松林：《培育质量文化 建立常态化的质量管理模式》，《中国高等教育》2008 年第 24 期。

③ 安心：《高等教育质量保障体系研究》，甘肃教育出版社 1999 年版，第 48 页。

体行为有章可循。因此，自反性的质量制度要保证大学组织内部所有成员的集体认同并使实施具有科学性、效果具有人文性。科学性、人文性的质量制度绝不是纸上谈兵、光怪陆离，最终应显见于大学人的工作风范和精神风尚中，最终应回归学校生活，建设学校"自主"的质量文化。

（二）外发内生型质量文化的建构

在政府对大学绩效日趋重视，大学外部利益相关者对大学质量诉求多样化、显性化，以及大学间优质生源战日益激烈的当下，[①] 外发内生型质量文化的生成和培育并非盲目的、自发的，而是一种包容、多样和有弹性的卓越质量文化。它需要以卓越的质量文化观为导引，需要更新质量理念，需要创建卓越质量组织和团队，需要变革学校成员的质量行为方式为其提供内在动力，也需要营造质量文化氛围为其提供外部支持。

1. 澄清卓越质量文化的内涵，正视卓越质量文化建设的意义

外发内生型质量文化在大学组织内部生根发芽，必须要求大学组织内部有一套相匹配的组织机制，这就需要大学组织内部逐步改进和创生，这样，大学组织内部的质量文化才能走向"卓越"[②]。但是，"卓越所代表的不是一个基本水平，而是在动态的发展过程中维持最高的标准"[③]。因此，卓越质量文化建设需要经历从"优秀"走向"卓越"的动态过程。王建华教授认为，"卓越"和"优秀"的最根本区别在于："优秀只不过是应尽本分而获得的一句评价，卓越则是超越本分并不懈进取的精神。优秀可能保持于一时一事，而卓越能够逐渐成为一种习惯，并渗入日常行事的文化中去，驱使组织建立起优势地位并日益稳固。符合标准的优秀是落后的温床，而追求卓越的理

---

① University of Cambridge, *The Guide to Quality Assurance and Enhancement of Learning, Teaching and Assessment*, University of Cambridge, 2007（9）：23.

② 顾书明：《论高师院校质量文化体系的构建及"教育"品质的提升》，《江苏高教》2007 年第 4 期。

③ 徐小洲、王家平：《卓越与效益：大学重点发展战略研究》，浙江教育出版社 2007 年版，第 7 页。

念则是驱动创新的质量文化。"① 它强调卓越质量理念、"零缺陷"的工作态度、卓越标准和持续改进与突破。故此，有学者就认为，卓越质量文化是学校成员共有的、较为稳定的卓越质量理念与卓越质量价值观、"零缺陷"质量行为的综合，是以创造卓越教育质量为根本旨趣的特殊文化形态。② 卓越的质量理念和卓越质量文化不仅仅强调过程和变化，它更注重"人"的存在。既然卓越质量文化指向教育中的人，那么，它在人才培养质量、教科研质量、教育品质以及学校核心竞争力提升等方面都具有重要而独特的作用。

2. 树立追求卓越的质量理念，塑造共同质量愿景。树立卓越质量理念，塑造"共同质量愿景"是卓越质量文化建设的核心与灵魂。"高等教育质量理念的真正问题在于高校自身制定的质量标准往往存在惰性，易与社会发展的实际相脱离，外部制定的质量标准由于其利益取得易导致手段置换目的，且难以确保真正符合高等教育发展的规律。"③ 解题之关键是树立追求卓越的质量理念。卓越质量理念的核心是强调"顾客满意"。"高等教育真正需要发生改变的则是质量文化，是要在组织中树立起顾客满意的质量理念。"④ 在高等教育中树立"顾客满意"就是要达成以教育教学质量为核心的全面、全员、全过程的顾客满意。真正将突破建立在学校自身的文化而不是外界的监督和控制之上。这就需要塑造"共同质量愿景"。何为"共同愿景"？正如彼得·圣吉所说："当一群人执着于一种心中的愿景时，便会产生一种力量，做出许多原本做不到的事情。""共同愿景是一个方向舵，能够在遭遇混乱或阻力时，继续循正确的路径前进。"⑤

---

① 王建华：《多视角的高等教育质量管理》，广东高等教育出版社 2010 年版，第 116 页。

② 罗儒国、王姗姗：《高校质量文化建设的战略目标与实现路径》，《江苏高教》2013 年第 2 期。

③ 王建华：《多视角的高等教育质量管理》，广东高等教育出版社 2010 年版，第 113 页。

④ 同上书，第 111 页。

⑤ 彼得·圣吉：《第五项修炼——学习型组织的艺术与实务》，郭进隆译，上海三联书店 1994 年版，第 238 页。

它是学校所有成员共同的、发自内心的意愿，它所表达的愿景是学校未来质量文化发展与建设的目标、任务和使命。①

3. 培育领导者卓越领导力，创建卓越组织和团队

积极创建卓越组织与团队是卓越质量文化建设的关键。基于组织变革理论，哈里斯（Harris）认为，领导者是学校变革的制造者，不一定非得是学校的高层，只要能够促进学校变革和改进的，都能成为领导者，教师不是学校愿景、使命和目标的简单执行者，他们和学校管理人员一样拥有创造学校愿景的权力和权利，应该与学校管理人员共同承担制定愿景的责任和义务。② 与传统领导力不同，卓越领导力的培育一是将领导力视为组织团队，重视组织成员之间的关系；二是将领导力视为来自组织所有成员的力量集合，而不是将其简单地等同于某个正式职位或领导角色。

（1）提升领导者的专业素养，培育卓越领导力。卓越质量文化建设需要领导者具备以下基本素养：一是专业知识。"大学是追求真理的地方，长久以来大学教师服膺于内心的呼唤，从探究未知领域的内心冲动出发，选择研究的方向，躲在象牙塔中，不问窗外之事，不懈地追求真理。"③ 因此，大学校长要具备指导教科研的专业知识。二是专业技能。在不断学习、增强自身修养、改善知识结构、提升思维水平与领导管理能力的基础上，用坚定的教育信念、先进的教育理念和独特的办学思想，把主要精力和工作重心聚集到提高教育教学质量水平、促进学生全面发展上来；用国际视野和敏锐的洞察力，较强的民主法制意识和较强的人格魅力，促进学校成员密切合作，形成卓越的质量组织和卓越团队。三是专业伦理。在道德标准多元化的时代，学校领导者要坚持把培养学生的"良知"作为大学教育的重要目标，从而使学生成长为各行业中的伦理领袖和道德楷模。

---

① 罗儒国、王姗姗：《高校质量文化建设的战略目标与实现路径》，《江苏高教》2013年第2期。

② 阿尔玛·哈里斯：《教师领导力与学校发展》，北京师范大学出版社2007年版，第15—17页。

③ 王英杰：《大学校长：伦理的领袖，道德的楷模》，《比较教育研究》2013年第1期。

（2）创建卓越质量组织和团队。美国学者爱德华·撒丽斯曾指出，传统组织由于缺乏共同使命，部门之间存在隔阂，组织层级明显，过分依赖僵化的程序步骤，所以越来越难以处理质量文化建设中所出现的问题。[①] 传统组织与质量组织的区别就在于："在组织与管理相关性的维度上，一般组织是规模管理时代的产物，质量组织则是质量管理时代的宠儿。为了规模管理的需要，一般组织必须以科层或层级为中心；相比之下，为了满足质量管理的需要，质量组织则必须以质量为中心，尽量淡化科层或层级的界限。与一般组织相比，质量组织具有更大的灵活性和适应性。"[②] 这种质量组织以顾客为中心，有策略性的质量愿景，通过鼓励创新质量，有清楚的使命以及与学校发展战略相匹配的质量计划。因为"要达到卓越，就必须保证培养活动的持续性和针对性，作为一种核心的管理手段，它不仅有助于实现绩效激励的目的，而且还有利于创建一个责任共担的有效团队"。[③] 从世界一流大学来看，它们往往荟萃了一批世界顶尖级人才和一支世界一流的师资与团队，这也是它们之所以成为世界一流大学的关键所在。正如哈佛大学前校长科南特所指出的那样："大学的荣誉不在于它的校舍和人数，而在于它一代一代教师的质量。一所学校要站得住，教师一定要出色。""在依靠人才方面，十个二流的人不能代替一个一流的人。"[④] 由此，卓越质量组织的创建应该明确质量方针和质量目标；具有可行的质量策划；建立动态的质量管理系统；制定质量标准和质量评估计划；开展质量教育与培训等，并以此作为质量组织的主要职责，卓越的质量组织和质量团队应是一个"学习型组织""学习型团队"。

[①] 爱德华·撒丽斯：《全面质量教育》，何瑞薇译，华东师范大学出版社 2005 年版，第 87—88 页。

[②] 王建华：《多视角的高等教育质量管理》，广东高等教育出版社 2010 年版，第 123 页。

[③] 布拉德福德、科恩：《追求卓越的管理》，刘寅龙等译，中国人民大学出版社 2007 年版，第 134 页。

[④] 罗儒国、王姗姗：《高校质量文化建设的战略目标与实现路径》，《江苏高教》2013 年第 2 期。

4. 积极开展质量文化教育，营造良好的文化氛围

营造良好的质量文化氛围，是高校教学质量文化建设的动力。因此，一是要加大质量文化建设的宣传力度；二是要坚持对学校成员开展质量教育培训活动；三是要营造一种"人人关心质量、关心顾客，人人追求质量、追求卓越""提高教育质量是学校成员的职责与使命，超越顾客期望是学校成员应尽的义务"的良好质量氛围。[①] 通过卓越质量宣传与教育培训以及营造质量文化氛围等措施，使学校成员树立从单纯符合标准的符合性质量文化观转变为"以顾客为关注焦点、满足和超越顾客需求"的卓越质量文化观。

从我国质量管理与保障发展的历史中可以看到，无论是首轮评估之前的质量推动措施，还是首轮评估结束后提出的加强高校内部质量管理，建立内部质量保障机制，都主要是从外部刺激、技术手段和机制层面出发的，这在一定程度上推动了我国高等教育质量的提升，但是，高等教育质量的提升最终要落到每个具体的机构成员身上。[②] 高校虽然为提升高等教育质量做出了不懈的努力，但囿于质量管理的技术、程序与规则，高等教育质量问题依旧不能得到很好的解决，正是由于处于这样的困惑和尴尬局面，我们认为，唯有培育外发内生型的质量文化才能持续地改进和提高高等教育质量。为此，2012 年 3 月22 日，在全面提高高等教育质量工作会议上，教育部、财政部联合颁发了《关于实施高等学校新能力提升计划的意见》（以下简称"2012 计划"）。"2012 计划"指出，高校必须肩负起协同创新的时代重任，因为高校拥有天然的多学科优势、丰富的人才资源以及多功能特性，是科技第一生产力和人才第一资源的重要结合点，在国家创新发展中具有十分重要的地位和独特的作用。[③] 强调以注重原始创新质

① 罗儒国、王姗姗：《高校质量文化建设的战略目标与实现路径》，《江苏高教》2013年第 2 期。

② 杜云英：《高等教育质量管理新进展：质量文化研究》，《河北师范大学学报》（教育科学版）2012 年第 3 期。

③ 中华人民共和国教育部、财政部：《关于实施高等学校创新能力提升计划的意见》，2012 年 3 月 15 日。

量、注重解决国家重大需求的贡献度、贡献率为导向，提升人才、学科、科研三位一体的创新能力；准确把握建立健全协同创新机制这个工作重点；要促进创新组织从个体、封闭向流动、开放的方式转变，促进创新要素从孤立、分散的状态向汇聚、融合的方面转变，促进知识创新、技术创新、产品创新的分割状态向科技工作的上中下游联合、贯通的方向转变，建立协同创新机制。[①] 为此，依托高校得天独厚的优势，搭建高校与科研院所、行业企业、地方政府以及国际社会等深度合作的创新平台，形成协同创新机制是培育高等教育质量文化的有效途径。

总而言之，质量文化的涵养需在协同创新的引领下，坚持"多元、动态、融合、持续"的原则，需要"内外结合""上下结合"，但最终要落到内部、沉到下部，即生成独特的质量文化的责任最终要落到每个大学人的身上，须充分调动教职工"全员"的积极性，发挥其自觉性，唯有全员共同弹奏"同一根质量文化之弦"，方可彰显持续提升高等教育质量的"文化魅力"，触及质量文化之于保证教育质量的真正内核，实现文化引领大学走内涵式的发展道路，使大学走出"重病"的阴影，保证其健康的发展。

小　结

在质量核心价值观统领下，将新世纪高等教育质量观从不同的视角规整为哲学视角下的质量观、经济学视角下的质量观。在梳理过程中，我们发现，新世纪斑斑斓斓、形形色色的质量观应该是多样性与统一性的整合、学术性与职业性的整合、工具理性与价值理性的整合、现在与未来的整合。

伴随着大众化的进程，高等教育与社会的互动加强，高等教育为社会服务的呼声高涨，为满足利益相关者的质量诉求，高等教育质量

---

① 《教育部有关负责人就〈高等学校创新能力提升计划〉答记者问》，2012 年 3 月 15 日。

观正悄然发生着微妙的变化，即高等教育质量观的异己性。所谓高等教育质量观的异己性指的是在质量观之外的，为人服务、为国家服务、为社会服务的这种服务于"他物"的性质。质量观的异己性根源于高等教育的"社会学转向"，并且其发展受到"技术合理性"的袒护，这也正是马尔库塞所极力批判的"单向度的人"的写照。为此，回归高等教育质量观的异己性就不仅是高等教育自身的发展与完善，而且肩负着将利益需求主体的期望内化于教育产品中的重任，更为关键的是要拿捏好教育自身和"技术合理性"之间的度，寻求一种可持续发展且忠诚于高等教育事业的质量观。高等教育质量在上述转变和可持续发展战略中承担着不可替代的作用，高等教育质量自身也有一个可持续发展的问题。只有高等教育质量自身的可持续发展得到了有效保证，高等教育质量对社会可持续发展的作用以及为社会服务的质量才能得到更好的实现。

透过国内外学者对质量观的研究，探讨在高等教育发展演变的历程中人们所秉持的质量观的价值取向是题中之义。我们将高等教育的职能演变特别是大学职能的演变作为高等教育价值取向的一个研究切入点，发现在大学职能不断演进、不断丰富的历程中，我国高等教育价值取向和利益相关者的价值诉求呈多元化态势。政府的价值诉求在于竞争力；社会的价值诉求在于贡献力；高校的价值诉求在于发展力；受教育者的价值诉求在于全面发展。高等教育质量观的价值取向呈现出两大特点：高等教育的工具理性占据主导地位；高等教育的价值理性逐渐弱化。

工具理性和价值理性作为一对概念范畴最早由韦伯提出。二者的本质区别在于工具理性注重对效率的追求，强调外在的功利性、理性化；价值理性注重人类的心灵，强调内在的本真性、人文性。将高等教育的工具理性和价值理性有机圆融是时代的最强音，同时构成了高等教育质量文化的内核。

高等教育质量文化是指高等教育质量保证活动中内外相生、以外促内的"双型"合成体，具有时代性、发展性和人文性的特征，是大学在教育教学实践过程中深入人心的以质量为目标的价值认同和履行质量承诺的行为表征的统一，是大学保证教育质量的技术层面可操作和文化层面可认知的统一，是从大学内部群体一致认同的情境下上升到大学组织的文化层面，在大学内部凝结而成的一种"文化模式"。高等教育利益相关者对高等教育质量的诉求呈多元化、多样性和多变性，质量文化之于提升高等教育质量的作用无可厚非。我们认为，内生型质量文化是外发内生型质量文化的原动力，外发内生型质量文化是内生型质量文化的助产者。

　　如果说，质量是高等教育的生命线，文化则是贯穿于这一生命线的"灵魂"和"血脉"。由此，建基于以"文化自觉"为基石、以"文化自信"为灯塔、以"文化自强"为动力的理念，我们认为，只有构建内生型和外发内生型高等教育质量文化，方能触及高等教育质量保障的真正内核，引领高等教育走出"重病"的阴影，迈向内涵式发展的新征程。

第二章　质量观的重构：
再生性质量观

"教育是一门迷恋他人成长的学问。"

——马克斯·范梅南《生活体验研究》①

改革开放 30 多年来，中国经历了一个爆炸式的增长，尤其在"互联网＋"和云平台背景下，我们从农业社会跨越式地进入了信息社会。然而，我们的教育尤其是高等教育却没有跨越式地成长。其实，"经历常规教育成长起来的我们，大都有一种深切的体会，就是在学校学到的知识与所花的时间及努力相比，性价比太低了！大部分累死累活熬夜学的东西，工作以后几乎都没什么用，唯一就是培养了一点吃苦耐劳的精神"。②

可以说，在精英教育阶段，高等教育在质量的大旗下呈现出低效的态势，精英教育时代的低入学率可以被视为低效的直接证据（如果效率单以入学率或校均规模做判断的话，事实上这也并非效率的唯一依据），当然，也不能据此认为，当前的高入学率已然成为高效的象征。发达国家的高等教育大众化历程为我们提供了先例及经验，即大众化的高等教育必须在保证质量的同时，还必须是高效的。那么，大众化进程中如何在追求高效的同时保证和实现教育的优质，是中国大

---

① https：//book. douban. com/subject/1541636/.

② 魏勇：《美国教育强在哪里？一位全国特级教师考察美国教育后的反思》，海外眼，2017 年 6 月 19 日。

众化进程中的当务之急。如果单纯地追求高效，其本身未必就是优质的，也是不利于高校和谐发展的。与此同时，生源结构的多元化及已有的知识结构的差异使得一味固守精英高等教育质量标准显然已不合时宜，社会发展迫切需要高等教育为其提供更为多元的精神动力和智力支撑。大众化条件下的高等教育呼唤质量标准的多样化，多样化的高等教育质量并非只是一个响亮的口号，而是要真正地体现质量内涵的多样性。但是，多样化本身并未指向对质量内涵的把握，因此，有必要对质量进行一番新的解读。那么质量的内涵究竟是什么呢？我们认为，大众化进程中高等教育质量的内涵在于精细与粗放并举，在于质量的分层，在于体现多样化的各归其类。基于此，我们提出了主张以既定质量、弹性质量和超越质量为内涵的，反映多样化、包含发展性、体现特色和适应性的再生性质量观。

第一节　再生性质量观概述

一　再生

"再生"一词源于生物学中对生物体器官因创伤等意外而受损或丢失后修复的现象。对它的解释通常倾向于两个方面：（1）生物学释义："生物体的整体或器官因创伤而发生部分丢失，在剩余部分的基础上又生长出与丢失部分在形态和功能上相同的结构，或在脱落、截除后重新生长，这一修复过程称为再生（regeneration）"，[①] 或"死而复活"（revive）。（2）工业释义：再生（regenerate）是指废旧物品经加工变成新产品。[②]《苏联百科词典》关于"再生"的界定是："（1）机体已丧失或损伤的器官及组织之恢复，也可指有机体的一部

---

① 目前，注射或植入再生细胞诱导原位再生是用来补充器官、组织移植和仿生物植入的、使受损的人类组织和器官恢复的一个新方法。再生是生物界普遍存在的现象，但是，对于再生机制的彻底理解仍然是一个难题。Regeneration，http://cmbi.bjmu.edu.cn/news/report/2003/regeneration.htm.

② 《新华词典》，商务印书馆 1989 年版，第 915 页。

分再生为完整的有机体；（2）使报废的产品恢复原来的性质。"[1] 同自然科学中的其他许多词汇一样，"再生"一词也逐渐被引用到社会科学领域，用来研究和分析社会现象，在这一过程中，从不同的角度对再生的理解也不尽一致，"再生"在不同的语境中也产生了新的含义与解释。如：

从生物学的角度来看，"再生"是指有机体在原有基础上的整体或局部器官的替补或修复。[2]

从逻辑学的角度来看，"再生"就是在原有程序或逻辑形式的基础上嫁接而成"超级产品"[3] 的过程。

从文化的角度来看，"再生"是对新生活秩序的期望和新文化的肯定。

从美育的角度来看，"再生"是一种陶冶和洗涤，使人们在精神领域有所寄托，在现实生活中看到希望。

从心理学的角度来看，"再生"理当是人们存在的更高级的精神境界及追求。

从历史学和社会学的角度来看，"再生"以其多种形式（如再生产、再传播、再阐释、再模仿、再保存等）为后来时代的人们发挥大量的不同功能，提供解决问题的思想指导和前车之鉴。

从哲学的角度来看，"再生"就是用科学的理论和方法来改造、批判和继承，使事物获得新的发展。

从教育的角度来看，"再生"指教育主体在接受教育后所具备的整合、改造知识和应变世事的能力。这也就意味着在接受教育的过程中加入了对所学知识的理解和思考，以激发起战胜自我、超越自我的觉悟和勇气，为个体的健康成长和团体的和谐发展做出不懈的努力。

显然，如果说生物学的再生倾向于器官或机体机能的恢复或等量

---

[1] 《苏联百科词典》，中国大百科全书出版社 1986 年版，第 1566 页。

[2] 这种"再生"在生物学上指物种或某一器官的简单再现或物理性状所发生的改变及其原有功能的恢复。

[3] 在逻辑学上指借助于大量数据及事实，通过演绎、归纳推理和论证所得出的新的逻辑、公式或公理。

代换，那么工业上的再生则倾向于能源的节约和资源的再利用，而且前者具有等量代换的同质性，后者也只不过是一种纯粹的物理变化过程。但是，自然界中有一种非常有意思的嫁接现象，① 在这里更能表示本章所提及的再生的指代之义。在教育界，尽管人们习惯于将"再生""再现"与重复相关联，且据此认为，所谓的教育再生就是指教育的适应性特征，而否定教育本身的能动性及超越性特征，将其与"更新""创造"相对立。这样一来，难免使人联想到机械运动所具有的简单重复与再现功能。但是，由于教育显然又并非简单地机械运动，即便认为教育有重复或再现的需要及功能，也不能据此认定重复或再现是教育的终结性结果。恰恰相反，作为一种创造性活动，教育更强调突破。这种突破与创新不是空穴来风，更非无中生有，而是基于再现基础上的学识、能力的重新组合。因此可见，赋予"再生"这一老命题②以新的内涵，并充分阐释之，对于构建新形势下的中国高等教育质量观不无裨益。

基于以上的认识，我们认为，本章所指的再生，归根结底是在原有基础上的超越，是将一个原本只以显性的结果（如毕业率、就业率等）为判断依据的静态评价过程同化为对教育全过程的动态监控，尤其强调高等教育及教学的教育性功能。于是，本章所涉及的"再生"至少包含以下三层含义：其一，与过去相对应，表示重复、复制，强调维继的功能意义；其二，与现状相对应，表示事物的进化及更新；其三，与将来相对应，表示事物的功能及特性的超越。前两者强调动作及过程本身，后者则强调结果及状态。

二 再生与再生产的关系

如果说再生既强调"传承"，又强调新生；那么，再生产中的

---

① 嫁接本是一种生物学技术，它原指将植物体的枝、茎、干等截取部分，植入与其相近科类的另一植物体上，从而改变后者的生物性状，提高后者生存概率或生命特征的技术。经过这种技术处理后的植物体往往表现出比其本身更强的生命力，这就是生物学上的嫁接现象。近年来，"嫁接"一词被广泛地用来解释更多的社会现象。

② 联合国教科文组织（UNESCO）国际教育委员会于 1972 年发表的具有里程碑意义的《学会生存——教育的今天和明天》对上述前一种现象作了精辟的解读。

"再"强调复制，"生产"则强调"更新"。因而《中国百科全书》对再生产（Reproduction）的解释为生产的不断更新。众所周知，物质资料的生产是人类赖以生存和发展的基础，人们不能停止消费，因而就不能停止生产。把生产过程当成周而复始的、不间断的、不断更新的过程来看，就是再生产过程。[①] 通过对再生产过程的研究逐渐形成的再生产理论是西方冲突论学者解释不平等问题的重要依据，长期以来，它在教育或社会领域的应用更多地关注一种社会或生产活动对此前的各种社会活动本身或社会关系的复制或维继，这一理论分析丰富和深化了我们对社会活动的认识。从传统与惯性的角度来看，教育本身是社会再生产的工具，它继续着此前社会所能够维继的东西，再生产着以往的各种社会关系。因此，再生产理论在一定程度上可以理解为是关于在传承基础上的复制理论。

但是，以此为基调的种种分析却往往忽略了对人的因素及人自身能力再生性的分析和研究，他们认定，人自身不可能完全摆脱某一社会既定的思维惯性和行为，于是社会不可避免地在很大程度上重复着此前的人类行为。关于教育在社会再生产中的作用，他们认为，"从教育行动（AP）是由一种专断权力所强加的文化专断的意义上说，所有的教育行动客观上都是一种符号暴力"[②]，很少突破这种符号暴力及由此衍生的暴力系统所规限的范畴。于是教育的诸如再生等其他功能更多地被忽略、荒废乃至扼杀，更加突出了教化和维继的功效，并构成了一套行动再生产的主文化，由此在主教育系统力图保证它对合法符号暴力的垄断的社会构成中，促进权力关系结构的再生产，其目的无非"再生产统治阶级或被统治阶级的文化专断"[③]。这一文化专断意味着系统一般而言是很难超越的，再生产理论更多地关注对现时状态的秩序保持与维继，一味地再生产既定的陈规，从而也突显了"代际传递"的特征，教育的功能（主义）很少在人本身的再生相关

---

① 《中国百科全书》，中国大百科全书出版社 1988 年版，第 1203 页。

② P. 布尔迪厄、J. -C. 帕斯隆：《再生产——一种教育系统的观点》，邢克超译，商务印书馆 2002 年版，第 13 页。

③ 同上。

素质研究方面有所突破（尽管他们所称的文化专断和符号暴力是客观存在的），从而掩盖了育人和使人成为人本身这一教育的本质目的，也抹杀了人本身在这一过程中的自我改造功能（否则就不足以解释人类社会以及人类自身何以得到进步和发展）。可以说，突破有限是运用再生产理论来分析社会现象（尤其是教育现象）的典型特征（弊端）。

鉴于此，教育内部对教育对象至少是教育本身是可以有所作为的，以追求自身的再生，学识、能力的重新组合，用非暴力的方式来解构和完善符号暴力（弥补不足）。因此，本章引入再生性这一特性旨在克服高等教育领域对质量的传统思维惯性，从高等教育育人的本质出发来界定其质量及质量观。这里有两点值得强调和特别注意：

第一，本章引入的再生与传统的生物学意义上的简单功能的恢复或复原的原始意义已有所背离和拓展，与此前简单地强调再生或再生产的维继或复制相比，本章引入的再生性更侧重于后者基于前者基础之上对前者的继承和超越。

第二，应该承认，教育在再生产社会关系及劳动力的同时，也改造着各种社会关系以及人本身，从而把人类社会及人本身从自然王国向自由王国的进化过程中解放出来。那么，高等教育活动作为社会再生产的一种，基于再生性的高等教育质量观所强调的教育再生特性，其实质就在于进一步解放和发展社会生产力，提高社会再生产的劳动效率。

三　再生性质量及质量观

依照上述对于再生及再生性的理解就不难发现，再生性质量其实也是教育理论界一个古老而新鲜的话题。说其古老，是因为古今中外的教育学著作无不将受教育者的"内化"程度作为衡量教育质量的有效途径，以至于有"举一反三""触类旁通""强立而不反"等境界期望。在古希腊，苏格拉底（Socrates）、柏拉图（Plato）所主张的"精神助产术"及"头脑风暴法"（Brain Storm）无不企望借助于主体主观能动的内化来完成教育的过程。而称其新鲜，是因为随着人类社会日益向信息化、机械化、自动化迈进，人类的社会功能却越来越单一，犹如机器上的某一零件，一旦成型，就只能在特定位置上发挥作用，离开了既定情景，就毫无用处。于是，再生性就显得尤为重要，因而也理应受到社会的青睐。事实上，随着人类社会生产及经济的发展和自身需要的丰富，人们已经不满足于对某一事物所存在缺陷的经济补偿（无论是事先还是事后），而要求得到质量稳定、性能可靠的产品或服务。即便是对既定质量（目标或规格）的追求，也不能仅局限于满足人们当前的一时之需，而应考虑其日益增长的现实或长远需要。显然，人们试图要求一种既能体现当下的现实需要，又能满足日后的持续发展的质量追求及导向，据此作为衡量高等教育质量的核心依据。

据此，我们认为，所谓高等教育的再生性质量，是指一切高等教育利益主体在接受教育过程中所形成的对学识、能力的再造程度。具体而言，广义的再生性质量，是指高等教育各利益主体在接受教育及其服务的过程中，逐渐形成且具备的学识迁移能力和水平，及其对后续学习、工作及生活所发生影响的程度和效果。狭义的再生性质量，是指受教育者在学习过程前后所具备的知识再生能力、创新意识、洞察力和独特视角等的完善。

如果我们认为再生不仅意味着重复、复制，也意味着超越，那么再生性质量显然更强调事物对原有功能及特性的超越，但并非单纯的结果评判，而是讲求超越程度的结果判断。在高等教育培养目标与规格既定的背景下，如何追求教育主体再生能力的有效形成理应成为再生性质量观关注的焦点。

于是，高等教育的再生性质量观便是以高等教育的有效作为、教育资源的高效利用和教育主体的最大收益为前提的教育质量意识倾向。依据质量是一事物所具有的特征和性能的总和的概念及教育作为一种特殊的社会关系的界定，再生性高等教育质量观就意味着将高等教育置身于诸多社会关系的大背景下，考虑各大主体的现实利益及其自身的社会效应和综合效益的观念体系。它讲究节约及效益，力求将对社会及高等教育资源的浪费降到最低，最大限度地使高等教育资源为教育主体的发展提供服务和引导，从而大大降低教育及整个社会再生产的运行成本，保证高等教育的可持续发展。对我国而言，高等教育发展的地区不均衡及超大规模，决定了关注高等教育的再生质量、发展教育的再生潜力，是走有质量保障的高等教育大众化发展道路的应有之义，亦是高等教育实现可持续发展的良性反应。

在此，高等教育的主体同时也就是高等教育质量的主体。这是因为，无论是教育方还是受教育方，无论是教育消费方还是教育服务提供方，抑或是教育投资方都具有直接或间接意义上受益方的属性。一方面，教育方（包括教育机构、教育者，甚至包括知识、技能）在施教过程中天然地深化和增强了其本身的能量（亦可视作一种再生或再造），教育方自身在运作（管理）、行政、教学、研究、服务等过程中在各方面日臻完善（这也可视作质量提高的明证）；另一方面，作为受教育方和教育消费方，在接受教育过程中潜移默化地受到系统、专业的训练，从而在学识、能力、水平及感受、体验等方面有所积累和丰富，表现出与其尚未接受教育服务之前不同质的特征（如气质、风度、能力、成熟度、自信心、观察力、判断力等心智、行为、处世等各方面的明显成熟）。当然，在整个教育关系中，教育方与受教育方并没有严格的界限，即便在同一情景下，两者之间的教育作用也是相互的，毕竟发生在这两大行为主体之间的关系和作用是生命体之间的信息和能量的传递。从这个角度而言，不存在单纯意义上的教育方，也不存在纯粹意义上的受教育方，只可能是知识、经验的传递和接受的程度不同而已。

认识了在教育过程中教育双方主体之间的关系，我们不妨再来看看再生性高等教育质量观所主张的有效作为。所谓有效作为，即指高等教育机构在为教育主体提供能量传递的场所和诸如制度、规章、政策、设备、资金、环境等方面的软硬件保障时，又不遗余力地将自身的能量向外部社会进行积极传递，使之得以延续并更新。

第二节 内涵分析

将再生性作为衡量高等教育质量的指标，其内涵至少包含以下三个方面。

一 既定质量

高等教育大众化一方面意味着教育机会的大众化及受教育对象范围的扩大化，另一方面意味着高等教育认可机会与认可渠道的多样化，亦即高等教育不但意味着高校的教育，而且意味着任何一种具有社会需求并能促进社会进步的活动都可视作现实的或潜在的教育力量。因此，教育认可机制的完善和认可渠道的丰富无疑是高等教育大众化的又一力作和实在要求。据此可以认为，高等教育大众化意味着质量界定的多样化，多样化的质量观也应运而生，但是在多样化的情况下，高等教育质量也需要一个底线——既定质量。

精英教育阶段以同一性即高等教育质量质的规定性作为选拔人才的标准，大众化阶段的质量标准仍然应当包含同一性的因素，并以此确保高等教育质量的底线（高等教育既定的培养目标），亦即将符合入学条件的受教育者培养成符合教学大纲及专业教学计划所要求的合格毕业生，这也是对高等教育最基本的质量要求。从行为关系及法律的角度来解释，应该说，受教育者从入学注册、取得学籍并缴纳了第一笔学费开始，高等教育机构与受教育者已经构成了一种"特殊商品"（教育服务）的买卖关系，受教育者面前的教学大纲及专业教学计划可以视为高等教育机构应当为前者提供服务的数量、质量以及受教育者在接受服务后所应达到的规格的契约，同时也意味着受教育者拥有享用上述服务的权利。这里构成了高等教育"再生"的第一层含义：培养既定规格的人才。这就要求高等教育机构必须保证受教育者能够享受与其所支付的学费相应的教育服务并成为合格的毕业生，具备它所承诺的服务底线，这一底线在受教育者学识、能力及水平方面都应有所体现。在这一点上，再生质量更强调高等教育机构的有效作为。

二 超越质量

高等教育的再生性还表现为受教育者在接受高等教育机构所承诺和提供的服务的基础上对自身的认知体系的重新组合和能力、水平的再提高。《国家处于危险之中，教育改革势在必行》报告指出：高质量意味着每个学习者应尽其所能，学校应尽其所能地帮助学生达到这一目标，即有能力应对变化中世界的挑战。高等教育的多样性及受教育者个体的多样性使得高等教育"再生"的第二层含义——力促受教育者的自我超越显得尤为迫切和必须。这里，超越至少取决于两方面的因素，即高等教育机构所提供的服务质量和受教育者本身的可塑性。高等教育再生产的特殊性质与功能决定其不能片面地停留于对现状的维持上，而应有超越的勇气。因此，不断追求卓越的超越质量应成为衡量高等教育办学水平及其质量的重要指标。从这一方面讲，再生质量强调教育主体的积极作为和受教育者收益的最大化。

如果说精英阶段高等教育质量有一个标准的话，那么精英教育本身就是标准，以致在高等教育规模持续扩大的今天，精英教育仿佛成了质量的代名词。传统的高等教育质量标准不外乎两个：其一，高等教育目的标准；其二，高等教育目标标准。在这里，如果一所高校的毕业生质量（代表高校教育质量的参数）超过或基本接近了这两项标准，在质量管理中往往视其为合格，可以"放心使用"和消费。而仅仅对那些被评判为不合乎此两项标准的"次品"进行归整与回炉，这样的质量判断仅仅停留在"合格"或"不出次品"的水平上，对于教育机构及作为意识主体的受教育者而言，显然不能满足他们本能的教育追求及需要。高等教育在大众化进程中随之而生的办学形式的多样化（或许从来没有单一过），使得高等教育质量一词更体现出其概念的价值，其原有标准的指代意义日益模糊，从而衍生出一个质量系列，它至少包括硬件设施、生源质量、师资质量、学校办学水平、管理质量以及学校声誉（包含校友资源），等等，这就意味着在高等教育质量原有之义淡化的同时，上述质量系列就会取而代之，成为大众化状态下高等教育质量量化的典型指标，从而使新情景下的高等教育质量极具超越的勇气和对超越质量的持续追求。从这个意义上讲，商业领域的六西格玛管理①即"特别强调测量的作用，强调顾客满意的方式，用提高竞争力和追求卓越的方法测量公司的业绩"② 的管理理念值得借鉴。

三　弹性质量③

作为质的标识的高等教育质量本身难以量化，至少难以从宏观上予以把握，加之高等教育质量在宏观与微观层面尚有较大的中间地带，因此，从再生性及生源的个体差异的角度考虑，我们将弹性视作再生性质量的又一属性。所谓弹性，即质量具有伸缩性和可形变的特性。即便如此，并不意味着质量失去了永恒的追求。恰恰相反，弹性质量既强调以质量的底线为起点，又充分考虑学生的个体差异；既强调宏观质量的规定性，又突出微观质量的卓越与超群。一方面要保证既定质量这一底线，另一方面更应将学生的动态变化作为质量判断的事实依据，在质量评判中加大纵比权重，避免横比的弊端，从学生学识、能力、水平和素质的量变及局部质变来衡量质量。物理学中弹簧的倔强系数可以被视作弹性质量中底线确立的理论依据。可以说，"变"是弹性质量中的核心因子，而"生源差异"是弹性质量中的根本因子。这是因为生源差异（亦可看作既定质量差异）在某种意义

---

① 六西格玛（Six Sigma）是在 20 世纪 90 年代中期开始被 GE 从一种全面质量管理方法演变成为一个高度有效的企业流程设计、改善和优化的技术，并提供了一系列同等地适用于设计、生产和服务的新产品开发工具。继而与 GE 的全球化、服务化、电子商务等战略齐头并进，成为全世界追求管理卓越性的企业最为重要的战略举措。随后逐步发展成为以顾客为主体来确定企业战略目标和产品开发设计的标尺，追求持续进步的一种管理哲学。它是一个衡量业务流程能力的标准，是一套业务流程不断优化的方法，也是一种卓越的管理哲学。

② 宋明顺：《质量管理学》，科学出版社 2005 年版，第 306 页。

③ 弹性质量在这里包含了前人已有的关于"价值增值"（value added）的意味。如果学生在进入高等学校之前和接受高等教育之后的成就、行为等可以测量的话，那么，这两者的变化越大，价值增值就越多，教育教学的质量也就越好。见赵婷婷《从精英到大众高等教育质量观的转变》，《江苏高教》2002 年第 1 期。

上决定了培养对象的最终规格及质量水平。第一，符合高等教育入学标准并具备了接受高等教育条件的受教育者，拥有接受高等教育机构提供服务的权利，并有达到高等教育机构所承诺的目标和效果的责任；第二，高等教育机构对受教育者学识、水平及能力（尤其是学习能力、创造能力）的培养和开发具有不可推卸和不容置疑的职责；第三，生源甚至校际、科类间的差异也决定了"一刀切"的质量评判模式及标准已然成为不合时宜的古董和非理性的象征。因此，应以弹性的质量标准来评判，以学生的纵向、横向的复合式发展程度即再生能量的大小来评判高等教育的质量。弹性质量因此与既定质量、超越质量共同构成了再生质量观的三大内涵。

第三节 特点透析

一 再生性质量观的特点

（一）再生与适应

随着人类不断地将自己从生产中解放出来，"机器能够完成古希腊、雅典的奴隶为少数幸运者所做的一切，使每一个现代人都成为真正意义上的自由民"。[①] 而人类要更好地解放自身和成为自由民，就必须具备较强的再生能力。但是应当看到，现代技术在飞速发展的同时也使人日益沦为机器或技术的"单纯附属品"，这似乎与"自由民"的言论构成了一对自相矛盾的论调。这一对命题至少包含了"再生"与"适应"两层含义：首先，人类不断追求自身解放及自由的过程是一个不断获得新生的过程，是对人的功能及潜力的深挖掘；其次，伴随着技术突变的是人日益成为单纯的附属品，于是就具有了人逐步适应机器的适应性特征。"适应—再生—再适应"这样一个循环周期逐步上演。这一循环对于高等教育也提出了同样的质量要求，

---

① Hutchnis, R., 1968, *The Learning Society*, New York: Frederick A. Praeger Publishers, p. 135. 转引自陈廷柱《学习型社会的高等教育》，南京师范大学出版社 2004 年版，第 116 页。

即所培养的人才必须具备对于这一周期的适应性，否则难免为社会生活所淘汰。如果说，"适应是教育的永恒追求"①，那么，在再生基础上的适应与反抗及由此获得的新生也就构成了再生的根本性特征。

（二）连续性（不间断性）及继承性

教育的连续性是显而易见的，"我们生活在一个迅速变化和稍纵即逝的历史发展阶段，教育必须创造性地适应这种变化的环境，否则，教育质量和效益将会受到不利的影响"。② "适应—再生—再适应"的周期循环，正好构成了再生的一幅持续动态效果图。教育质量的再生也具有这一不间断性的特点，因而需要在动态中把握和评判。教学的教育性、教育情景（及社会情景）所提供的教育刺激及对情景刺激的感同身受这一过程的不间断性决定了其间有着必然的继承关系，于是继承性这一再生产的特征，同时也构成了再生质量观的一大特点。这种继承性不仅表现为对受教育者既定的教育基础的接受，还表现为在此基础上对其再加工这样一个自然的接续过程。可以说，受教育者积累学识的过程就是一个不间断地继承已有知识、掌握现有技能的过程，而连续性及继承性是上述过程的基本特征。

（三）创新与超越

创新并追求超越是高等教育再生性质量观的核心特征。创造意味着新质的出现，教育本身是一种创造性活动，教育的最高理想也在于创造和超越。但不容忽视的事实是当前普遍存在的教育滞后（education lag）③ 现象在很大程度上阻碍了高等教育机构向固有的教育传统突围及在质量意识上追求卓越。一方面，受高等教育系统所特有的惰性的影响，在质量上呈现固守、犹豫以及原地踏步的特征；另一方面，社会对教育过高的期望与高等教育机构的低动机水平之间的落

---

① 刘尧：《适应是教育的永恒追求》，《江西教育科研》1999 年第 2 期。

② 陆登庭：《一流大学的特征及成功的领导与管理要素：哈佛的经验》，《中外大学校长论坛文集》，高等教育出版社 2002 年版，第 2 页。

③ 教育滞后即教育发展落后于社会发展。这一词语是根据奥格本（Ogburn，W. F.）的文化滞后（culture lag）概念提出来的。美国学者科温（Corwin，R. G.）、日本学者新崛通等都对教育滞后现象有较深入的研究。见范国睿《教育生态学》，人民教育出版社 2000 年版，第 298 页。

差，构成了高等教育持续低质量的巨大精神势能。由此，尽可能地克服高等教育心理惯性的势能、追求卓越应成为再生质量的重中之重，因之也构成了再生性质量观的又一特点。

（四）效果最佳化（低代价）

与追求创新与超越相对应，再生性质量观所主张的教育机构的积极作为和教育资源的高效利用，倡导以低代价为准星的适宜质量。与高等教育利益主体所支付的成本（无论是教育机构的成本还是受教育者所支付的成本）相比，教育利益主体的收益应尽可能高而合理，即效果最佳化。作为一种育人活动，高等教育质量所体现的高等教育各利益主体之间的关系是不可逆的，也就是说，高等教育利益主体（无论是教育机构、社会团体还是受教育方）对高等教育充满预期，期望其所支付的时间、金钱、精力、体力以及因之所贻误的机会成本能成为其在受教育过程中所积聚的学识、能力和储存的创造性因子及潜能，并为日后的学习、工作和生活提供完满而充实的准备。简言之，作为教育消费者，他们所追求的是获取其所支付的教育经费的高额回报，实现他们对于教育投资的合理收益。显然，并不是说这种收益越大越好，回报越高越好。相对于满足教育消费群体终身学习的需求来讲，高质量是"发现新知识或从事最前沿的研究"，是"满足所需即认其为最好"[①]。同时，这种高收益不是一时一事的短期行为，也不是不计成本的一次性冒险投资，而应是可持续的，不仅能够满足和符合当前高等教育投资者及消费者的预期，还应当能够保证以后的高等教育消费者的投资权利及收益。考虑到教育的无穷尽性，再生性质量观应当是追求较低代价、最佳效果的质量意向。

二 再生性质量观关注的重点

（一）生源差异

大众化进程中涉及高等教育质量时应该考虑的是生源所发生的变

---

① 教育部中外大学校长论坛领导小组：《中外大学校长论坛文集》，高等教育出版社2002年版。

化。"当接受高等教育的人不再只是那些出身好或天赋好或两者兼备的人的特权"（Martin Trow，1999）时，高等教育质量的含义开始发生变化。研究学生的差异（进一步从源头上寻找差异及原因），对于彰显或追求再生性高等教育质量而言是一件很有意义的事。毕竟，"龟兔赛跑"这类偶然的胜利并不能代表永恒，所以探究生源差异，对于了解学生、开发学生的潜能，从而在教育教学情境中更具有针对性，是巩固教育教学质量、保障教育教学有效性的有力举措。

值得注意的是，长期以来对于高等教育质量的关注更多地集中于人才的培养环境、培养过程等方面，而对于作为教育活动主体的学生本身素质的关注尚且不够。可以说，更多地注重了输入、输出等方面的过程性保障和学生的学业成绩、毕业生、就业率等结果性指标的评价，在一定程度上忽略了学生的资质差别。其实，学生差异及生源差异应该被视作一种不可再生的教育资源，毕竟每个学生都具有天赋的智力意向（这种意向又是有差别的）。也正因为此，生源质量应成为高等教育质量保障的源头所在。从高等教育入口的角度来讲，生源质量在很大程度上决定着教育质量，"一流的高等教育质量依赖于一流的生源"，这一观点极易形成"非一流生源的高等教育就无所作为"的误解。生源歧视难免会引出我们要拒非优质生源于教育的大门之外这样的疑问。可事实恰恰相反，因为每个学生都具有天赋的智慧意向，生源差异应被当作一种教育资源，而且非优质生源学识的增长、能力和水平的进步正是教育质量提高的有力证据，否则高等教育难免会给人以锦上添花之嫌。因此，我们不能一味地看高等教育做了什么，更应该看它是怎么做的，做到了什么程度。从高等教育质量的角度讲，我们有理由来保持这样的"合理质疑"；从受教育者"再生"能力的角度来审视教育质量，而非一味地强调优质生源并危及教育公平这一初衷。从教育理性的角度及其育人的本质出发审视高等教育对受教育者学识水平的提高及再生能力的培养程度，正是再生性质量观所倡导的质量关注的焦点。作为教育机构及教育者，应当保证给予一切学生以公正、公平、合理发展的可能——基于生源的差异而提供差异的教学及训练，使之接受更能发挥其特长的潜能开发训练，真正使学生的兴趣得以满足，特长得到发挥，使学习成为其内在的需要。这也是节约教育资源，提高高等教育办学效率和保证质量的有效途径。

（二）教育主体接受高等教育前后学识水平、能力的变化

更多的高学历拥有者是社会文明与进步的标志之一，但是使每个社会成员的个性得以张扬和显现更是社会文明与进步的准星。如蔡元培先生所言："教育是帮助被教育的人，给他能发展自己的能力，完成他的人格，于人类文化上能尽一分子的责任；不是把被教育的人，造成一种特别器具，给抱有他种目的的人去应用的。"① 同样的观点，杨叔子先生也指出："大学的目的在于育人，而非制器"。② 同理，再生性质量更关注本已有着差异的教育主体在学习前后水平及能力的变化，并不将这种变化停留于其仅仅能从事某一具体工作的程度。"真正有价值的教育是使学生透彻理解一些普遍的原理，这些原理运用于各种不同的具体事例。在随后的实践中，这些成人将会忘记你教他们的那些特殊细节；但他们潜意识中的判断力会使他们想起如何将这些原理应用于当时具体的情况。"③ 这时，他们所学到的知识才是有用的。也正如龚放先生所指出的那样："与人类其它活动不同的是，教育活动的主体不仅仅是教育者，而且还包括作为教育对象客体的受教育者。"从另一个角度讲，只有当高等教育的目的和质量观"同时成为主体和'客体'头脑中的观念时，它才能卓有成效地发生作用"。④ 受教育者是自身发展和成长的主体，也只有当呈现给教育世界的主客体的影像、情境或文本，与主体千差万别的主观世界相互作用，并在后者的认知结构中逐渐整合、吸纳且分化出新的认知单元或在水平不尽相同的知识结构树上"开花结果"的时候，这样的教育才称得上是有效的，这种转化越高，其评价结果应当越有效。

---

① 蔡元培：《教育独立议》，《蔡元培全集》第四卷，浙江教育出版社 1997 年版，第 585 页。

② 杨叔子：《文明以止 化民成俗——纪念我国高等学校文化素质教育开展 10 周年》，《中国高教研究》2005 年第 11 期。

③ 怀特海：《教育的目的》，徐汝舟译，生活·读书·新知三联书店 2002 年版，第 48 页。

④ 龚放：《高等教育多样化与质量观的重构》，《中国高等教育》2001 年第 22 期。

　　既然如此，那么，这里有两点值得注意：

　　其一，这种能力以学习者在受教育前后学识、能力、素质等的综合变化表现出来，以"真正有用"① 为判断教育质量的现实依据，而非片面地以成绩或证书来衡量。既然学习者本身的差异是客观存在的且是不可避免的，那么学习者对于知识的迁移、知识和能力的再造、方法论和科研能力的提升，以及竞争力与自我终身教育能力等方面也就必然会有程度、层次和级别的不同，这些对于不同的主体也应当区别对待。

　　其二，这里的教育主体既包括作为接受高等教育的学习者，也包括作为施教者的教育者。依据广义教育的观点，一切参与和享受高等教育服务和效果的个体或团体均可被视作教育的受益者，那么将教育主体理解为教育者和受教育者双方就不为过。另外，依据教育过程的双主体来说，教育者出于对学生负责、为社会负责，也为学校自身的长足发展考虑，将高等教育关注的焦点放在受教育者学识、水平、能力的再生上，不失为一项理智的选择。同时，对于在这种责任意识及严谨态度所框定下的教育者而言，他们本身也是这一体制的受益者。也正因为此，才可能更好地实践和兑现教学相长的古训。当然，受制于教育者、受教育者这两大教育主体已有的认知结构、社会生活经验及心智水平等方面的差异性，他们在享有或参与教育教学活动的过程中在学识、水平、能力方面的再造程度也必然是不同步的，甚至是不相等的，也是需要具体地、客观地加以区别的。据此，关注教育主体在高等教育过程中学识、水平、能力方面的再造程度，当是再生性的又一要义。

　　中国高等教育在规模扩张与质量保障的共同要求面前，既要满足

---

　　① 这里的"有用"是指因受教育而具备的迁移、拓展能力所产生的具有变通性的行为的有用性，而非仅指习得从事某一具体工作的有用性或以某一证据表明其所理应具有的有用性。正如美国高质量高等教育研究小组 1984 年的报告《投身学习：发挥美国高等教育的潜力》所指出的："谁也不能确切地知道，新技术将会怎样影响我们未来劳动力所要求的技能和知识。因此，我们的结论是：为未来的最好的准备，不是为某一具体职业而进行面窄的训练，而是使学生能够适应不断变化的世界的一种教育。"

规模扩张的社会需求，又要防止"规模扩张、质量下滑"的不良反应；既要抓住高等教育发展前所未有的历史契机，又要避免因规模过度扩张而导致的食而不化、危及高等教育自身的连锁困扰。再生性可视为一个阶段教育质量的终结和另一种形式教育的起点。适应性、多样性、发展性都可归于其中。因而，从这个角度讲，再生性应当是包容发展性的一个上位概念。于是，将发展性作为再生性的特性之一来构建再生性的质量观在理论上便是成立的，在实践上也是有其导向意义的。至少它突破了传统教育质量的一元评判模式（即以高校的办学实力及学生的学业水平来评判其质量），力求将学生差异及受教育前后学识、行为能力的变化程度作为衡量教育质量的主要依据。对于作为一项育人活动的教育而言，其信度及效度也是不言而喻的。其余的学校硬件资源均是处于从属地位的下位因素，而在整个教育乃至一切人类活动过程中人的因素永远是第一位的。因此，如何提高"再生率或再生性"便演变为保证高等教育质量的最大契机，高等教育的确有必要在魄力与需要之间作一番历练与缜密思量。自然界的再生现象为构建新情境下的高等教育质量观提供了可资借鉴的理论原型与实践依据，后者也可望为高等教育的后续发展提供实践导向。

第四节　实践意义

如前所述，在大众化的呼声中，高等教育质量多样化极易被社会需求的非明确性和高等教育机构因规模扩张所致的系列因素（规模、结构、质量、效益、特色、声誉等）中疲于应付，质量受到冷落以及遭遇空前的挑战。如何在多样性中维持高等教育应有的底线，是高等教育领域的热点和难点之一。再生性质量观的提出在于尽可能地探索高等教育的本质及高等教育质量底线应如何保证。

当然，应该看到，对于办学基础较弱的教育机构而言，规模急剧扩张的代价是巨大而昂贵的。即便是本身有能力面对这一新变化的教育机构也并非能在扩张的冲击中泰然处之，尽管其中不乏在规模、质量、结构、效益之间游刃有余的机构，但更多地表现为一些高校在大众化进程中盲目攀比、跟风冒进，因规模无节制的增长而导致其在教育质量方面无暇顾及；有的高校尽管从未放弃过保证质量的努力和追求，但在超常规模与较高质量面前也往往力不从心；还有的高校声称自己的规模尚在发展允许的规限之内，因而其质量当是毋庸置疑的，至少未比扩招之前有所下降，这个自诩的命题的可靠性尚有待社会、专家和行业的评估来证明。那么借助于高等教育的再生性质量观能否有效地解决或者在一定程度上释疑这一命题呢？本节试图简析再生性质量观的可行性及其现实意义。

一　再生性质量观的可行性

与基础教育相比，在高等教育阶段知识不应只是对已有经验的简单累积和传递，而必须是在已有认知基础上将其放置于人类思维的大系统中进行谨慎的整合和简化，这样，我们才可能在浩繁的知识丛林中理智地思考、从容地研究，并在此基础上完满地生活。在学习化社会情景下，学习将成为人们生活方式之必需。高等教育形式的多样化，也迫切要求普通高校改变其传统的人才培养方式，革除陈旧的教学内容和僵化的管理模式。一方面忌将入学率、办学规模等作为校际攀比的指标；另一方面又要承担起为社区教育、为丰富公众的文化生活提供精神服务和智力支撑，担负起科技兴国、道德教化的重任。因此，我们的任务不仅仅在于让学生了解已知，更重要的在于培养学生具备整合已知、探索未知并将其纳入各自认知体系中的能力。这种现实要求为再生性质量观的实践提供了客观条件。

另外，传统的学校教育体系使人们产生了"对学校教育的严重依赖，造成人们一味地追求更多的学校教育，而不是觉得有必要创造离校之后持续学习的机会"。[①] 早在 20 世纪初，杜威就主张教育为完美生活做准备，可是生活是变化的，时过境迁，教育要为生活做准备，势必要求其一方面具有前瞻性，另一方面不能停留于知识的简单传递上，而应注重对受教育者学习能力的培养。

---

① 陈廷柱：《学习型社会中的高等教育》，南京师范大学出版社 2004 年版，第 133 页。

因此，再生性作为高等教育所追求的教育效果之一，将会使人们在终身教育体系中普遍受益。另外，学会学习、学会生存既是教育的底线，也是教育的最高愿景，从这些层面讲，在中国高等教育发展的大背景下，再生性质量观将大有可为。正如有学者所指出的："只要营造了深厚的大学文化精神氛围，青年人把大学视为精神文化圣地，进入大学会获得独立的人格、丰富的心灵、敏锐的创造能力，那么，这个民族就积蓄了巨大的精神势能，就有望在短期内崛起。"① 中国高等教育在大众化进程中要承担起普遍提高国民素质，丰富人们的社会文化生活，提高民众的公德意识，构建和谐社会的重任，切实要求高等教育本身树立起与之相适应的质量观。作为一种以高等教育的有效作为、教育资源的有效利用和高等教育各利益方的最大收益为前提和归宿的教育质量观，显然，再生性质量观对构建学习型社会与和谐社会将不无裨益。

二　再生性质量观的实践意义

再生性质量观在高等教育实践中就是要"保证教师教授的方式及学生学习的方式是有效的和最好的"②。应该说，教育机构对质量问题作有分量的内省和反思，这需要勇气和理性，更需要魄力，这应当是高等教育机构义不容辞的责任和使命。要勇于揭伤疤，不能护短，更不能遮掩问题、回避矛盾。教育消费群体也务求在受教育过程或接受教育服务过程中保持足够的理性，以约束和监督、引导和规范高等教育机构的教育行为。

（一）督促高等教育机构的有效作为

在知识经济的大潮中，高等教育机构对效益与质量有着本能的关注。其实，质量与效率向来是一对相辅相成的命题。在一个追求高效率的社会里，在何种程度上强调和重视效率都不为过。由于效率往往

---

① 姚国华：《全球化的人文审思与文化战略》，《中国教育报》2002 年 11 月 2 日第 8 版。

② 安娜·朗斯黛尔：《教师发展与教和学中的质量保障》，《中外大学校长论坛文集》，高等教育出版社 2002 年版，第 243 页。

与质量相依存，那么，高等教育的效率何在？我们认为，高质量是高等教育最具说服力也最为体面的效率，低质量是高等教育最大的浪费和腐败，没有质量的数量是毫无意义的，也是高等教育机构"不作为"的最有力的证据。但是，以高入学率、高毕业率、高就业率等同时构成的高等教育效率的量化指标，对质量的忽略甚至出现了以显性的状态对隐性的结果妄加评判的局面，是极其有害的。由此，再生性的质量观显示出其应有的实践意义，即要求高等教育机构务必有效作为，教育资源务必高效利用，并保证为教育消费群体提供优质的教育服务和教育产品。前已述及，再生归根结底是在原有基础上的超越，是将一个原本只以单纯显性的结果（毕业率、就业率）为判断依据的静态评价过程同化为对教育全过程的动态监控，强调高等教育及教学的教育性功能。如果说高等教育的任务在于以科学的精神服务于实用的目的，那么，如何科学地认识教育呢？要更好地落实教育性，在很大程度上依赖对高等教育的教育理念及对教育本质的把握。

雅斯贝尔斯认为："教育必须要有信仰，没有信仰的教育不是教育，而只是教育的技术。"[①] 那么教育的信仰是什么呢？是一纸证书抑或是高额的学费？是高升学率或出国率抑或是高就业率？从当前高等教育发展的趋势及我国的国情来看，似乎不无道理，但于教育本质属性而言，却又失之偏颇。教育的信仰，不应只在于通过考试或证书来证明受教育者的学识，更在于受教育者的文化素养、道德水准及于社会的文明和进步所能发挥的作用与水平，归根结底，教育的信仰集中体现为受教育者对学识的组合能力和再生性水平，否则就难免会造就一大批"有知识没文化、有专业没思想、有技能没常识"的"精英"。因此，有必要在现实的教育行动中还原教育的本真意义。

什么又是本真的教育呢？雅斯贝尔斯曾如是说道："所谓教育，不过是人对人的主体间灵肉交流活动（尤其是老一代对年轻一代），包括知识内容的传授、生命内涵的领悟、意志行为的规范，并通过文化传递功能，将文化遗产教给年轻一代，使他们自由地生成，并启迪

---

① 雅斯贝尔斯：《什么是教育》，邹进译，三联书店1991年版，第44页。

其天性。"① 怀特海认为："教育的本质在于它那虔诚的宗教性。它谆谆教导受教育者要有责任感和崇敬感。"② 由此也可以说，高等教育的目标就是"把一个孩子的知识转变为成人的力量"。③ 也正如《学会生存》这一国际文件所指出的："教育是在环境中进行的，因而它提供了有关环境的知识，于是教育便可以运用这种知识，帮助社会觉察到它的问题，而且如果人们集中力量培养'完善的人'，而这种人又会自觉地争取他们个人和集体的解放，那么，教育就可以对改变社会和使社会具有人性做出巨大的贡献。"④ 显然，这里对高等教育机构满含期待。

但是不可否认，中国高等教育机构与它为之服务的社会之间的关系是复杂的，要正确处理好这种关系，务必把握如下两个方面的问题：其一，它培养的学生是否具有适应社会的能力；其二，最重要的是它有没有能力超越单纯的适应阶段，为教育主体在全社会乃至全世界都发挥创造性和革新的作用，从而符合再生性质量观所主张的"适应—再生（超越）—再适应"的周期循环。因此，在高等教育的实践中，高等教育机构应尽可能地在把握既定质量底线的同时，为受教育者提供学识再生的土壤，让他们在受教育过程中锻造出较强的知识迁移能力和再造水平、方法论的灵活运用能力、敏锐的科研洞察力、独到的科研视角以及厚重的竞争力与自我终身教育能力等方面的综合发展；在追求质量这一永恒主题面前，生源差异要求教育机构在教学计划的制定、辅修及选修课的开设、日常教学管理等方面都要有更具体、更细化、更弹性、更具操作性的要求。

（二）引导教育主体的理性教育消费

无论从教育主体学识、能力发展的角度看，还是从生产与消费对质量要求的角度讲，高等教育再生性质量观更强调知识的重新组合，注重知识的分化和异化，寻找并强化知识的再生点，从而达到超越的

---

① 雅斯贝尔斯：《什么是教育》，邹进译，三联书店1991年版，第30页。
② 怀特海：《教育的目的》，徐汝舟译，三联书店2002年版，第26页。
③ 同上书，第49页。
④ 联合国教科文组织：《学会生存》，职工教育出版社1989年版，第92页。

目的。

尽管受教育不是一个阶段的事情，但不可否认的是，学习能力的获得却极有可能是一劳永逸的。鲁洁教授指出："教育，是人之自我建构的实践活动。"① 对受教育者而言，受教育不仅在于接受既成之知识事实，还在于整合、归纳现有信息，创造性地"自我构建"、再生出新的东西。这一点在理论上是成立的，在教育实践中也是行得通的。这是因为对于受教育者来说，"现在比将来更具有决定性的意义，他还具有可塑性和发展的充分可能性。他已清楚地意识到要成为完整的人全在于自身的不懈努力和对自身的不断超越，并取决于日常生活的指向、生命的每一瞬间和来自灵魂的每一冲动。毋庸置疑，年轻人都希望受教育，能从师获益，能进行自我教育，并与人格平等的求知识、获智慧的人进行富于爱心的交流。"② 在这里，最重要的在于"自我建构"和"自我教育"，从而对受教育者提出了主动学习和积极整合自己的学识体系，努力寻求自身潜力中所蕴藏的学识、能力的再生点。

从人的发展的角度看学习者迁移能力的获得。在知识经济时代，知识与经济同时构成了社会人身份与地位的主体性象征因素。一个人要获得社会的普遍认同和尊重，知识是不可或缺的因素，也是个体自我实现的有效工具。因此，无论从社会的发展还是从人自身的发展来看，对知识本身的掌握及在其基础上产生的迁移、再生能力，对人的可持续发展具有决定性作用。故判断人的发展不只看其现状如何，更应看此前的状态及其后劲和潜力如何，即再生能量的大小。

综上所述，教与学同时构成了教育活动的两大主体，再生性质量观主导下的高等教育机构的教育活动对教、学双方均提出了更高的要求。首先，高等教育的教学内容已不仅停留在对已成体系的知识的复述与维继上，而且在于关注教育主体在已有知识的基础上的突破与创新程度；其次，高等教育的受教育者作为粗具独立人格意识的行为主

---

① 鲁洁：《教育——人之自我建构的实践活动》，《教育研究》1998 年第 9 期。
② 雅斯贝尔斯：《什么是教育》，邹进译，三联书店 1991 年版，第 1—2 页。

体，对学识已粗具独立判断和把握的能力，一方面追求学识的最大获得，另一方面追求学识能力的再造，追求自我实现的最大化。从教育质量的再生和人的发展的角度而言，学习者学习迁移能力的获得是再生性质量的检验指标之一。对受教育者而言，首先表现为对知识的接纳和吸收，亦即获得的过程；其次表现为对知识的转化、重组、归类，将其纳入原有的认知结构并衍化合成、构建新的学识体系的过程。这个过程既是归整的过程，亦是发现问题、思考问题、探索问题、解决问题的过程，唯其如此，真正意义上的再生才可能实现。

小　结

与社会学意义上的再生不同，与生物学意义上的再生相仿，本章借再生的名义引申出高等教育再生性质量观。所谓高等教育的再生性质量，指的是一切高等教育利益主体在接受高等教育过程中所形成的学识、能力的再造程度。广义的再生性质量，是指高等教育各利益主体在接受教育及其服务的过程中，逐渐形成且具备的学识迁移能力和水平，及其对后续学习、工作及生活所发生影响的程度和效果。狭义的再生性质量，是指受教育者在学习过程前后所具备的知识再生能力、创新的意识、洞察力和独特的视角等的形成和完善。显然，既定质量、弹性质量、超越质量共同构成了高等教育再生性质量观的基本内涵，再生与适应、连续性（不间断性）及继承性、创新与超越、效果最佳化（低代价）是再生性质量观所具有的基本特点。

这一质量观强调高等教育质量的两大核心指标在于教育主体的差异及接受教育前后学识、素质和能力的变化。在高等教育培养目标与规格既定的背景下，如何追求教育主体再生能力的有效形成理应成为再生性质量观关注的焦点。于是，高等教育的再生性质量观便是以高等教育的有效作为、教育资源的高效利用和教育主体的最大收益为前提的教育质量意识倾向。由此引出再生性质量观在实践应用中的两重意义，即督促高等教育机构的有效作为；引导教育主体的理性教育消费。

对高等教育质量观作如此缜密的思考、周全的解读和全新的重构，不仅明确了高等教育质量的本质特性，为后续探讨质量标准、质量价值取向、质量文化和质量评价等提供了理论依据，而且为找准突围高等教育质量保障困境的突破点，进而保障高等教育质量扫清了障碍。这也是本书最为核心的方面。

第二编

特征和测量

第三章　质量标准的基本特征

《纲要》提出，"制定教育质量国家标准，建立健全教育质量保障体系"，把"提高教育质量作为教育发展的核心任务"。为认真贯彻落实这一精神，学术界围绕"大学究竟应该令谁满意？培养怎样的人和怎样培养人"的主体性问题，循着"标准的内涵和外延""标准的分类""标准制定的意义""标准制定的原则""标准实施和评价"等开展了学术交流会并展开了"微讨论"，在探讨和交流中，许多学者专家提出了新颖独到的观点，在争鸣中产生了共鸣。

"建立教育质量国家标准学术研讨会"论坛总报告《关于提高教育质量 建立教育质量国家标准工作机制的建议》表明[1]，"以结果为导向、以应用为目标、以可测量为原则、以提高质量为宗旨"的理念是国际社会对以质量标准提高教育质量的基本共识。

就质量标准的内涵和外延来看，袁振国教授认为：

> 教育质量标准是一定时期内为实现既定教育目标而制定的教育质量规范。具体而言，首先，教育质量是一个多维的概念，包括与教育相关的诸多方面，如课程与教学、教师与学生、建筑与设施、仪器与设备等教育所有的功能与活动。其次，教育质量是一个多层次的概念，涵盖学习者终其一生所接受的正规和非正规的不同层级、不同类型的教育和培训活动。再次，各教育利益相

---

① 教育研究编辑部：《2011年中国教育研究前沿与热点问题年度报告》，《教育研究》2012年第1期。

关者对教育目的有不同的期许，因此对教育质量的理解和侧重点存在明显差异。不管对教育质量的理解存在多少种可能，从教育教学的实践来看，对教育质量衡量的核心在于特定类型、特定学段教育目标的实现程度，最终的落脚点则在于学生的全面发展。[①]

关于质量标准的分类有两大类：一是以人才培养为核心的核心标准；二是支持人才培养质量的保障标准。刘振天教授说：

> 高等教育本身是在多因素、多目标、多形式、多类别共同作用下的复合系统，所以，其质量标准也不可能是单一的，而是复合的。在复合标准系统中，有些是根本的、核心的、主导的，有些则是支持的、保障的、调节的。前者主要指人才培养目标系统，后者指为完成培养人才目标提供的人力、物力、制度、技术、方法、手段等方面的保证系统。[②]

朱振国认为，教育质量标准有不同的分类方式。从管理层级上，教育质量标准可以分为国际或区域教育质量标准、国家教育质量标准、省或州级教育质量标准、地方教育质量标准和学校教育质量标准；从效力来看，可以分为强制性教育质量标准和推荐性教育质量标准；从教育层级来看，可以分为学前教育、基础教育和高等教育等层级质量标准；从教育过程来看，可以包括教育投入、教育过程和教育产出等环节的质量标准；从教育要素来看，可以包括教师、学生、学校、课程、教学设施等关键要素的质量标准。但从标准的核心组成以及国际基本共识来看，可以将教育质量标准分为内容标准、评价标准和保障标准三个维度。[③] 事实上，这两位老师的观点大同小异，我们

---

① 中国教科院教育质量标准研究课题组：《教育质量国家标准及其制定》，《教育研究》2013 年第 6 期。

② 朱振国：《对话：大学，你的质量怎么量？》，《光明日报》2011 年 9 月 19 日。

③ 中国教科院教育质量标准研究课题组：《教育质量国家标准及其制定》，《教育研究》2013 年第 6 期。

认为"内容标准"和"评价标准"都是以人才培养目标为核心的标准。

　　就质量标准制定的意义和原则来看，制定教育质量国家标准，是应对诸多困难和挑战，推进教育关键领域和重点环节改革的必然选择；是解决教育改革发展中一系列热点难点问题的关键举措；是转变教育行政与管理职能，提升教育行政能力的重要体现；是提高我国教育国际化水平，提升我国教育国际竞争能力的现实需要，[①] 是我国教育从规模扩张向内涵发展的战略转型；是世界多国教育发展到较高水平的重要特征。[②] 制定教育质量国家标准，在处理好"统一性与多样性的关系，继承性与发展性的关系，一般性与重点性的关系，自上性与自下性的关系"[③] 的基础上应坚持"目标性原则、公平性原则、清晰性原则、灵活性原则和系统性原则"[④]。

　　就质量标准的实施和评价来看，从研制和实施的主体来看，教育质量标准的制定和实施有三种基本模式：一是行政主导的教育质量实施和评价模式；二是专业主导的教育质量实施和评价模式；三是专设机构主导的教育质量实施和评价模式。[⑤] 2013 年 11 月 23—24 日，中国教育学会关于"提高质量——基础教育科学发展的永恒主题"的学术论坛指出：大数据时代的教育质量评价不应限于根据学生的成绩来排名排队，而应根据学生的学业成就进行增值评价。"增值评价则不然，不仅关注原来的基础，而且更加关注现实的进步和学生未来的发展。增值评价的功能主要体现在学生和教师两个方面，首先，它不仅能够检测出学生的学业进步，而且还能预测学生未来可能取得的进步程度。其次，它还能根据学生进步的程度对教师和学校进行评定，从

---

　　① 高宝立：《制定教育质量国家标准的重要意义》，《中国教育报》（教育科学）2011年 11 月 1 日。

　　② 中国教科院教育质量标准研究课题组：《教育质量国家标准及其制定》，《教育研究》2013 年第 6 期。

　　③ 朱振国：《对话：大学，你的质量怎么量？》，《光明日报》2011 年 9 月 19 日。

　　④ 中国教科院教育质量标准研究课题组：《教育质量国家标准及其制定》，《教育研究》2013 年第 6 期。

　　⑤ 同上。

而让他们清楚了解自己的教学效果，并积极反思自己在教学方面存在的问题。"① 因此，政府主导、专业主导还是专设机构主导的教育质量评价，都应关注学生就学前、就学中和就学后并融入学生情感、态度、价值观的综合考量。

缘此，建立具有公信力的多层次质量价值取向是保证高等教育质量的前提，制定科学、合理的高等教育质量标准是当务之急。要制定具有何种特性的标准来衡量高等教育质量实属不易，就像不可能用一把直尺去衡量一个人的体重一样。高等教育质量标准是由高等教育质量本身的特性所决定的。本章拟从价值哲学的视角考量高等教育质量标准的基本特征，以期为深入探讨制定高等教育质量标准明确方向、找准突破点。

第一节　绝对性和相对性

高等教育质量标准具有绝对性和相对性的基本特征，二者是辩证统一的关系。

一　质量标准的绝对性

所谓绝对性是指客观事物在抽象层次上，其目标所具有的统一性，是此类事物普遍具有的共同特征与基本走势。② 高等教育质量标准的绝对性是指：在抽象层次上，高等教育终极目标的统一性，是高等教育普遍具有的共同特征与基本走势。倘若拿一件瓷器做比喻，判断其质量的优劣可从它的功能入手，看其是用来观赏的，还是供人直接使用的，再依据其基本职能进行价值评价。那么，高等教育的基本职能就是培养人，教育质量也是通过受教育者个体来反映的。这一点不难从高等教育亘古不变的价值追求中得到印证。

---

① 靳晓燕：《我们需要怎样的质量评价》，《光明日报》（基础教育）2014 年 1 月 1 日第 8 版。

② 李德顺：《价值学大词典》，中国人民大学出版社 1995 年版，第 267 页。

当我们探寻高等教育在特定语境下的历史使命时会发现，纵然起初没有"质量"这样特定的称谓，但高等教育的价值体现，却是自古有之的。在精英阶段，接受高等教育作为极少数人的特权，本身就是优秀、卓越以及高标准的代名词。诸如"品质""素质"之类的辞藻虽外延不尽相同，但内涵实则与"质量"有着异曲同工之妙。

不管历史如何演变，政权如何更替，教育培养人的要旨坚如磐石。"无论是古希腊时期和中国春秋战国时代的以学派形式主导的高等教育，还是中世纪以行会形式主导的高等教育，无论是教会形式主导的高等教育，还是当前最大量的以国家或政府形式主导的高等教育，无论是朝夕相处方式的高等教育，还是远程单向的高等教育"，①育人是所有高等教育的共性。使人至真、崇善、尚美，不仅是人类永恒的目标，也是高等教育孜孜以求的理想。

因此，高等教育质量标准的绝对性正是建基于培养人这一最为核心、最为根本的内容之上的，这是任何国家、任何社会、任何时代所具有的共性。高等教育的一切活动最终都要归结到人才培养的质量上。正是基于这样的认识，高等教育质量标准才具有统一的内涵。

二　质量标准的相对性

高等教育质量标准的相对性是指高等教育以绝对性为基点、为依据，因人、因时、因地而表现出的具体质量要求的相对性。我们不妨从高等教育职能的发展脉络来探寻质量标准相对性的具体体现。

（一）教学：高等教育的第一大职能

中世纪大学继承了古代东西方高等教育的宝贵遗产，构筑了世界近现代大学的基本原型。随着封建制度在西欧的广泛建立，新兴的社会力量迫切需要培养符合自己利益的各种人才，中世纪大学正是在王权与教会、世俗与神学、市民与城市贵族的多重矛盾和冲突的夹缝中得以存续的，同时，欧洲经院哲学的发展也为中世纪大学的产生带来了理性之光。14 世纪之后，由国家和教会建立的大学迅速增加。中

---

① 单鹰：《高等教育原理论》，教育科学出版社 2008 年版，第 179—180 页。

世纪大学为近现代大学追求自治，生产高深知识，探索真理，培养高级专门人才奠定了坚实的基础。

19 世纪，随着科学的迅速发展，英国工业化进程的急剧加快，教育观念也开始更新。"出现了以赫胥黎（T. H. Huxley）和斯宾塞（H. Spencer）为代表的科学教育思想以及以边沁（Jeremy Bentham）为代表的功利主义教育思想的潮流。"[1] 一些有别于剑桥、牛津这样传统大学的新兴世俗大学也相继出现。大学的职能是什么？大学要不要从事并促进科学研究？纽曼（Cardinat Newman）就是在这样的时代背景下，提出了他的大学教育思想。纽曼认为，大学是一个传授普遍知识（universal knowledge）的场所，"知识本身即为目的"。

纽曼主张通过自由教育来达到培养学生心智的目的，而非进行将知识分化的专业教育。也就是说，纽曼认为，大学的职能是教学，强调知识的完整性，旨在培养绅士和良好的社会公民，而非像律师、医生、工程师这样的专业人才。那么，为什么纽曼认为"大学重在传播和推广知识而非增扩知识"[2] 呢？这恐怕与他除了是一位教育家，还是一位神学家不无关系。纽曼认为，大学应成为"教育场所"而非"教学场所"。可见，他的教育思想也是围绕着"培养人"这个要旨来进行的，以达到陶冶学生心灵的目的。至于他极力捍卫神学知识在大学中的地位，是受制于他本人身份的历史局限性，可以另当别论。但是，他将科学研究排除出大学职能之列，将教学作为大学唯一的职能，有悖于那个时代发展的趋势。据此，纽曼时期衡量高等教育质量的标准就体现在教学质量上。

（二）科研：高等教育的第二大职能

对于大学是否应该进行科学研究，洪堡（Wilhelm von Humboldt）给出了答案。19 世纪初，普鲁士在普法战争中遭遇失败，普鲁士国王腓德烈·威廉三世等一批有识之士，希望通过教育的繁荣和精神的胜利来洗刷军事上失利的屈辱。因此，教育改革引起了人们的广泛关

---

① 黄福涛：《外国高等教育史》，上海教育出版社 2008 年版，第 109 页。

② 纽曼：《大学的理想》，徐辉等译，浙江教育出版社 2001 年版，第 2 页。

注。其中以洪堡为代表的新人文主义教育思想影响最大。1808 年柏林大学建立，"首次提出了以追求纯粹知识而不是在基督教神学规定的范围内传授知识的近代大学理念"。① 强调通过教学与科研相结合的方式来培养人才。至此，纯粹意义上的科学研究在大学开始蔓延，大学不但成为传授知识的场所，也成为启迪就学者不断探究的场所。

洪堡否定了神学在大学中的支配地位，希望通过哲学把各种具体和不同的学科有机地统合和联系起来，极力反对大学教育的职业化和实用化，极为推崇中世纪大学学者自治、教学自由的传统，主张大学应"孤独和自由"。通过设立研讨班和研究所将教学与科研有机地结合起来，培养学生善于思考、主动探究的能力。随着科学的不断分化，各门学科逐渐形成独立的知识体系，百科全书式的学者一去不复返，再加上高度的专业化，使得洪堡的办学理念与现实之间的矛盾日益凸显。高等教育在国家、社会、工业发展中扮演着越来越重要的角色，而仅凭大学自身的力量根本无力承担科学研究所需要的大量人力、物力、财力，因此，大学与政府和社会的关系愈加密切。据此，高等教育通过教学与科研相结合的方式培养人才。洪堡时期，衡量高等教育质量的标准就体现在教学的质量和科研的质量上。

（三）社会服务：高等教育的第三大职能

独立战争以后，大规模的扩张和经济的迅速发展，为美国高等教育的发展提供了丰厚的物质基础。实用主义、国家主义、古典主义成为支配美国 19 世纪高等教育的主流思想。一方面，大批留学德国的毕业生回国，为美国研究型大学的发展创造了得天独厚的条件。另一方面，《莫里尔法案》的颁布促使大批新型工农学院建立，以"威斯康星思想"为代表的大学促成了教学、科研和为社会服务一体化的职能，改变了传统院校与社会严重脱节的状况，由此，开启了由精英高等教育向大众化高等教育过渡的时代。研究型大学、州立大学、社区学院构成了多样化的高等教育体系，也形成了多样化的人才标准。至此，高等教育从社会的边缘走向了社会的中心，成为社会发展的"加

---

① 黄福涛：《外国高等教育史》，上海教育出版社 2008 年版，第 129 页。

油站"和"智囊团"。高等教育成为国家未来发展的轴心机构，与一个国家的核心竞争力紧密联系起来。据此，衡量高等教育质量的标准全然定格在了教学质量、科研质量以及为社会服务的质量上。

（四）文化传承与创新：高等教育的第四大职能

胡锦涛前总书记在庆祝清华大学建校 100 周年大会上的重要讲话中将"文化传承与创新"作为高等教育的四大职能之一提了出来，赋予高等教育职能以新的内涵。

在高等教育领域，大学是优秀文化传承与创新的重要载体。人类对世界文化的传承，主要通过教育予以实现和完成。大学自诞生之日起，就是高深专门知识和文化精英的集聚地，通过知识的传播与创造追求真理，并随着时代的发展与社会的互动日渐频繁，从而对社会文化产生着巨大的影响。如今，在经济全球化和文化多元化的时代背景下，高等教育发挥着保存、传播、研究和创新知识的重要作用，传承优秀文化，推动文化传播和交流，既是高等教育基于自身性质所应担当的天然使命，也是时代进步和社会发展对高等教育提出的新要求。据此，衡量高等教育质量的标准又定格在了文化传承与创新的质量上。

纵观高等教育职能的演变、发展历程，我们不难发现，具体的质量标准是特定时期的历史产物，具有时代的烙印。使人至真、崇善、尚美，也是一个动态的绝对律。因此，高等教育质量标准唯有嵌入相应的时代背景之中，才能理解其本真含义。正如伯顿·克拉克（Burton Clark）所言："自 12 世纪产生于意大利和法国以来到移植到整个现代非欧洲世界为止，大学的含义和目的可以说是因时而异，因地而异，它依靠改变自己的形式和职能以适应当时当地的社会政治环境。同时，通过保持自身的连贯性及使自己名实相符来保持自己的活力。谁都在谈大学，但是大学作为学者进行教学、科研和从事社会服务的场所，我们只有在不同时代、不同地点的具体环境里才能弄懂大学的这些任务究竟是什么。"①

①　伯顿·克拉克等：《高等教育新论——多学科的研究》，王承旭等译，浙江教育出版社 1988 年版，第 22 页。

如今的高等教育机构已不再是过去闲暇人士追求理智、自由探究的场所，而日益成为人们日常生活的一部分，接受高等教育便成了一种谋生的手段，已割不断跟外界千丝万缕的联系。因此，因人、因时、因地的相对性亦是质量标准的一个特性。正如李福华教授所言："高等教育质量是相对于评价者给定的个性化标准而言的，质量高低就看与标准的符合程度。"① 衡量质量就要有科学合理的标准，即便是同一种标准，不同的评判者也有着各自不同的理解，我们不能简单地认为重点大学的质量就比普通院校的高。可以肯定地说，普通院校在某些领域，同样具有高质量的教学、科研团队，对社会的贡献丝毫不亚于重点大学。

三　质量标准绝对性和相对性的关系

关系就是指事物之间存在着的联系，或相互之间产生的影响、作用。② 纷繁复杂的高等教育机构似乎让我们感觉质量标准难以把握，无从下手。其实，这些复杂关系的背后蕴含着质量标准绝对性与相对性辩证统一的关系。质量标准首先要以绝对性为基础、为依据、为准绳，其次表现出相对性，也正因为质量标准具有这种绝对性，才使得高等教育事业有章可循、有据可依。质量标准的绝对性框定了不同时期、不同类型、不同层次、不同区域高等教育的共性，决定了不同利益主体价值诉求的统一性。

如果我们依然沿用精英阶段单一的学术标准来衡量大众化阶段复杂的高等教育机构，势必会造成高校间同质化倾向严重，也不利于高校间的公平竞争。反之，如若我们只承认质量标准的相对性，否认质量标准的绝对性，则容易走向相对主义，陷入质量标准难以把握的困境。质量标准绝对性与相对性的关系，是共性与个性的关系，是普遍性与特殊性的关系，是整体与部分的关系（见表3–1）。唯有理清两者之间的关系，才能更好地构建高等教育质量标准。

---

① 李福华：《高等教育质量：内涵、属性和评价》，《现代大学教育》2003 年第 2 期。
② http：//baike. baidu. com/view/68355. htm2012 – 06 – 21.

表 3 – 1　　　　　高等教育质量标准绝对性与相对性的关系

质量标准的绝对性	质量标准的相对性
普遍性	特殊性
共　性	个　性
整　体	部　分

第二节　一元性和多元性

高等教育质量标准具有一元性和多元性的基本特征，二者既对立又统一，不可偏废。

一　质量标准的一元性

"元"者，物之根本、基础、实质也。[1] 纵观历史上，在特定时期，总有一个占支配地位的主流思想，这种思想同样左右着人们对质量的判断，表现出绝对意义上的一元性。也就是说，在同一历史时期，人们所持的质量标准是稳定的，是一元的。

一个国家在一定的历史时期有着特定的历史任务，据此，高等教育也要为此培养出符合时代呼声的高质量人才。高等教育质量标准就要依据现阶段国家的方针、政策、法律、法规，制定出一切高等教育机构都应该遵循的最基本的质量要求，这也是现阶段高等教育质量的实质。例如，我国《高等教育法》规定："高等教育必须贯彻国家的教育方针，为社会主义现代化建设服务，与生产劳动相结合，使受教育者成为德、智、体等方面全面发展的社会主义事业的建设者和接班人；高等教育的任务是培养具有创新精神和实践能力的高级专门人才，发展科学技术文化，促进社会主义现代化建设。"

国家的相关法律、法规是高等教育质量标准制定的主要参照系，是对高等教育质量的基本要求，也是各级各类高等教育都要遵循的基本原则。因此，高等教育质量标准具有的一元性，从源头上避免了质

---

[1]　李德顺：《价值学大词典》，中国人民大学出版社 1995 年版，第 266 页。

量标准的随意化，保证了质量标准在评价、规范和指导高等教育建设方面的正向作用。

二　质量标准的多元性

高等教育质量标准的多元性以一元性为基础，表现出高等教育质量标准因主体需求不同而呈现的差异性、多样性。

（一）质量标准的多元载体：高等教育机构本身的复杂性

就层面而言，高等教育机构包括研究生、本科、专科等纵向层面，也包括研究型大学、研究教学型大学、教学研究型大学、教学型大学等横向层面；就类型而言，有普通高等教育、高等职业教育、继续教育、远程高等教育等；就办学主体而言，有以国家办学为主和民办高等教育、公有民办、社会办学、中外合作办学等多元化的办学格局（见表3-2）。因此，我们就不能以过去单一的学术型质量标准来衡量不同层次、不同类型的高等教育，也不应以职业型的质量标准来衡量研究型大学的质量。

表3-2　　　　　　　　　　　高等教育机构的复杂性

层面		类型	办学主体
纵向	横向		
研究生 本　科 专　科	研究型大学 研究教学型大学 教学研究型大学 教学型大学	普通高等教育 高等职业教育 继续教育 远程高等教育	国家办学为主 民办高等教育 公有民办 社会办学 中外合作办学

高等职业教育作为大众化、普及化高等教育的主要组成部分，主要是从工业革命，尤其是科技革命爆发后迅速崛起的，是"为生产第一线和工作现场服务的，承担将设计、规划等转换为现实产品或其它物质形式以及生产具体物质产品的技术人才、管理人才和智能操作人才"。[1]

---

[1]　叶春生、周巫创：《高等职业教育的探索与实践》，苏州大学出版社1998年版，第61页。

作为经济和生产第一线所需的人力资源，更具生产力的性质。因此，对高等职业教育的质量要求就更加讲求适切性、实用性、技术性。但是囿于传统意义上对质量标准的框定，仍对高等职业教育存有成见，其实，这十分不利于高等职业教育的健康发展。

无论是以研究型为主的大学，还是以教学型为主的大学，抑或是以职业教育为主的高等教育，都可以在各自的领域培养出高质量的人才。"当代的高等教育主要就是政治论逻辑主导的时代，但也无法完全取代认识论逻辑支配的高等教育，这两种逻辑主要是偏差和互补问题，有的高等教育可能侧重于内在逻辑的作用，有的侧重于外部需求的驱动，有的侧重于求真，有的侧重于求用，有的侧重于求新，等等。"① 这也正如戚业国教授所言："研究型大学须坚持学术质量观；一般本科院校必须树立社会需要导向的高等教育质量观；普通专科教育应当坚持个人选择导向的高等教育质量观；社会办高等教育可以坚持市场需要导向的质量观。"②

与此同时，我们必须坚信的是精英教育无论在大众化阶段还是在普及化阶段都必须存在，而且应具有强劲的势头，它具有引领社会前进的强大推动力。一些"顶天立地"的科学研究就需要精英教育给予强大的支持。"在第二次世界大战中，美国有四个重大的国防研究项目，即雷达、原子弹、固体燃料火箭和无线电引信研制，这些项目主要是依靠大学，特别是研究型大学进行的。"③ 同样，高质量的职业教育也可以培养出各行各业的精英人才。例如，服务业、制造业等行业就更加需要高等职业教育为其提供强有力的人才资源。

（二）质量标准的多元载体：高等教育机构利益主体的复杂性

高等教育利益主体都有着各自对高等教育质量的呼声。高等教育从社会的边缘走向社会的中心，已割不断跟外界千丝万缕的联系了。

---

① 单鹰：《高等教育原理论》，教育科学出版社 2008 年版，第 119 页。

② 戚业国：《论高等教育大众化时代的质量观》，《高等师范教育研究》2002 年第 2 期。

③ 周其凤、王战军、郭樑、霍亚军：《研究型大学与高等教育强国》，科学出版社 2009 年版，第 49 页。

如今，各个层面的需求交织在一起，构成了一个庞大而复杂的共同体，即利益相关者组织。就政府层面而言，一方面，需要高等教育为其培养强有力的人才支持；另一方面，需要高等教育起到传播和保存文化的作用。就社会层面而言，对高等教育的质量诉求更加注重实用性，其衡量标准更多地在于为社会服务的优劣程度，以及是否满足其实际需求。因此，高校为满足社会的需要，就要不断探索"适销对路"的人才培养方式。就高校层面而言，其价值诉求注重自身的长远发展，其需求着眼于自身的竞争力。就受教育者个体层面而言，追求自身全面而自由的发展是其最重要的质量诉求。

各利益主体在提出或实现各自价值诉求的过程中，相互间产生着各种影响。换言之，高等教育的利益主体在追求质量的过程中，形成了一种质量文化，它们相互碰撞、相互摩擦。"在很大程度上可以认为，新时期高等教育的主旋律就是提升高等学校质量文化的品位和格调。"① 随着公民、社会各界的不断参与，高等教育的公共性日益彰显出来，同时能够实现公共舆论的监督作用，从而体现政府行为的合法性，这些也是社会公平、民主、自由的表现，这其中追求公共利益成为高等教育机构一切活动的核心与最终目的，体现为教育"产品"（学生）、教育服务、教育资源、教育发展工具等的共享。

（三）质量标准的多元载体：社会再生产层面的多元化

高等教育质量标准的内涵已不再像精英阶段那样单一明了，它与一个国家的政治、经济、文化、科技等有着千丝万缕的联系，承载着国家的核心竞争力，质量标准也因此表现出多元性。从政治角度而言，政府需要高等教育为其培养接班人，以巩固政权，维护社会稳定；从经济角度而言，政府需要高等教育为其培养促进经济繁荣的建设者；从文化角度而言，一方面需要传承主流文化，创新先进文化，引领社会文化，另一方面需要在此过程中培养有修养的文化人，促进受教育者人格与精神的发展。党的十七届六中全会提出了建设社会主义文化强国，实现文化大发展大繁荣的目标和任务，文化的主体是

① 李福华：《高等教育质量：内涵、属性和评价》，《现代大学教育》2003年第2期。

人，而人的发展主要靠教育，因此，教育在文化强国中担任着重要的使命；从科技角度而言，政府需要高等教育为其培养具有创新精神和实践能力的促进科技进步的推动者和智囊团（见表3－3）。

表3－3　　社会再生产层面构成高等教育质量标准多元性的载体

高等教育质量标准	政治	培养接班人，起到稳定政权，维护社会稳定的作用
	经济	培养促进经济繁荣的建设者
	文化	传承主流文化，创新先进文化，引领社会文化，培养有修养的文化人
	科技	培养具有创新精神和实践能力的促进科技进步的推动者，起到智囊团的作用

三　质量标准一元性和多元性的关系

高等教育质量标准的多元性是质量标准一元性在复杂社会中的具体表现形式，是对一元性的补充，表现出高等教育质量标准的丰富性、差异性，两者是不可分割的辩证统一关系。这也是高等教育机构应保持结构多样、层次丰富、特色鲜明的依据。质量标准既有多元性又有一元性是质量标准的显著特性，也是质量标准最复杂，使人难以捉摸之处。只讲质量标准的一元性，否认质量标准的多元性，就会把复杂的质量问题简单化；只讲质量标准的多元性，否定质量标准的一元性，又很容易陷入混乱，难以准确把握其实质。因此，不能片面地倾向于一元性或多元性，而应充分考虑到不同高等教育质量诉求间的相互影响，相互碰撞，应把一元性和多元性相结合，在权衡各利益主体质量价值诉求的基础上构建质量标准。

第三节　阶段性和发展性

高等教育质量标准具有阶段性和发展性的基本特征。

一　质量标准的阶段性

高等教育质量标准既是稳定的，也是发展的，是阶段性和发展性的统一。说质量标准是稳定的，具有阶段性特征，是因为高等教育的要旨是培养人，所以，必须具有一定的稳定性。教育固有的长期性和滞后性，决定了教育在短时间内难以奏效，只能判断其在特定阶段所发生的变化以及所产生的预期效果。尤其是对高等教育而言，它对人的影响是多方面的，既有外显的，又有内隐的；既有可测的，又有不可测的。对世界观、人生观、个人品德及修养的影响则是终身的，而且教育的社会价值并不能通过自身得到证实，它只能体现在满足社会需求，推动社会发展的过程中。所以，质量标准的稳定性警醒我们在制定质量标准时不能因为见效慢就将所持的质量标准改来改去，使其围着市场行情转。

弗莱克斯纳在《现代大学论——美英德大学研究》一书中谈道："大学不是风向标，不能流行什么就迎合什么。大学应不断满足社会的需求，而不是它的欲望。"① 高等教育的发展应该讲良心。高等教育既有对社会短期见效的贡献，又有对个体受用终身的影响。高等教育是面向人的事业，高等教育的目的是培养德才兼备、全面发展的人。所以从高等教育历史发展的横断面来看，高等教育质量标准具有稳定性、阶段性。"稳定性是相对而言的，是一定阶段、一定时期的稳定性，而不是恒久稳定。"② 那么，对质量标准的发展性该作何理解？

二　质量标准的发展性

高等教育质量标准实则还具有发展性。高教界对发展性质量观的论述不少。这其中张应强教授认为，发展的质量观有三重含义："一是以高等教育发展为核心，为高等教育发展服务的质量观；二是用发展的眼光来看待高等教育质量，通过发展来解决发展中的高等教育质量问题；三是质量观本身就是变化的、发展的，不能固守僵

---

① 弗莱克斯纳：《现代大学论——美英德大学研究》，徐辉、陈晓菲译，浙江教育出版社 2001 年版。

② 林永柏：《试论制定高等教育质量标准应遵循的基本原则》，《现代教育科学》2010 年第 5 期。

化的发展观。"① 对于高等教育质量标准的发展性现已基本达成共识，那么质量标准为什么具有发展性呢？

高等教育自身发展的内在逻辑，使其必须具有先导性、超越性。高等教育不仅要适应当代社会，而且要引领未来社会的发展。纽曼认为："向前发展是生命的唯一形迹，从而也应是教育唯一不变的价值取向。"② 质量标准不但具有诊断高等教育质量优劣的作用，同时也具有引导高等教育和谐发展的作用。因此，高等教育质量标准应随着高等教育自身的发展和社会的进步以及历史的演变而体现出发展性。

笔者认为，质量标准的发展性应从以下两点加以分析：

第一，就某个具体评价活动而论，评价标准具有先验性。人们在对高等教育质量进行评价之前，脑海里其实已经存在一个模糊的标准，抑或框架。这就是先于理论形成的实践经验，亦即先验性标准。"按照马克思主义的观点，评价标准不仅是后验的，它是历史实践和以往工作实践的产物，是从一定的评价经验、评价活动中产生的，而且也不是纯形式的、毫无内容或神秘的东西，它实际上反映了主体需要，是主体需要的观念化的产物和结果。客观需要构成了它的对象和内容，需要的变化也是评价标准变化的最重要的推动力。"③ 当对于质量标准的认识趋于成熟时，就会形成一个系统的质量标准，这一具体的质量标准会在今后的实践中得以检验，并不断完善，这是对质量标准的再认识，亦即超验性标准。

毛泽东1963年5月在修改《中共中央关于目前农村工作中若干问题的决定（草案）》中有一段话："人的正确思想是从哪里来的？是从天上掉下来的吗？不是。是自己头脑里固有的吗？不是。人的正确思想，只能从社会实践中来。"该文深刻地阐明了认识的两次飞跃："一个正确的认识，往往需要经过由物质到精神，由精神到物质，即

---

① 张应强：《高等教育质量观与高等教育大众化进程》，《江苏高教》2001年第5期。
② 纽曼：《大学的理想》，徐辉等译，浙江教育出版社2001年版，第8页。
③ 安心：《高等教育质量保证体系研究》，甘肃教育出版社1999年版，第79页。

由实践到认识，由认识到实践这样多次的反复，才能够完成。"并强调第二次飞跃的意义更大，因为实践是检验真理的唯一标准。认识产生于实践，经过感性认识上升到理性认识。理性认识源于感性认识，感性认识源于社会实践，归根结底，人的正确思想是从社会实践中来的，由此也决定了认识过程的无限性。人们对质量评价标准的认识过程也经历着认识与再认识的不断完善与发展。

从某种意义上说，先验的即是超验的，超验的即是先验的。在高等教育发展的历程中，前一个质量标准相对于后一个质量标准来说是先验的，但是，它对于之前的质量标准来说又是超验的，这是一个螺旋上升的过程。质量标准的发展总是矛盾的，是此起彼伏的，经历了肯定到否定再到否定之否定的螺旋上升过程。这种从实践到理论，再从理论到实践，循环往复，以至无穷的过程，就决定了质量标准是发展的。这种发展是在继承已有成果基础上的不断创新。

也就是说，人们对于高等教育质量的认识并非凭空出现、无中生有的，而是不断地以历史经验为前提和基础的，源于实践，再不断更新、发展。这种历史经验不仅包括高等教育自身的经验，同时也汲取了其他各个领域的经验。"价值概念完全是建立在人类生活实践的图景中，它既不是自在事物或其固有的性质，也不是人们头脑中主观'构造''建构''想象'出来的，而是在人类实践活动中生成并随着社会实践的发展而发展的，社会实践，也只有社会实践，才是价值产生的真正源泉，才是人们价值创造的唯一途径。"① 也正是在人们永不停息、充满创造性的高等教育实践活动中，质量标准才从模糊走向清晰，并推动着高等教育的不断发展。这种发展性既符合高等教育自身发展的规律，也符合一切事物发展的普遍规律。美国著名的心理学家马斯洛（Abraham H. Maslow）认为："每一种基本需要的满足都会引发'更高'的需要，支配下一个意识阶段。就他本身而言，他所认为的等同于生命本身的、绝对的、终极的价值，不过是在某一特定的阶段占支配地位的需要，这种需要不过是

---

① 孙伟平：《价值哲学方法论》，中国社会科学出版社 2008 年版，第 86 页。

需要的层次结构中的一种。因此，这种需要既是终点，又是趋向某一终极目标的起点。"[1]

第二，高等教育质量标准的主观性使其具有发展性。教育在满足外在的需要时，其质量决定于主体的标准和价值预设。高等教育质量的本质是主体的价值判断和评价。评价是一种主体性的活动，它随着主体的不同而不同，因此，具有主体能动性色彩的高等教育质量必然带有主观性。[2] 也就是说，对高等教育质量的评价是人们主观见之于客观内容的反映。人的理性受个人学识，自身的社会阅历、经验，生理、心理的发展水平以及所处时代社会环境等的限制，根本不可能充分考虑到教育过程中可能遇到的困难或问题，也不可能预计到所有的教育效果，因此，人的理性是有限的。这就意味着人们在建构高等教育质量的评价标准过程中，不论在价值取向上还是在理智抉择上都是有限的。借此而论，质量标准必须是发展的，是与时俱进的，需要我们审时度势，继而不断地审视与更新当下的质量标准。

综上所述，高等教育质量标准既有稳定的一面，也有发展的一面。只要对高等教育质量标准的识读在保证稳定性的基础上又能做到滚动式地向前发展，就既符合事物发展的规律，又符合人类发展的认识秩序。从长远来看，我们的高等教育质量标准是动态的、发展变化的。人类的认识是有限的，在有限理性的支配下，有着不可预期的教育效果。因此，我们只有在追求更好的质量标准中不断发展、追求更高的目标，才能加快高等教育质量保障的进程，促进高等教育事业的和谐发展。

第四节 规范性和引导性

高等教育质量标准具有外在规范性和内在引导性的基本特征。

---

① 马斯洛：《人类价值新论》，胡万福等译，河北人民出版社 1988 年版。
② 李福华：《高等教育质量：内涵、属性和评价》，《现代大学教育》2003 年第 2 期。

一　质量标准的外在规范性

外在规范性是指从外力的角度对高等教育的质量标准加以控制。质量标准是由公认机构颁布的规范性文件，因此具有权威性。"教育质量标准是可以通过责任、权利、利益来规范教育主体行为，调整主体间关系的规则体系。通过教育质量国家标准，考核教育行政绩效，体现质量意识和公共问责精神，从过去依靠经验办教育的传统做法中解脱出来，使教育决策方式由拍脑袋、暗箱操作转变为科学理性、公开透明，从而使办人民满意的教育有了客观依据，是提升教育质量的基础和前提条件。"① 正是因为质量标准具有外在规范性，所以，我们就更应该考虑到质量标准的公信力，合理预测质量标准可能带来的风险，进而制定科学、合理、规范、符合实际的质量标准，激发高等教育机构自身内在的质量动力。

二　质量标准的内在引导性

内在引导性是指质量标准本身具有一种引导性，仿佛是预先设定好的。在泰勒课程原理中，"目标是先于经验或行动的，是预设的，外在于行动，而不是在经验或行动中形成的"②。举一个简单的例子，"教育还没有开始，课程决策者就有了一个预设的明确目标。不管它是否恰当，都得围绕这一目标选择和组织教育内容、教育经验"③。在教育活动开始之前，教育质量标准对高等教育活动就已经起着引导作用。"教育质量国家标准的制定和实施，将使我国教育质量管理从虚幻、游离、多变转到制度化、体系化、法制化，实现教育工作的科学民主决策、公开公正，提高教育发展的预见性、科学性、有效性，从而全面客观地把握我国教育发展的质量状况，科学诊断教育发展中存在的问题和原因，为完善教育决策、破解教育难

---

① 高宝立：《制定教育质量国家标准的重要意义》，《中国教育报》2011 年 11 月 1 日。
② 常思亮：《泰勒课程原理与理性主义决策理论》，《怀化学院学报》2010 年第 7 期。
③ 同上。

题提供科学依据。"[1]

据此，在制定高等教育质量标准时就必须充分考虑到质量标准的科学性、客观性、有效性、公信力，否则，就有可能因为评价反馈信息的失真而导致决策的失灵。在我们以往的教育质量评价活动中，就有这样的前车之鉴。比如，近年来由教育部组织的"高校本科教学工作水平评估"，此项活动的质量评价标准必定是在活动开始之前就制定好的。被评者可以根据以往的经验，或历年评估活动方案所提供的信息来选择、制定各自的教学方案，甚至不惜制造假象、以假乱真，违背评估的初衷。

总而言之，进入大众化阶段后，高等教育机构愈发复杂，高等教育质量标准的内涵也愈发丰富，这是摆在我们面前的客观事实。我们唯有用辩证的思维、求实的思维来研究高等教育质量标准，理清质量标准的特征——绝对性和相对性、一元性和多元性、稳定性和发展性、外在规范性和内在引导性——及其它们之间的内在关系，才能进一步科学、合理地制定出可测量的、公信度高的质量标准，才可能经受得住实践的检验。

小　结

质量标准是高等教育质量保障的出发点和归宿，是高等教育质量保障的必由之路。价值哲学视角下的高等教育质量标准具有绝对性和相对性、一元性和多元性、阶段性和发展性、外在规范性和内在引导性的基本特征。

质量标准的绝对性是高等教育终极目标的统一，以人才培养质量为旨归。质量标准的相对性以质量标准的绝对性为基点，是特定历史时期高等教育职能的反映。质量标准的一元性是绝对的，是同一历史时期人们对质量标准的总体反映。质量标准的多元性是高等教育质量

---

[1]　高宝立：《制定教育质量国家标准的重要意义》，《中国教育报》（教育科学）2011年11月1日。

标准为满足多元主体质量诉求所表现出的差异性和多样性。它们既对立又统一，共同构成质量标准的科学内涵。

　　质量标准的阶段性用以区别教育活动的长期性和滞后性特征，反映特定阶段内质量特性所发生的变化及产生的效果。质量标准的发展性是质量评价主体在有限理性支配下，审时度势、与时俱进，对当下质量标准的审视与更新。相对于高等教育是探究高深学问的场所，质量标准的外在规范性是指其必须借助政策、法律、法规等的规范。质量标准的内在引导性是先于质量评价活动而预设的一种教育引导材料，包括教育目标、评估方案、教育内容等，这种材料具有高度的概括性、抽象性和包容性。

　　质量标准是衡量高等教育质量的标尺。唯有认清其具有的一些基本特征，才有可能制定出符合"以人为本"要求的质量标准，才有可能提高质量测量的可信度和有效性，才有可能为保障高等教育质量提供借鉴。

第四章　质量测量与评价：基于 NSSE 的研究方法

在《教学机智——教育智慧的意蕴》中，马克斯·范梅南提出，当今的教育学是受工业社会的影响而形成的工具性教育学。教育被归属为一门科学，并且附着于心理学而发展，这样的教育归属导致了教育学技术化、片面化的倾向。而作为高等教育的大学教育，更是如此。

"教育学的影响是情境性的、实践性的、规范性的、相关性的和自我反思性的。"[①] 而正是这种理想化的教育学指引着我们在面对高等教育的实际情况时，其情境性、实践性、规范性等特点，是教育工作者以及受教育者努力的方向。

传统的高等教育保障受绩效质量观、服务质量观、需求导向质量观的影响，一方面，在高等教育外部质量保障上或是注重政府问责，或是重视半官方组织以及第三方组织的监督；另一方面，在高校内部质量保障上注重管理层面、教师教学水平以及高校教学设施的评估。这种做法完全忽视了高等教育主体——学生。美国学者弗雷泽（Nancy Fraser）认为：高等教育的质量首先是指学生的发展质量，即学生在整个学习历程中所学的"东西"——知识、能力、态度等。学生在认知、技能、态度等方面的收益是衡量高等教育质量的核心标准。[②]

---

① 马克斯·范梅南：《教学机智——教育智慧的意蕴》，李树英译，教育科学出版社 2001 年版，第 181 页。

② 转引自陈玉琨《高等教育质量保障体系概论》，北京师范大学出版社 2004 年版，第 59 页。

高校作为学生增长知识，练就技能，培养人生观、价值观的载体，它对学生的影响是通过学生个体的努力以及积极参与来实现的。而高校的政策规定、管理者、教师以及教学设施等都是引导、鼓励学生参与各项教育活动的保障。所以，把学生摆在高校教育工作的中心位置，关注学生自身发展过程是高等教育质量评价的一个重要维度。本章试图对 NSSE 测量工具在中国的适用性和可行性以及可能存在的问题作一探讨。

第一节　NSSE 的发展及评估原理

一　NSSE 的背景及发展

NSSE 是全国学生学习投入调查（the National Survey of Student Engagement）的缩写形式。1999 年，在美国皮尤慈善委托会、卡内基教学促进会的资助下，由印第安纳大学中学后教育研究中心、印第安纳大学调查研究中心以及美国全国高等教育管理系统中心共同研发的学生学习和发展程度的年度调查系统，是关于全国范围内四年制本科学生对高层次学习和发展投入程度的年度研究方法，也是当前美国本科教学水平评估的实用工具。截止到 2012 年，已有 1400 余所美国院校参与调查。

NSSE 在美国的兴起有其特殊的历史原因。从 20 世纪 90 年代开始，美国中学后教育质量明显下滑，如 1996 年美国四年制大学注册学生在六年内拿到学士学位的仅有 51%，这表明还有不到一半的学生仍未达到学校规定的培养目标，也不能满足社会的需求。20 世纪末，美国的教育评估又多侧重于学校的财力、物力、师资力以及科研力等方面，对于学生在学校的学习过程及学习质量很少涉及。随着美国社会民主化程度的不断加深，社会公众纷纷要求公开高等教育的评估信息，为学生提供选校的参考依据。因此，变革传统的、存在缺陷的评价模式变得愈发迫切。

从 NSSE 的合作机构来看，截至 2012 年，NSSE 的合作伙伴已经增至 13 所，其中包括美国州立大学与学院协会、美国高校协会、瓦贝希文学院调查中心、社区学院学生参与中心、独立学院理事会、高等教育政策研究所、卢米娜教育基金会、国家高等教育管理系统中心、斯宾塞基金会以及提歌基金会。这些机构的参与为 NSSE 年度调查在资金、技术、人才等方面提供了坚实的保障。

在 NSSE 调查对象的选择方面，NSSE 主要选取全美四年制本科院校的一年级和四年级学生，这是因为选择一年级新生与四年级即将毕业的老生可以使两者的教育经历形成鲜明对比，从而更有利于高校总结经验。在 NSSE 测量工具的选择方面，NSSE 主要采用问卷调查的形式并最终形成调查报告。在问卷设计上主要选取五个维度：第一，学习的严格要求程度；第二，主动合作的学习水平；第三，师生之间的互动水平；第四，教育经验的丰富程度；第五，校园环境的支持程度。

二　NSSE 的评估流程及结果推广

NSSE 教育质量测量工具虽产生于美国，但在世界其他国家如加拿大、澳大利亚、中国等也得到了长足的发展。可以说是当代高校教育测量中行之有效的手段之一，其评估流程设计较为严密，调查结果的应用也比较广泛。

（一）评估流程

NSSE 的评估流程一般包括四步，第一步，被试高校登陆 NSSE 的网址进行注册，并签订协议、提供联系方式、选择调查管理模式以及抽样规模。第二步，NSSE 系统将从注册高校的学生数据库中进行抽样，一般在每年年初，NSSE 管理者会以信件或电子邮件的形式将一份个性化的邀请函和大学生自我报告并附带邮费的信封发给被试学生。第三步，NSSE 管理者和印第安纳大学调查研究中心将追踪调查问卷的回收状况，对于未答复者，管理中心将发送明信片或邮件进行敦促。第四步，对回收的问卷进行数据统计，最终生成 NSSE 数据评估报告。所有被试院校会收到四份评估报告：学校报告、学校指标报告、全国报告、NSSE 技术和规范报告。

（二）结果推广

NEES 的调查结果最终形成四份报告，这四份报告除 NEES 技术与规范报告之外都是 NEES 成果推广的核心内容：

1. 学校报告。此报告是为高校量身定做的总结性报告，主要包括两方面的内容：一方面，对本校学生的问卷状况与其对照组进行比较；另一方面，对学生关于每个问题的回答情况进行统计分析进而形成频率报告。学校报告对学生而言是其在学习过程中自我审视、自我反省的标杆；对学校而言，也是学校在教学过程中发现漏洞、弥补不足的参考资料。

2. 学校指标报告。此报告是对本校在教育实践中对于上文提到的五个指标的表现报告，主要包括五项指标的分数与其对照组和全国标准的比较，同时还提供了学校在每个指标中表现情况的统计差异及 NSSE 和卡内基分类百分比的图表。通过五项指标的得分可以使高校清楚地认识到其在教育实践活动中的优势与不足，是校内教学改革和整顿的主要参考数据。

3. 全国报告。此报告是根据近一年内对众多院校的调查研究，从全国的视角对所有院校做出的年度报告，所有参与院校都将被列在报告中。全国报告将高校与同行院校在一年教育活动中的成就差异进行比较，以便参与院校合理定位、及时查漏补缺。

4. NSSE 技术与规范报告。此报告是 NSSE 管理者向高校以及社会公众出具的有关 NSSE 的历史背景、被试的描述性数据以及技术与数据信息的规范性报告，所以此报告不在 NSSE 成果推广之列。

第二节　NSSE 的本土化发展及问题

自 1999 年 NSSE 被研发出来以后，不仅在美国本土得到广泛应用，而且迅速传播于亚洲、欧洲等许多国家，为其本科教学质量测评工作提供了有力的支持。我国对于 NSSE 技术的研究始于 2007 年，《以学生学习为中心的高等教育质量评估——美国 NSSE "全国学生学习投入调查"解析》一文对 NSSE 的产生背景、测量流程以及测量指

标做了详细的介绍。2008 年，由清华大学教育研究院常务副院长史
静寰教授支持的清华大学国际科技合作项目"改进我国高等教育质量
保障观和评估体"① 开始对 NSSE 技术进行全面系统的介绍和研究。
2009 年 4 月，由美国福特基金会赞助，清华大学教育研究院主持，
吸收全国不同地区有代表性的院校参加的中国大学生学习投入调查课
题组首次工作会议在北京召开，这标志着中国大学生学习投入性调查
项目的全面启动。根据随机抽样和自愿原则，2009 年 6 月，此项目
率先在全国 28 所院校进行试验。2010 年，参与院校增加到 48 所。
2011 年，更是吸引了 68 所院校参与该项调查。② 经过几年的潜心调
查和深入研究，课题组取得了令人瞩目的研究成果，先后发表了《国
际比较视野中的高等教育测量——NSSE-China 工具的开发：文化适
应、信度与效度报告》《清华大学和美国大学在学习过程指标上的比
较：一种高等教育质量观》《清华大学本科教育学情调查报告
2009——与美国顶点研究型大学的比较》《清华大学本科教育学情调
查报告 2010》等高质量论文，同时，对 NSSE 技术的汉化问题以及中
美两国本科教学质量的比较问题也给予了较多关注，在此基础上最终
形成 NSSE-China 常模。

综上所述，NSSE 作为一种全新的高校本科教学质量评估模式，
不但凸显了学生的主体地位，而且整个测评过程公正、公平、公开，
测评结果具有较高的信度和效度。但是，我们对近年来 NSSE 在中国
的发展历程进行分析和相关研究后认为，NSSE 在中国的发展仍面临
着严重的汉化问题。

一 NSSE 的汉化问题

大学作为一种提供高等教育的组织是嵌入在社会文化体系中的。
因此携带文化性的高等教育测量工具若要在不同的社会文化背景下使

---

① 清华大学教育研究院，http://www.tsinghua.edu.cn/publish/ioe/5390/2012 - 05 -
01.

② 李静：《国外学生投入研究综述》，《黑龙江教育》2012 年第 3 期。

用，无疑会面临文化适应的问题。① 为了使 NSSE 技术更好地在中国教育测量领域发挥效力，2007 年夏，印第安纳大学东亚研究中心主任海蒂·罗斯教授启动了 NSSE 技术的汉化工作，并组成了由岑逾豪和罗燕为主体的研究小组，这项研究不仅得到美国 NSSE 团队的支持，而且获得了清华大学教育学院史静寰教授以及北京大学教育学院阎凤桥教授的帮助。虽然研究小组历时半年在工具翻译、文化适应等方面有所突破，但就该工具在中国的实际应用来看，NSSE 工具仍存在一些问题，主要体现在以下三个方面：

第一，NSSE 的汉化过程过于简单。当前，我国学者对 NSSE-China 工具的文化适应性研究主要从三方面进行：一是对问卷的翻译；二是根据变量、社会行为规范以及价值观对题项进行修改；三是题项审查和问卷版面设计。我们认为，仅仅从这三方面对 NSSE 工具进行汉化是远远不够的，比如，NSSE 2007 年版中的原题 11.i 和 11.p，分别是关于参与州和全美范围选举以及做礼拜等宗教活动的内容，但在 NSSE 的中文版本中，研究者虽然考虑了我国的政治选举和宗教信仰有着自身的特殊性，但是简单地删去这种题项，显然是不科学的，甚至可以说完全忽视了我国多民族、多重宗教信仰的属性。再如，在 NSSE 2007 年版中的原题 1.d，翻译为中文是"在这所大学就读期间，你进行以下活动的频率如何：写论文或做项目时整合不同来源的信息和观点"，在汉化版本中，研究者同样也是不由分说地就删除了该题项，这显然犯了教条主义的错误，片面地认为中国的大学生只会"剪刀＋糨糊"，而忽视了具有学术创新性的那部分学生，而且这部分学生的人数绝对不在少数。

第二，NSSE-China 工具的信度、效度不高。我们知道，在教育测量领域，信度和效度是检验测量工具准确与否的重要手段，只有信度、效度均良好的教育测量工具，其所取得的结果才值得被信任和采纳。这就要求所抽取的样本具有足够的代表性，然而在 NSSE-China

---

① 海蒂·罗斯、罗燕、岑逾豪：《清华大学和美国大学在学习过程性指标上的比较：一种新的高等教育质量观》，《清华大学教育研究》2008 年第 2 期。

工具的信度、效度研究中，研究者只在北京地区选取了不同层次的六所高校中的 1200 人作为研究对象，就证明 NSSE-China 工具的信度、效度强，这未免过于牵强。因为我国作为教育大国仅高等院校就有 2000 余所，大学生 400 多万。且就高校而言，它包括不同层次，不同类型，不同学科门类。因此，与这些数据相比，NSSE-China 作为一个全国性高等教育测量工具，样本容量仅有 1200 人，其覆盖率以及代表性是远远不够的，最终导致 NSSE-China 工具的信度、效度不足。

第三，NSSE 问卷方式的适应性。NSSE 工具主要采取网络形式对其被试发放问卷，在美国这是一种既普遍又高效的调查方式。但是，我国由于互联网技术起步较晚，加之学生自身的诚信意识不强，网络问卷的效力会大打折扣。有学者对网络问卷在中国的适应性问题进行研究后发现：在网络调查中物质的激励在提高回复率方面并不具有国外相关研究中所起到的决定性作用，相反，被调查者参与网络调查最主要的原因在于其对所调查内容的兴趣。导致目前网络调查过低回复率的原因在于其他的一些因素诸如被试的诚信问题，网络的安全性问题等影响了被调查者参与网络调查的积极性。[①] 这表明，在现阶段网络问卷并不是最佳的调查方式，它在中国的适应性仍然有待加强。

二 NSSE 汉化中存在的问题及其防范

运用 NSSE 工具对全国本科生学习质量进行的评价是一种全国常模参照评价，这种评价根据一定的尺度和标准来衡量每个个体在同一领域中所处的地位。从 NSSE 工具最终所得的四份报告中可以看出，NSSE 团队所构建的常模参照评价不仅能够使参与高校的自我评价更加客观，而且能够有效提高参与院校的自我调控能力。但是，这种常模参照评价也有自身的缺陷，同样带来了一些教育问题。

（一）NSSE 常模参照标准过于简单，易挫伤参评院校的积极性

高校参与的积极性是高校不断提升自身水平的动力系统，NSSE

[①] 方佳明、邵培基、粟婕、张谦、田禹：《基于网络的问卷调查回复率影响因素实证研究》，《管理评论》2006 年第 10 期。

工具通过进行常模参照，仅仅单纯地对参与院校的教学质量进行排名和分等级，将其划分为优、中、差三个档次，而对于从属于三个档次内的院校并没有做出详细的区分，这显然是不科学的。例如，在地方院校师生互动的指标比较上，如果效应值大于 0.2，就认为差异较小；大于 0.5，就表示差异中等；大于 0.8，就表明差异较大，而对于这三个区间内效应值的大小没有进行进一步的区分，这就使得处于同一区间的不同高校误认为自身就处于某一特定水平上，从而人为地拔高或降低了参与高校的教学水平，使差异小的院校产生优越感而使差异大的院校产生无力感。

（二）NSSE 的常模参照评价容易导致教育目的异化

在 NSSE 工具的测验与评价体系下，参与高校往往把在五项可比指标上胜过其他参评高校作为证明其本科教学质量高低的唯一方式。在这种情况下，对高校而言，教学变得不再重要，而以学生为核心的各项指标如学业挑战度、主动合作水平、师生互动等成为高校工作的重点，学校成为一味地迎合学生需要的商品交易市场，教育的目的不是培养人才，而是为市场生产和推销教育产品。在这种教育观念的驱使下，高校更加注重社会评价、攀比，沉溺于自己在全国参评高校中居于什么位次，而忽视高校自身所具有的竞争优势。

总之，NSSE 是一种全新的本科教学质量测评手段，它为我国高校教育质量评价提供了全新的研究视角。但需要注意的是，NSSE 绝不是万能钥匙，要想使其在我国高校质量测评中更好地发挥效力，就必须对 NSSE 工具产生的背景进行全面分析，了解其调查结果及其运用，并对其在中国的文化适应性进行全面研究，使其真正成为适合我国高等教育质量测量的评价方式。

小　结

NSSE 是针对 20 世纪末美国高等教育质量下滑而产生的一种全新的本科教育质量评估的技术和方法。该测量工具突破了先前以"绩效"为核心的教育质量评价方法，首次将学生置于质量评估的主体地位；整个测评过程公正、公平、公开；通过 NSSE 工具所得数据以及最终的研究结果用途广泛，既可作为美国高校排名的主要依据、高校内部改革的参考，又可作为即将进入大学的学生择校的参照依据。可以说，NSSE 是当下美国高等教育质量评估的一项重大突破。

我国自 2007 年以来对 NSSE 的产生背景、评估指标、测评流程等在不断探讨研究的基础上逐渐在部分高校试应用，此间我们发现，尽管对评估指标和评估流程以及评估报告的某些方面可以直接或间接采纳，但是受文化差异、学生特点等的影响，我们认为，NSSE 技术在文化适应性方面存在困难；改良后的信度与效度问题以及常模参照标准的构建问题等常常导致其在全国范围内的适用性和推广性不尽如人意。倘若能够真正将 NSSE 技术融入中国本土文化，能够在本土文化语境中有所改进、有所突破，使其显现成效，那么可以说，NSSE 技术对我国未来高等教育质量保障不无裨益。

第五章 服务质量测量：基于 SERVQUAL 的技术和方法

第一节 高等教育服务质量的理论基础

一 高等教育服务质量命题的背景

（一）高等教育成本分担制度

1986 年，美国纽约州立大学总校前校长、世界著名的比较高等教育财政专家布鲁斯·约翰斯通（Bruce Johnstone）出版了《高等教育的成本分担：英国、联邦德国、法国、瑞典和美国的学生财政资助》一书，提出了著名的"高等教育成本分担"理论。这一理论的提出，为解决困扰世界各国的高等教育财政危机提供了有效的方法。如今，实行教育成本分担已成为各国高校多渠道筹措教育经费的一个重要手段。我国自 1997 年开始，高等教育全面实行教育成本分担制度。

所谓高等教育成本分担，是指高等教育成本由政府、学生及其家长、用人单位等多方来承担。高等教育成本分担，不仅遵循"谁受益谁付费"的经济学一般原则，而且有利于减轻政府财政负担和教育职能转换，推动教育体制改革进程和高等教育制度创新，有利于提高教育投资效率。高等教育成本分担制度，打破了原有的主要由政府承担高等教育成本的现状，形成了由高等教育利益相关者共同承担高等教育成本的机制，并且引发了高等教育评价观念的变革，形成了以高等教育成本分担者为主体的高等教育评价主体群。

由于高等教育成本分担者的价值取向差异，他们对高等教育质量的诉求也各不相同：政府希望高等教育能为国家培养创新型、有用的人才，社会希望高等教育能够传承优良的文化，家长则希望高等教育能够为自己的子女提供优质的教育并在毕业后找一份满意的工作，学生则希望高等教育能够为其提供令其满意的大学体验，用人单位则希望高等教育能够为其利益最大化提供与岗位匹配的人才。总之，高等教育只有围绕人才培养、文化传承、社会服务、科技创新提供优质的服务，才能令这些高等教育成本分担者满意，而且这是符合商业经济等价交换基本准则的。正是在高等教育成本分担制度的推动下，高等教育的服务性愈加凸显，高等教育成本分担者对于高等教育服务质量的诉求也愈加强烈。以高等教育成本分担者为评价主体，展开高等教育质量的评价，是一种必然的趋势。

（二）高等教育大众化

近年来，我国高等教育实现了跨越式发展。按照美国学者马丁·特罗关于高等教育阶段理论，一国高等教育入学率在 15% 以下时，属于精英教育；在 15%—50% 时，属于大众化教育；达到或超过50% 时，属于普及化教育。数据显示，1998—2002 年，我国普通高校招生规模从 108 万人增加到 340 万人，高等教育毛入学率达到 15%以上，高等教育开始步入大众化阶段；而且早在 2002 年，发达地区的高等教育毛入学率已达到 50% 以上，率先迈入高等教育的普及化阶段。[①] 经过十多年的快速发展，截至 2012 年，我国高等教育在校生人数已超过 3000 万，毛入学率达 27%，计划在《教育规划纲要》实施完成的 2020 年时毛入学率达到 40%。[②]

伴随着高等教育大众化的脚步，高等教育质量问题从未淡出人们的视野，特别是在高等教育大众化初期，我国高校普遍面临着超负荷的压力。一方面，高校的教育教学资源无法满足学生数量激增的需

---

① 《上海将率先实现高等教育普及化 入学率已达 51%》，http：//www. why. com. cn/kaoshi/gaokaozhilu/03_ 2/4. htm/2012 - 07 - 24。

② 马海燕：《2020 年我国高等教育毛入学率将计划达 40%》，http：//www. edu. cn/gao_ jiao_ news_ 367/20120802/t20120802_ 820850. shtml/2012 - 07 - 24。

要，优质教育资源短缺，人均教育资源偏少；另一方面，伴随着高等教育生源的多样化和生源素质的差异化，高校并未做好教学观念和教学方法上的应对准备，因人而异，因材施教仅仅是一种口号。在此背景下，高等教育未能为学生——高等教育核心利益相关者——提供其承诺的优质的、令其满意的高等教育服务，与此同时，用人单位对高等教育培养的人才似乎也不买账——高等教育培养的人才不符合用人单位的需求，此外，作为高等教育重要利益相关者的政府对高等教育的质量也不满意，这从国家出台的重要文件中可以得知。

因而，围绕高等教育质量的探讨，是自高等教育扩招以来高等教育领域十分重要的话题之一。当然，国家在此期间也采取了许多措施，试图改善质量现状，其中影响最大的莫过于本科教学水平评估工作。这一评估的主体是单一的政府，在高等教育大众化初期，对于保证高校的办学基本条件发挥了积极作用。但是，毕竟单一的评估主体尚不能代替诸多的高等教育利益相关者，无法反映其他利益相关者的心声。在此背景下，以反映学生和用人单位利益的高等教育服务质量应运而生。

二　高等教育服务质量的基本内涵

（一）服务和服务质量

1. 服务的定义

关于服务的界定有多种，下面列举一些较有影响的界定。

综合上述学者的观点，服务是服务提供者在与顾客互动的过程中，向顾客提供的一种可为其带来利益或满足的无形活动或过程。这一认识包含以下几层意思。

第一，服务是在服务提供者与顾客的互动中完成的。这种互动包括服务提供者的一线员工与顾客之间的互动、顾客与服务提供者的物理环境与有形物之间的互动、顾客与服务提供者的系统与程序之间的互动。

第二，相对于供应商为顾客提供的有形产品而言，服务是服务提供者向顾客提供的一种无形的过程或活动。

表 5 – 1   服务定义一览

作者	服务定义
美国市场营销学会（1960）	服务是伴随着货物销售一并提供给顾客的利益、满足及其他活动
里根（1963）	服务是顾客购买产品或服务时所得到的一种无形的满意结果或有形与无形相结合的活动
贾德（1964）	服务是一种市场交易活动，这种活动的最大特点是不牵涉所有权的变更
拜森（1973）	对于消费者而言，服务是能够向他们提供任何利益或满足的活动。对于这些活动，他们个人没有能力自我提供或不愿意自我提供
斯坦姆顿（1974）	服务就是一种用于销售的活动，这种活动可以为顾客带来利益或满足，但它不会引起"商品"的物质形态的变化
莱蒂恩（1983）	服务是一种或一系列活动，它是在顾客与服务提供者或设备的互动过程中完成的，并使顾客满意
科特勒（1984）	服务是一方向另一方所提供的一种活动或利益，它通常是无形的，而且不牵涉到所有权的变化
古梅松（1987）	服务是一种可以用来买卖却无形的"物品"
格罗鲁斯（2000）	服务是由一系列或多或少具有无形性的活动所构成的一种过程，这种过程是在顾客与雇员、有形资源的互动关系中进行的，这些有形的资源（或有形产品、有形系统）是作为顾客问题的解决方案提供给顾客的
韦福祥（2005）	服务是一种或多或少具有无形性特征的活动或过程，它是在服务提供者与服务接受者（服务对象）互动的过程中完成的，服务行为主体是为了另一个主体对象获得利益，同时，服务也是一个企业实行差异化战略的重要手段，通过服务的差异化，企业可以创建自己长期的竞争优势

资料来源：韦福祥《服务质量评价与管理》，人民邮电出版社 2005 年版，第 18—19 页。

第三，服务能够为顾客带来物质上或精神上的满足。物质上如机器设备的维修和理发后发型的变化，精神上如心理咨询后心理或行为的变化。

2. 服务质量

对于服务质量的研究始于 20 世纪 70 年代。Lewis 和 Booms 把服务质量定义为"一种衡量企业服务水平能否满足顾客期望程度的工具"。① 然而，影响最为深远的要属顾客感知服务质量（Perceived Service Quality）。这一概念最早由芬兰瑞典语经济管理学院的克里斯丁·格罗鲁斯（Christian Gronroos）教授于 1982 年提出。他认为，服务质量是由顾客所感知的质量，因而在很大程度上它是顾客主观意志的产物。②

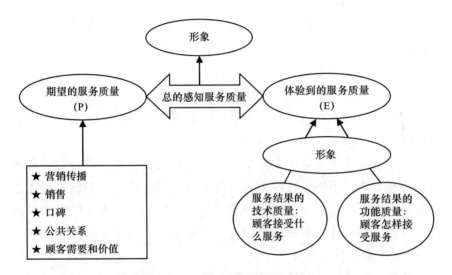

图 5 - 1　顾客总的感知服务质量

服务质量取决于顾客所期望的质量和所体验到的质量之间的差距（如图 5 - 1 所示）③。因而，根据格罗鲁斯的定义，顾客感知服务质量（为行文方便，以下简称"服务质量"）就是顾客对服务的期望（Expectation）与感知服务绩效（Perceived Service Performance）之间的差异比较，简言之，就是 Q = P - E。当感知服务绩效（P）大于服务期望（E）时，服务质量（Q）是良好的。迄今，学者们在与服务

①　Lewis, R. C. & Booms, B. H. , "The Marketing Aspects of Service Quality in Emerging Perspectives on Services Marketing," *American Marketing*, 1983: 99 - 107.

②　克里斯丁·格罗鲁斯：《服务管理与营销：基于顾客关系的管理策略》，韩经纶等译，电子工业出版社 2004 年版，第 45—48 页。

③　同上书，第 49 页。

质量相关的一系列问题上都达成了共识：①

第一，服务质量是顾客感知的质量，具有极强的主观性，也具有极强的差异性。在不同的时间里，不同的服务提供者所提供的服务是不同的，即使同一个服务提供者在不同的时间里所提供的服务质量也存在着差异；不同的顾客乃至同一个顾客在不同的时间里对服务质量的感知也是不相同的。

第二，服务质量由顾客所追求的"结果质量"（技术质量）和"过程质量"（功能质量）两个方面组成。有形产品的质量是可以用一些特定的标准来加以度量的，消费者对有形产品的消费在很大程度上是结果消费；而服务则不同，顾客对服务的消费，不仅仅是对服务结果的消费，更重要的是对服务过程的消费。服务结果与服务过程相辅相成、缺一不可。

第三，服务质量是在服务提供者与服务接受者的互动过程中形成的。与有形产品不同，在绝大多数情况下，服务的生产和消费是无法分割的，服务质量就是在服务生产和服务消费的互动过程之中形成的，因此，互动性是服务质量与有形产品质量之间非常重要的区别。

（二）高等教育服务

在高等教育服务及其质量研究方面，不得不提到国内学者马万民的贡献。根据 ISO9000 国际标准对于服务的定义——"服务就是为满足顾客的需要，供方和顾客之间接触的活动以及供方内部活动所产生的结果"，马万民将高等教育服务定义为"高校利用教育设施设备、教育技术为满足学习者（更准确地说应该叫作顾客或用户）的需要，使教育消费者提高或改善智力素质和思想观念素质，促进教育需求者人力资本增值的非实物形态的产品"。②

笔者认为，高等教育服务的利益相关者远不止学生，除学生之外，政府、用人单位和家庭等都是高等教育服务成果的享用者和消费

---

① 韦福祥：《顾客感知服务质量研究 20 年》，http：//www. em-cn. com/Article/200702/127486. html。

② 马万民：《高等教育服务质量管理研究》，上海交通大学出版社 2005 年版，第 54 页。

者。高等教育服务提高了国民的素质而使整个国家和民族受益，因而投资高等教育是国家政府的责任，高等教育服务提高了劳动者的劳动技能而使用人单位受益，因而社会和用人单位很关注高等教育服务质量，高等教育服务提升了人力资本和社会资本而使家庭和学生个人获益，因而家庭和个人乐于投资优质的高等教育（如择校）。因此，政府、用人单位、学生和家庭共同构成了高等教育服务的对象，仅仅把学生当作高等教育服务的对象有失偏颇，而且不利于高等教育研究的深入和高等教育实践的开展。

笔者认为，根据高等教育服务对象的不同，高等教育服务有内部和外部之分。高等教育内部服务对象就是学生，而外部服务对象不仅包括政府、用人单位而且包括家庭。

且不论高等教育外部服务，本章仅从高等教育内部服务出发，给高等教育服务所下的定义为：高等教育学校在与学生的互动过程中，向学生提供的可使学生提高或改善智力素质和思想观念素质，从而促进学生人力资本增值的活动或过程。高等教育服务不但具有服务的一般特性，而且具有自己的特殊性。

第一，高等教育服务具有知识性。一般地，教学、科学研究和社会服务被广泛认为是现代大学的三大职能。其中，教学是高校经常性的中心工作，其主要任务是使人类所创造的高深知识能够薪火相传，永不断链，且在同一时代使人类的高深知识广为传播，影响更多受众。在这种意义上，高等教育服务表现为高深知识的传递和传播，因而具有鲜明的知识性。

第二，高等教育服务负有育人的重任。现代大学的另一主要任务便是人才培养。人才培养不仅表现为学生对于知识的吸收和消化，而且培养什么样的人才以及怎样培养人才则取决于一定阶级和统治者的意志，且往往通过育人这一环节来实现。高等教育服务需要反映育人的基本要求，负有育人的重要任务。

第三，高等教育服务具有创造性。大学的科学研究职能决定了高等教育服务必须提供相对宽松而自由的学术氛围，这一点对研究生尤为重要。在我国，研究生是指那些"高等院校本科毕业后（或具有同等学历者），在大学研究院（部、班）或科学研究机构继续学习课程并作专业研究的学生"。[①] 而且，在我国，将"能够从事科学研究"作为研究生的基本培养目标。[②] 由此可以窥见，科学研究和创造能力的培养是高等教育尤其是研究生教育服务的应有之义。

（三）高等教育服务质量

学术界对于高等教育服务质量的认识基本是一致的，即高等教育服务质量是满足教育需求主体显在或潜在需求的程度。[③] 根据顾客感知服务质量的基本思想，刘俊学对高等教育服务质量下了一个具有操作性的定义：教育需求主体对高等教育服务的预期同其实际体验的教育服务水平的对比，若体验质量高于预期质量，教育需求者就可能认为高等教育服务质量好；反之，则可能认为教育服务质量差。[④] 可见，人们对于高等教育服务质量的认识基础是服务质量。本章的研究也是建立在此基础之上的，但是要对这一定义做出几点澄清。

第一，既然高等教育服务有内外之分，那么高等教育服务质量评价也有内部服务质量评价和外部服务质量评价之别，二者不能混为一谈，因为它们的评价主体各有侧重：内部服务质量评价的主体是学生，而国家（政府）、社会、用人单位等则是外部服务质量评价的主体。而且，内、外部服务质量评价的客体也不相同，内部服务质量评价的客体是高校提供给学生的有形实物、无形服务和服务效果，而外部服务质量评价的客体则随着外部评价主体的不同而不同。

第二，高等教育服务质量的高低与高等教育服务效果的好坏没有必然联系。[⑤] 高等教育效果的好坏不仅取决于高等教育服务质量

---

① 朱九思：《高等教育辞典》，湖北教育出版社1993年版，第292页。

② 孙义燧：《研究生教育辞典》，南京大学出版社1995年版，第88页。

③ 曾庆可：《大众化条件下的高等教育服务质量》，《考试周刊》2007年第22期；马万民：《高等教育服务质量管理研究》，上海交通大学出版社2005年版，第56页；胡子祥：《高等教育顾客感知服务质量的实证研究》，博士学位论文，西南交通大学，2006年。

④ 刘俊学：《服务性：高等教育质量的基本特征》，《江苏高教》2001年第4期；刘俊学、张力：《试论教育需求者感知服务质量》，《国家教育行政学院学报》2003年第4期；刘俊学、王小兵：《"高等教育服务理念"论》，《中国高教研究》2004年第3期。

⑤ 马万民：《高等教育服务质量管理研究》，上海交通大学出版社2005年版，第54页。

的高低，而且与学生个人先天素质和后天的知识、经历、努力程度密切相关。人才的成长是个人、家庭、学校和社会多种因素共同作用的结果，高等教育服务是人才成长的必要条件但不是充分条件。因此，过分夸大高等教育服务在人才培养质量中的作用是不恰当的。

第三，高等教育服务质量是结果质量和过程质量的统一体，与受教育主体的主观判断有关。按照格罗鲁斯的观点，高等教育服务质量由结果质量和过程质量两部分构成，高等教育服务的技术质量和功能质量分别表明的是"受教育主体得到了什么"（what）和"受教育主体是如何得到服务的"（how）这样两个问题。相对而言，前者可用客观的标准予以衡量，而后者则更偏向于主观性。此外，高等教育服务质量的优劣取决于受教育主体对高等教育服务的期望水平和实际体验到的服务水平，无论是期望水平还是体验到的服务水平，都源自受教育主体的主观感受。

第四，准确测度和评价高等教育服务质量比较困难。高等教育服务质量是一种偏重主观性的质量，故难以客观准确地测度高等教育服务质量。

三 高等教育服务质量的理论基础

（一）顾客满意理论

顾客满意研究兴起于 20 世纪 70 年代。早期的研究大量摄取了社会学、心理学方面的理论，直到现在，大部分的理论仍然以认知理论作为研究的理论基础。目前，顾客满意研究在欧美国家已日趋成熟。美国营销专家劳特朋教授在 1990 年提出的 4C 整合营销理论，被认为是以消费者需求为导向，重新设定了市场营销组合的四个基本要素：顾客（Consumer）、成本（Cost）、便利（Convenience）和沟通（Communication）。就高等教育而言，它强调高校首先应该把追求高等教育的顾客满意放在第一位，其次是努力降低高等教育顾客的购买成本，再次要充分注意到高等教育顾客购买过程中的便利性，最后还应以高等教育顾客为中心实施有效的营销沟通。

ISO 9000: 2005 质量标准对"顾客满意"的定义是: 顾客对其要求已被满足程度的感受。引申至高等教育领域, "顾客满意"指的是高等教育的顾客(主要是学生、用人单位)对其要求被满足的程度感知。"顾客满意度"作为一种心理感受, 具有以下特性。

1. 社会客观性

高等教育顾客对高等教育服务的满意程度是顾客在一定的高等教育的消费实践活动中逐步形成的。它的存在以及它对高等教育所产生的作用都是客观的, 不以提供高等教育服务的高校的主观意愿而转移。

2. 个体主观性

对于每一个高等教育顾客而言, 关于满意与否以及满意的程度如何的评价又是建立在各自不同的高等教育消费经历基础上的, 并受各种主观因素的影响。例如, 顾客的性格、志趣、文化修养、价值观念、经济地位、生活背景等, 都会影响高等教育顾客的评价。因此, 不同的高等教育顾客对于同一高等教育服务的满意度评价有可能是完全不同的。

3. 动态可变性

尽管特定的高等教育顾客对高等教育服务的满意程度具有相对的稳定性, 但高等教育服务提供水平所存在的不稳定性, 以及外部环境、社会生活的变化, 会导致高等教育顾客对原有的满意程度认知的修正。因此, 即使特定的高等教育服务的水平是稳定不变的, 但其对应的高等教育顾客满意度仍然会发生动态的变化。

(二)利益相关者理论

利益相关者理论(Stakeholder Theory)是 20 世纪 60 年代在对英、美等国奉行"股东至上"理论的质疑中产生的, 并以契约理论和产权理论为基础逐步发展起来的。1963 年, 斯坦福研究所提出了利益相关者理论并将利益相关者定义为"这样一些团体, 没有其支持, 组织就不可能生存"。后来, 克拉克森(1994)认为:"利益相关者是指那些在企业的活动中投入了物质资本、人力资本、财务资本以及在企业的经营活动中承担了一定风险的群体。"

　　对于高等教育而言，利益相关者一定是建立在投入基础上，并能够获得一定利益，并由此建立起来的密切联系的人群。也就是说，高等教育的利益相关者，是指在对大学有一定"投入"的基础上，能从大学获得一定利益并产生一定影响的各类主体（个人或群体）。

　　关于高等教育利益相关者的分类，有研究者根据高校与利益相关者关系的重要性和影响力两个维度，把高校利益相关者分为如下几类:①

　　Ⅰ类：影响力强、重要性高，如高校的管理者、教职员工和学生。

　　Ⅱ类：影响力低、重要性高，如家长、社区、潜在的或者预期的用人单位。

　　Ⅲ类：影响力低、重要性低，如校友、社会公众。

　　Ⅳ类：影响力强、重要性低，如政府、科研经费提供者、产学研合作者、贷款提供者。

　　李福华教授根据利益相关者与大学的密切程度，把大学的利益相关者分为四个层次：第一层次是核心利益相关者，包括教师、学生和管理人员；第二层次是重要利益相关者，包括校友和财政拨款者；第三层次是间接利益相关者，包括与学校有契约关系的当事人如科研经费提供者、产学研合作者、贷款提供者等；第四层次是边缘利益相关者，包括当地社区和社会公众等。这一分类方法主要依据经验，抓住"密切关系"这一核心维度，具有简洁明了的优点。

第二节　高等教育服务质量评价的基本方法

一　高等教育服务质量评价的方法

（一）SERVQUAL 方法

SERVQUAL 是英文 SERVICE QUALITY 这两个单词中前四个字母

---

　　①　高伟、张燚、聂锐：《基于价值链接的高校利益相关者网络结构分析》，《现代大学教育》2009 年第 2 期。

的组合。该词最早出现在 1988 年由帕拉素拉曼（Parasuraman）、隋塞摩尔（Zeithaml）和贝利（Berry）（俗称"PZB"）三人合写的一篇题为"SERVQUAL：一种多变量的顾客感知服务质量测度方法"的文章中。[①] SERVQUAL 是一种用来测度服务质量的特定技术和方法，其核心是利用来自顾客对服务的期望和感知信息来判断服务质量，它是建立在顾客感知服务质量的相关理论基础之上的。[②]

1985 年，PZB 三人合作在《营销学季刊》（*Journal of Marketing*）上发表了题为"服务质量：一个概念性模型及其在未来研究中的应用"的文章，提出了服务质量的差距分析模型，显示了顾客感知质量受组织内部四个差距的影响（如图 5 - 2）。[③] 这一模型的提出，第一次说明了服务质量是如何产生的，它是 PZB 研究团队对服务营销领域最重要的贡献之一，也为 PZB 研究团队后来的研究奠定了坚实的基础。

1. 质量感知差距 1：管理者不能准确地感知顾客服务预期。

2. 质量标准差距 2：服务提供者所制定的服务标准与管理层所认知的顾客的期望不一致。

3. 服务传递差距 3：服务生产与传递过程没有按照企业所设定的标准来进行。

4. 市场沟通差距 4：市场宣传中所作出的承诺与企业实际提供的服务不一致。

5. 感知服务质量差距 5：顾客所感知的或实际体验到的服务质量与其所预期的不一致。

在此五个差距当中，感知服务质量差距居于该模型的核心地位。Zeithaml 等人指出，其他四个差距（差距 1、差距 2、差距 3、差距 4）

① Parasuraman, A., et al. (1988), "SERVQUAL: A Multiple Item Scale for Measuring Consumer Perceptions of Service Quality," *Journal of Retailing*, 64 (1): 12 - 40.

② Lisa, J. & Morrison, C. (2004), "Measuring Service Quality: A Review and Critique of Research Using SERVQUAL," *International Journal of Market Research*, 46 (4): 479 - 497.

③ Parasuraman, A. et al. (1985), "A Conceptual Model of Service Quality and Its Implications for Future Research," *Journal of Marketing*, Vol. 49, 41 - 50.

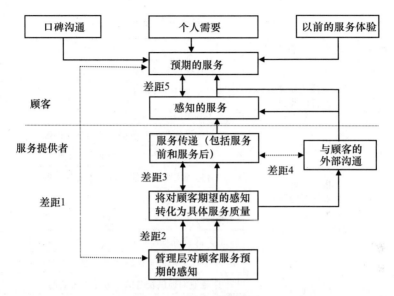

图 5 - 2 服务质量模型

资料来源：Parasuraman, A. et al., "A Conceptual Model of Service Quality and Its Implications for Future Research," *Journal of Marketing*, 1985, Vol. 49：41 - 50.

是引起感知服务质量差距（差距 5）的根本原因。[①] 因此，围绕感知服务质量差距而展开研究是学者们的一贯做法。其中，PZB 于 1988 年提出的 SERVQUAL 被誉为测度感知服务质量差距的经典方法。

该方法通过对顾客服务预期（应当怎样）与顾客服务绩效（实际怎样）之间差距的比较分析来衡量顾客感知服务质量，将服务质量分为有形性、可靠性、响应性、保证性、移情性五个维度共 22 个指标（如表 5 - 2），被调查者根据其体验来回答问题（每个指标分值在 1 和 7 之间，分别代表"完全不同意"至"完全同意"），并以此代表他们期望的服务质量和感知的服务质量，由此确定总的服务质量的分值。分值越高，表明顾客服务体验与服务预期距离越远，即顾客感知的服务质量越低。

---

① Parasuraman, A. et al. (1985), "A Conceptual Model of Service Quality and Its Implications for Future Research," *Journal of Marketing*, Vol. 49, 41 - 50.

表5-2 SERVQUAL "五维度" 及问项

维度	解说	问项
有形性 Tangibles	包括实际设施、设备以及服务人员的列表等	1. 有现代化的服务设施
		2. 服务设施具有吸引力
		3. 员工有整洁的服装和外套
		4. 公司的设施与他们所提供的服务相匹配
可靠性 Reliability	指可靠地、准确地履行服务承诺的能力	5. 公司向顾客承诺的事情都能及时完成
		6. 顾客遇到困难时，能表现出关心并帮助
		7. 公司是可靠的
		8. 能准时地提供所承诺的服务
		9. 正确记录相关的记录
响应性 Responsiveness	指帮助顾客并迅速地提高服务水平的意愿	10. 不能指望他们告诉顾客提供服务的准确时间 *
		11. 期望他们提供及时的服务是不现实的 *
		12. 员工并不总是愿意帮助顾客 *
		13. 员工因为太忙而一直无法立即提供服务，满足顾客的需求 *
保证性 Assurance	指员工所具有的知识、礼节以及表达出自信与可信的能力	14. 员工是值得信赖的
		15. 在从事交易时，顾客会感到放心
		16. 员工是礼貌的
		17. 员工可以从公司得到适当的支持，以提供更好的服务
移情性 Empathy	指关心并为顾客提供个性服务	18. 公司不会针对顾客提供个别的服务 *
		19. 员工不会给予顾客个别的关心 *
		20. 不能期望员工了解顾客的需求 *
		21. 公司没有优先考虑顾客的利益 *
		22. 公司提供的服务时间不能符合所有顾客的需求 *

说明：* 表示分值相反。

资料来源：Parasuraman, A. et al. (1988), "SERVQUAL: A Multiple Item Scale for Measuring Consumer Perceptions of Service Quality," *Journal of Retailing*, 64 (1): 12-40.

（二）SERVPERF 方法

在顾客感知服务质量的测度模型中，还存在一种名为 SERVPERF

的方法。SERVPERF 是 Service Performance 的缩写，于 1992 年由克罗宁（Cronin）和泰勒（Taylor）在 SERVQUAL 的基础上提出。[①] 该模型只利用一个变量即服务绩效来测度顾客感知的服务质量，即 Q = P，相应地，SERVPERF 所使用的问卷只涉及服务绩效而不涉及服务期望。除此之外，其所采用的问卷维度和问项与 SERVQUAL 完全相同。

二　高等教育服务质量评价的优越性

（一）以学生主体性为目标

传统概念中的高等教育质量管理主要包括教学计划、教学过程和教学资源等方面的管理。像收集有关日常教育教学质量的各种信息，如考试成绩、毕业生就业率、毕业生质量跟踪调查的反馈信息等；制订教育教学目标和计划；开展教学过程的督导和检查，建立教学检查制度，定期或不定期地进行学科建设、课堂教学、实验教学、实习实践等教学环节的检查；组织不同层次的教学综合评估或各种教学评比和评估等。显然，这是典型的"以校为本"的教育质量管理模式。

然而，在"服务导向"的质量管理模式下，高等学校的学生是高等教育的主要服务对象，是高等教育服务的消费者、购买者与受益者，是高等教育服务的使用者、参与者和共同生产者，同时还是高等教育质量的评价者、改进者与监督者。如果大学生的参与程度越高，参与过程越顺利，参与的时间越长，投入的精力越多，高等教育服务的质量和价值当然就越高，高等教育顾客感知服务质量、价值、满意度和行为意向就越高，大学生就越满意，也就越发情系学校。而所有这些都取决于高等教育服务以"学生为本"理念的树立。因此，大学生参与高等教育服务的全过程，是高等教育质量、效果和效率实现的关键，是高等教育服务质量最直接的体验者和监督者。高等教育服务质量评价从学生的视角对高等教育服务质量进行测评，充分突出了

---

① Cronin Jr. et al. (1994), "SERVPERF Versus SERVQUAL: Reconciling Performance-Based and Perceptions-Minus-Expectations Measurement of Service Quality," *Journal of Marketing*, 58 (1): 125 – 131.

以学生为本的教育理念，通过评估中定性和定量相结合的研究方法，可以及时发现高校管理与学生期望的偏差，了解学生的社会需求，及时发现问题的原因所在，及时改进各项工作，为高校工作目标的制定和管理决策提供可靠的理论依据，及时调整资源配置、院校规划、教学建设等管理策略，从而促进学校各项管理工作的完善和发展。

（二）以过程控制为导向

高等教育服务质量评价是为实现高等院校人才培养目标而进行的有计划的资源配置与整合，以及对教育活动过程加以协调与控制的手段。然而，传统的高等教育服务质量的评价模式过分地关注了事件的结果，而忽视了事件发生的过程及其具体运作方式的连贯性。为了使教学质量评估工作真正做到科学公正、及时准确，我们不仅要注重目标与结果相匹配，而且要注重教学计划与行为规范相协调。为此，需要将涉及高等教育服务的各项内容及服务过程连贯并且有序地加以展示，从而客观清晰地找出导致服务失误或低质量的关键环节，有的放矢地纠正减少摸索的时间，提高教学效率。

三 高等教育服务质量评价应注意的几个问题

（一）处理好一般服务与附带服务的关系

高等教育服务，其实质是一种教育性服务，也就是说，这种服务不同于一般的商业营销服务。商业营销服务是在利益的驱动下追求利益的最大化，"顾客中心"的最终目的在于利益的最大化，即"顾客中心"是手段，利益的追逐才是目的。

相比较而言，高等教育服务远不如一般的商业营销服务那么简单。前者不仅负有育人的责任，这由高等教育的性质所决定，而且其提供的服务内容往往表现出复杂性和多样性。

围绕着高等教育的目的——培养社会主义事业的建设者和接班人，高校的教育服务可分为核心服务和附带服务。核心服务围绕着高深知识的传授、创新而进行，集中表现为课程、教师、师生互动等学术性服务；附带服务则是为保证核心服务顺利进行所必需的服务，例如后勤保障、医疗服务、图书情报，集中体现为非学术性服务。

核心服务是高校教育服务的根本方面，倘若不能保证高质量的核心服务，附带服务无论如何优质，对于学生而言，也是不能满意的。附带服务虽不能代替核心服务，但它是核心服务实现的必要条件，在核心服务提供过程中起着条件保障作用。只有在保证高质量的核心服务的前提下，提供优质的附带服务，才是高等教育服务质量的应有之义。

（二）处理好借鉴与原创的关系

服务的概念及其理念最初源于商业营销领域，将其应用于高等教育则是近些年来的事情。因而，对于高等教育来说，服务及其理念是个"舶来品"，是对商业营销领域概念借鉴的结果。

服务理念在高等教育领域的应用，势必面临着一系列的适切问题，应认真仔细予以厘清。

首先，应全面展示商业营销领域的服务概念，根据高等教育自身的特点，恰当透析高等教育服务及其质量的内涵。

其次，参考商业营销领域顾客的一般特点，有针对性地透析高等教育顾客的特性。

最后，合理、审慎地借鉴、应用商业营销领域服务质量测评的方法。

（三）高等教育服务质量评价的拓展探究

目前学术界包括本书在内大多将高等教育服务质量评价的主体定义为学生，这不仅是当下对"以人为本"社会价值观的肯定，而且对高校确立"以学生为主体"，转变办学观念具有引导作用，因而具有合理性。但是，高等教育服务的对象远不止学生，从利益相关者角度来说，高等教育服务的对象至少还包括政府、用人单位和家庭，相应地，高等教育服务质量评价的主体也应包含政府、用人单位和家庭。此可为未来高等教育服务质量评价研究的方向之一。

第三节　SERVQUAL 模型 30 年：实践与反思

随着高考制度的改革以及大规模的高校扩招，人们越来越关注高等教育的质量及服务社会的问题。"高等教育是一种服务的观点"在最近几年的教育改革中，逐渐被提出并被接受，在高等教育体制改革和管理中发挥了十分重要的作用。招生就业制度的改革，高校扩招，学生自主选择专业和高校自主权限的逐步扩大，学分制和弹性学制的试行等一系列措施的出台，充分体现了"满足求学者的求学需求，尊重求学者的主体地位"的服务思想和理念。2002 年，刘俊学为"高等教育服务"下了明确的定义：高等教育服务是"高等教育机构利用教育设施设备、教育技术为教育消费者提供的用于提高或改善教育消费者素质，促进教育消费者人力资本增值的非实物形态的产品。"[1]随后，不少学者开始探讨这一新问题。作为一种专业化、精神性的服务，高等教育服务质量，就是对高校提供的这种专业化、精神化的结果所进行的评价。评价的主体是在校就读的学生，评价的客体是社会以及用人单位，评价的手段是 SERVQUAL 模型，用于测量服务的功能质量，即服务是怎样被提供的。

一　SERVQUAL 模型演变中的应用

1982 年，芬兰 Gronroos 教授提出了"感知服务质量"这一概念，并将其定义为顾客对服务的期望与感知服务绩效之间的差异比较。[2] 在此基础上，PZB 三人将期望细分为适当的服务和理想的服务两大类，同时也提出了 SERVQUAL 评价模型。[3] 该模式利用深入访谈方式访问银行业、信用卡公司、证券商、产品维修业四种服务业的管理人员和消费者，发展出一套比较完整的服务质量模型，共有十个维度。

1988 年，在 PZB 三人合写的一篇题为"SERVQUAL：一种多变量的顾客感知服务质量测度方法"的文章中首次出现 SERVQUAL 这

---

① 刘俊学：《高等教育服务质量论》，湖南大学出版社 2002 年版，第 23—24 页。

② Valarie A. Zeitham, Leonard L. Berry, & A. Parasuraman, "Communication and Control Processes in the Delivery of ServiceQuality," *Journal of Marketing*, Vol. 52（April 1988）：35 – 48.

③ Ibid.

个词。① 该文指出，SERVQUAL 是一种用来测度服务质量的特定技术和方法，其核心是利用来自顾客对服务的期望和感知信息来判断服务质量，它是建立在顾客感知服务质量的相关理论基础之上的。② 与此同时，PZB 团队针对 1985 年提出的 10 个服务质量因素进行修正，在对美国的电器维修业、银行业、长途电话公司、证券商以及信用卡中心五种服务业进行实证研究的基础上，精炼成五项因素，即有形性（Tangibility）、可靠性（Reliability）、反应性（Responsiveness）、保证性（Assurance）、移情性（Empathy）。

SERVQUAL 最早来自营销领域并在营利性组织中得以广泛应用，如今其应用范围远远超出了这一领域，如唐纳利（M. Donnelly）、威斯妮斯基（M. Wisniewski）、尼克（S. Nyeck）等人在银行、医疗卫生或其他非营利性组织中的应用。随着应用范围的拓展，"在教育领域，SERVQUAL 已经被修订成 Lib-QUAL，用以测定图书馆的服务质量"。③ 高等学校作为一种非营利机构，同样存在着服务质量及其评价的难题。

在 PZB 团队模型的基础上，国内外一些学者通过对 SERVQUAL 模型在高等教育领域的大范围应用，促进了该模型的深层次演变。例如，国外学者 Elizabeth Anderson（1995）、Paula（1999）、Kasturi Narasimhan（1997）等人通过修订 SERVQUAL 模型，测量得出学生对高等教育服务质量的期望和感知要受文化氛围和社会环境的影响，以及将期望和感知差距模型在提高教学质量活动中加以应用。相比国外对 SERVQUAL 模型的广泛应用，国内学者对高等教育服务质量的评价研究较少，对服务质量的评价指标也没有统一的认识。例如，我国学者王齐奉（2003）、赵国杰（2003）、马万民（2005）、顾佳峰

---

① Parasuraman A. et al. (1988), "SERVQUAL: A Multiple Item Scale for Measuring Consumer Perceptions of Service Quality," *Journal of Retailing*, 64 (1): 12–40.

② Lisa J. & Morrison C. (2004), "Measuring Service Quality A Review and Critique of Research Using SERVQUAL," *International Journal of Market Research*, 46 (4): 479–497.

③ Cook, C. & Thompson, B., "Reliability and Validity of SERVQUAL Scores Used to Evaluate Perceptions of Library Service Quality," *Journal of Academic Librarianship*, 2000, 26 (4): 248–258.

（2006）等人分别依据 SERVQUAL 评价方法，根据五个维度设计问题，编制问卷，对普通高校的本科教学和高职院校的教育服务质量进行调查研究，有利于 SERVQUAL 模型对高等教育服务质量评价模型的探索性研究。

透过国内外学者对 SERVQUAL 模型的改编与应用，我们不难发现，这些应用都是从教育服务的直接利益相关者——学生感知服务质量这个维度入手进行的。然而，我们认为，高等教育具有与其他服务产业不同的特殊性，在高等教育领域里进行服务质量的测评，必须对 PZB 的 SERVQUAL 模型进行适度的修正，根据高等教育领域内的基本要求对 SERVQUAL 的维度和指标进行转换、修改、添加或删减，同时重新对量表进行信度和效度的检验，以避免生搬硬套，简单移植，甚至难以"汉化"等问题。

二 SERVQUAL 模型应用的反思

自 20 世纪 90 年代 SERVQUAL 被引入高等教育服务质量管理中以来，相关研究取得了显著成果。

（一）PZB 的初衷再识读

现在所采用的 SERVQUAL 模型工具均经过了一定程度的修订，极少有研究者直接将之应用于高等教育服务质量的测度中。一般对 SERVQUAL 的修订包括两个方面：对维度的修订和对题项的修订。从现有研究来看，大部分沿用了 SERVQUAL 量表的五维度——有形性、可靠性、反应性、保证性和移情性，认为 SERVQUAL 五维度适合对高等教育服务质量的测度。如安德森（E. Anderson）、阿姆贝维拉（R. Arambewela）、札弗普波斯·科斯塔斯（Zafiropoulos Costas）等人的研究。相对而言，基于五维度的探索性修订居多，但修订后则没有完全相同的两个维度框架。究其原因，笔者认为，可能是研究者所关注的研究对象和所选择的样本不同。相比维度而言，研究者们对于陈述项的修订则要大胆得多，经过修订的陈述项大都多于原来的 22 个。实际上，根据不同行业的特点和要求，对 SERVQUAL 测评模型进行适切性修订，是完全符合 PZB 初衷的。

（二）真实瞬间感知的再认识

SERVQUAL 评价模型的开发者对服务行业的划分是按照服务接触层级将服务分为高接触服务、中接触服务和低接触服务。这样划分服务行业本身就有局限性，所以基于这种划分模式建立起来的 SE-RVQUAL 模型必然存在局限性。当测评者对某些专业没有深层次了解时，他就无法针对该行业的职业特点编制与之相匹配的 SERVQUAL 量表。而高等教育服务的固有特性是满足学生明确或潜在的要求，而这主要取决于学生在服务接触的"真实瞬间"对高等教育服务水平的感知。[①] 即使进行测评，也不能对量表的结果进行客观公正的解释。这样量表的信度和效度就遭到质疑，从而影响量表以及该测评方法的推广。

（三）重申准确性与推广性

SERVQUAL 评价模型是在五个维度上开展调查分析的，五个维度依次是有形性、可靠性、反应性、保证性和移情性。由于不同行业的职业特征，这五个维度的重要性必然会有所差异。在实际应用中，测评者应该根据职业特征在问卷设计上对量表问题所呈现的前后顺序和各个维度权重问题加以注意。这就可以增加 SERVQUAL 测评模型运用得准确性和推广性。

（四）尊重办学特点

SERVQUAL 评价模型是一种事前研究，即在顾客最终体验服务产品所带来的利益前就对 SERVQUAL 的问卷做出问答，然后找出期望与感知之间的差异。然而，服务产品的特点告诉我们，顾客从消费服务产品中得到的利益往往具有不可感知性，很难被察觉，也很难进行预测，只有经过一段时间后，消费服务的享用才能感觉出利益价值的存在。也就是说，顾客的期望和感知在时间上可能具有很强的间断性、不连续性，但 SERVQUAL 评价方法在实际运用中却需要时间上的连续性，以保证研究的顺利开展。虽然 SERVQUAL 评价模型可以

---

① 洪彩真：《国外高等教育服务质量 SERVQUAL 模型研究及其启示》，《比较教育研究》2007 年第 6 期。

测量出期望和感知之间的差异，从而改进服务质量，但针对其不可避免的先天缺陷，我们在实际的使用过程中要根据具体情况进行调适，而不是说这种测量方法具有万能性，在任何检测中都可以应用。虽然SERVQUAL评价模型可以被广泛应用于多个领域，但是笔者认为，PZB研究团队的这个模型毕竟是针对营利性的服务行业而提出的，对于评价普通高等学校教育质量来说，完全套用此模型必然会受到很多限制。所以高等教育研究者应该按照PZB团队的研究思路，根据高等教育的办学特点来建构普通高等学校教育质量的学生满意测评方法。

小 结

SERVQUAL是一种用来测量服务质量的特定技术和方法，建基于顾客满意理论和利益相关者理论之上，利用来自顾客（学生）对服务的期望和感知信息来判断高等教育服务质量，服务质量的好与坏是通过顾客（学生）对服务的期望与感知服务绩效之间的落差来得出的。当感知服务绩效大于服务期望时，服务质量是良好的，反之则反是。将其应用于高等教育领域，我们发现，在小范围内尤其是在一所或两所高校范围内具有很大的适用性和可行性。

SERVQUAL作为一种质量测量和质量评价模型，在应用过程当中虽然彰显了以学生主体性为目标和以过程控制为导向的优越性，但是在评价过程中必须处理好核心服务与附带服务的关系；处理好借鉴与原创的关系，以及高等教育服务质量评价的拓展探究等问题。

于是，我们认为，高等教育具有与其他服务产业不同的特殊性，在高等教育领域进行服务质量的测评，必须对PZB团队的SERVQUAL模型进行反思，主要涉及对PZB团队初衷的再识读，真实瞬间感知的再认识，重申准确性与推广性，尊重办学特点等方面。坚持以学生为主体性目标和以过程控制为导向的准则来建构SERVQUAL模型，充分尊重办学特点，以避免生搬硬套，简单移植，甚至难以"汉化"等问题。唯有真正触及这些问题，才能对我国高等教育质量测量和质量保障的持续改进提供借鉴作用。

第三编

规约和问责

第六章　制度的有效供给

伟大的范例常常被模仿，却很难被超越，因为你看得见它的产品、服务，甚至技术，但却看不清它的文化价值观。[①]

第一节　有效的制度释放：质量保障新的增长点

自教育部颁布《统筹推进世界一流大学和一流学科建设总体方案》（简称"双一流"）后，我国高教界和各大媒体围绕此问题的讨论如火如荼。"一流"意味着什么？通俗地理解，"一流"的实质是质量一流。怎样构建赋有中国特色的一流的质量保障制度？

事实上，卓越的质量源于对卓越目标的追求，改变一个人首先应该改变他的期望。改变一所学校的办学质量就要改变这个学校的办学方式，乃至学校的灵魂；改变一个教师就要改变他的价值追求。让学校更卓越，就要让学校充满追求卓越的精神，让学校变得更有朝气；换言之，就是要让教师换一种更有希望和朝气的活法，让学校换一种精神和氛围。凡此种种，无不涉及质量保障制度供给的有效性。在供给侧改革境遇下，创"双一流"大学的去"杠杆"和加"杠杆"问题被赋予新的时代意义和历史使命，由一流学科和大学背后的质量之争与质量之辨引发了大学竞争规则之变。

---

① http://news.haohaoyun.com/html/994464.html.

一 从发展、动态、竞争的视角理解"一流"

马克斯·范梅南在《生活体验研究》中说:"无论是谁,如果想了解教师、母亲、父亲或者孩子的世界,就应该倾听他们生存世界中各种事物的话语,懂得这个世界各种事物的含义。"

"一流",辞源中对其的注解是"卓越",而卓越的基本解释为:杰出;超出一般,卓越人才、卓越功勋、卓越的才能、卓越的社会活动家和高超出众的成就。一般而言,所谓世界一流大学,主要是指在世界上拥有重大科学突破和发现、文化教育实力雄厚、享有极高的世界声誉、排名在世界前列的大学。透过著名学府的发展历程,我们发现,较为公认的世界一流大学有两个共同特点:一是拥有世界一流水平的教授队伍;二是有一套支持人才培养、进行尖端科学管理质量保障的体系及政策(即所谓软环境)。

在西方,千百年来人类留下的最伟大的两大世界遗产:一个是基督教,另一个是大学。世界高等教育发展史证明,在古代、近代和现代均不乏世界一流大学。古代 11 世纪末的博洛尼亚大学、近代的巴黎大学、现代的哈佛大学等不胜枚举。对于一流的学术声誉和地位大家早已认同,这里不再赘言。

然而,尽管我们还难以简洁而准确地对"一流"作出界定,在实践中也存在诸多问题,但这并不影响"一流"的现实意义。诚然,不能将"一流"作为空洞的概念或对其加以理想化的解释,而应以更佳的等级和更优的产品质量来理解"一流"。其实,"一流"是一个发展的、动态的甚至是竞争演变的概念,不断地被赋予新的内涵和意义。实际上,"卓越"已演变成"一流"的代名词,"追求卓越、拒绝平庸、超越自我"应当成为世界一流大学及其每一个成员的人生目标。

二 各美其美,美人之美

科学无国界。在意识形态允许的范畴内,在教学和科研项目上,尽快缩短差距,吸纳不同国家和民族的文化、思维习惯、不同学术背景、国际公认的行之有效的制度供给，克难攻坚，这早已是世界一流大学的成功秘诀之一。正如费孝通先生的"文化自觉"所倡导的："各美其美，美人之美，美美与共，天下大同。"根据很多中国学者多次在国外访学的经验，美国、加拿大和日本等国家第二个成功的秘籍在于，敞开国门大量吸纳世界的优秀学者加盟他们一流的学科和课题研究，五湖四海各种肤色共处一室，今天我们每每到访比较知名的世界大学和实验室均不乏中国学者的身影，相形之下，我国聘请世界一流学者仍存在诸多障碍。我们以为，一则在于是否拥有良好的开放的机制，如学术休假、享有国际薪酬水准、医疗保险、子女就学和其他方面的保障等是否可以按国际惯例执行，这急需"高等教育法"的与时俱进，及时调整切合我国高等教育发展的时代之需；二则受制于我们的英语水平，因为一个世界一流课题组和实验室，对于项目主持人而言，英语水平要求极高，需要英语的计划和任务安排，英语的学术交流，英语的论文答辩和英语的文章与课题撰写。其实，历史上中国学者在某些领域取得过一些很好的研究成果，但苦于英语表达水平有限，而不被国际学术界认可。

三　差异对待

倘若我们正视这些年来如此之巨的莘莘学子和家长用"脚"践行背井离乡、出国读书和消费的壮举背后，就会发现其实质是教育质量的抉择，有良知的教育家和行政官员不得不反思和检讨国内教育，尤其是高等教育的问题。探索我国创"双一流"的经验，正确引导大学发展的风向标，就是回应新一轮出国潮的反思之一。

管理学认为，管理制度是为决定人们的相互关系而设定的一些制约，它构成了人们在政治、社会或经济方面发生交换的激励机制。长期以来，教育学家们主要是通过各种人力和非人力资源投入的变化来说明高校办学效益和教育质量变化的，将管理制度排除在质量的保障和提高之外，没有将管理制度作为透视校际教育质量差的重大原因。因为如果没有良好的管理制度提供一个有效的激励和约束，对教育质量提高的纯投入诠释肯定是残缺的和无说服力的。①

笔者以为,去"985""211"行政围城后,物竞天择的市场法则在高教界逐步占据主流,"差异对待"将逐步演变成为政府拨款和支持的基本原则,以质量为核心的绩效拨款机制大行其道。我们要倾国家之力,拿出国家搞经济特区的精神和胆识,大胆试、大胆闯,摸着石头过河;像中央反腐败一样拥有壮士断腕、踏石有痕的决心和毅力。我国高教界新一波"分等论级"的热潮已全面展开,但与以往不同的是,本次投票践行"实力说话"的朴素法则,此外,依据各级各类院校的现实实力和潜在实力,划分国际一流、国内一流、省内一流、市内一流,以及各种培育一流等名目繁多的制度供给会陆续粉墨登场。

四 洋为中用、师法历史

"少而精""突破国家界限为世界服务"。作为美国八所常春藤盟校之一的普林斯顿大学致力于质量而非数量的追求,营造一种平静、祥和"小而精"的学术氛围。其校训简明、大气:In the Nation's Service, In the Service of All Nations(不仅"为国家服务",而且"为世界服务")②。它杜绝浮躁,严防现时现报、急功近利、政策不连续等短期行为,在严谨、庄重和纯正的学术气氛中清高地进行最纯粹最基础的科学研究。对于资深教授潜心研究,尤其是重大的基础理论研究,放宽量化考核标准,甚至实行终身教授制,使其置身于不为五斗米折腰的境界里,耐住寂寞,孜孜以求,以获正果。

这里有一个十分有趣的案例。对于每个学科的学术水平都稳居美国前列的普林斯顿大学,出人意料的不设商学、法学和医学学院,这三个学院恰恰是美国高等教育中最具经济价值和影响力的学院,有所为有所不为的明智抉择,反倒让普林斯顿与一般的大学区别开来,办

---

① 安心:《思想和制度创新:高等教育质量保障的生长点》,《光明日报》(教育)2000年5月3日第A03版。

② http://etcweb.princeton.edu/CampusWWW/Companion/princeton_in_nations_service.html.

学者的那份清高和特立独行，以及高尚的职业操守和誓死不与势利的铜臭味画等号的傲骨十分鲜明地彰显其中，成为世界高教界之典范和楷模。

行行出状元、拒绝丢失灵魂的卓越。久负盛名的哈佛大学的质量目标是造就人类社会各个领域的领军人物。尽管一流科学是人类最好的概念，但不局限于科学领域，当属人类发展各阶层的领导精英。

哈佛大学自沿袭英德模式之始，无不饱受传统和世俗的抨击和阻挠，它不断吐故纳新、锐意进取，在培养牧师、绅士到社会各领域的精英方面交出不俗的答卷。另外，美国一流的大学历年辉煌不减的奥秘就在于防范"丢失灵魂的卓越"，将学生的就学经验、情感体验以及未来校友的忠诚作为储资的重点，倾其所能去设计一个完美的教育经验。在这个精心设计的经验中，学校不仅让学生在学术上有所得，而且让学生在情感、社会责任和生活体验上满载而归，力图使学生在他们今后的人生道路上不论境遇如何，都会对母校无限忠诚，进而忠诚于国家和民族。

普林斯顿大学坚持拥有灵魂的教育，适时预防了"丢掉灵魂的卓越"。学校有个著名的校规"荣誉规章"（Honor Code）①，被称为学术诚信的政策，所有学生都必须遵照。正是这份校方和学生对"双向责任"政策的绝对遵守，普林斯顿大学的考试多年来未设教师监考。也正因为"荣誉规章"的存在，如果一旦发现学生考试作弊，轻者记入信用记录，重者开除学籍，学生将为如何做人埋下沉重的一单。

五　解构和重构，勿忘中华牌

昔日，新经济学派对大学"委托管理"制度在理论上研究不深，设计存在缺陷，直接导致政府的有效制度供给不足，供给不到位，甚至存在负供给效应等问题。

解构"985""211"的围城，精准谋划，重构公平、透明、竞争的新平台，以及接地气的可执行机制。近日《教育部等五部委关于深

---

① http：//abroad. ieduchina. com/usa/201610/17233. html.

化高等教育领域简政放权管放结合》的文件精神，旨在打破校际校内各学科专业等量齐观，"平等"供济的惯性思维，补短板，提高供给机制的质量和效率。在实践中，部分院系可先行一步，管理重心下移，回归院系自治权，下放重点学科、重点实验室等的管理权，经费、仪器调配优先考虑一流学科和专业所需。选人用人、教授升迁、博导遴选和团队组合等努力破除团团伙伙、帮帮派派，以及师门圈系和肥水不流外人田的历史沉疴，突破狭隘的民族主义视野，以世界气魄和胸怀，海纳百川，成为国际化和全球化的大学，为国际服务，为人类服务。事实上，我们的祖辈很早就不乏世界一流的发明，四大发明便是佐证，在争创"双一流"的进程中，我们的大学需要中国特色的灵魂，正所谓"只有民族的才是世界的"，要旗帜鲜明地打出"中华牌"。

六　"双一流"的实质：拨款机制的重大变化

针对中国的现状，由国家性大学到国际性大学，更好的平台和机制当属我们建设"双一流"的"重中之重""急中之急"的首选要务，它既是我国高等教育宏观管理的最前沿课题之一，也是高教改革的标杆和风向标，更是我国高校拨款机制的重大变化，即由"人头费＋专项费"拨款机制转向以学科水平为中心（如 ESI 世界前1%学科数）的绩效拨款机制。长期以来，我国大学在"人头费＋专项费"的拨款机制下取得一定成效的同时，在某种程度上也无意间助长了大学竞相扩大规模。

制度学派的著名代表人物罗纳德·科恩曾说："离开制度的资源配置，就像没有筋脉的血液循环一样。"基于自主办学和部门利益的价值取向，高校在争取办学经费、科研项目、博士学位点、重点学科、重点研究基地、新校区建设，以及重大奖项等方面展开校际恶性竞争，公开、公平、公正、透明、高效竞争的基本规则和机制尚未形成。[1]

---

[1]　安心：《治理大学腐败将权力关进制度的笼子》，《光明日报》（高教论坛）2013年11月6日。

虽然说，"985""211"已完成了它的历史使命，各地区各类别高校不论隶属关系，均可在同一竞争平台上对决，但过往的财力、物力和人力基础依然坚实，在新一轮争创"双一流"中，"过去的历史"依然起着作用，即所谓"路径依赖"，今天乃至未来的发展有赖于过去的基础。难度较大的当推先前未入围"985""211"工程的高校，如何重新谋篇布局、后来居上、异军突起？在个别学科争创一流，寻求在世界一流大学和学科的更高层次上的平等话语权。

鉴于此，在"一带一路"和"大众创业、万众创新"的背景下，对于边远省份，如何重新考虑制定富有中国特色的穷省"双一流"效率优先的拨款机制和激励政策则显得尤为重要。与此同时，也必将成就一批著名的教育家。自古以来，伟大的教育家和大学校长都不是学校教育培养出来的，而是在教育实践中"技进于道"而形成的，我国的蔡元培、梅贻琦、张伯苓；英国的纽曼、德国的洪堡、美国的克拉克·科尔等无不是在高等教育改革大潮中成为卓越的弄潮儿的。

七　长尾理论的启示

诚然，学术研究需要一定的自由度，学术自由度越大，越容易产出学术成果，尤其是原创型的。高质量的人才需要教学与科研的互动，自觉担当起为社会服务的责任，接受优质文化的熏染。正如李克强总理所言："大家翻翻科技史，人类的重大科学发现都不是'计划'出来的！必须给科学家更多的空间，释放他们的更大的活力。"

长尾（The Long Tail）理论是网络时代兴起的一种新理论，由美国人克里斯·安德森在2004年10月的"长尾"一文中最早提出的。长尾理论认为，由于成本和效率的因素，过去人们只能关注重要的人或重要的事，如果用正态分布曲线来描绘这些人或事，人们只能关注曲线的"头部"，而将处于曲线"尾部"、需要更多的精力和成本才能关注到的大多数人或事忽略。在网络时代，由于关注的成本大大降低，人们有可能以很低的成本关注正态分布曲线的"尾部"，关注"尾部"所产生的总体效益甚至会超过"头部"。

在中外高等教育史上，尽管林林总总的高等教育管理模式层出不穷，直线式、直线职能式、矩阵式、事业部式、哑铃式等，名目繁多，但是在互联网和云平台时代，在强调网络、凸显"虚拟"的背景下依然显得力不从心。由此，一种基于长尾理论，依托网络和云平台，较为平等、民主的信息沟通，以及便利和快捷的"蜂窝式"管理方式应运而生。高教界引入长尾理论，无疑给予"空心化"或"蜂窝式"管理方式诸多佐证和启示。限于篇幅，这里不再赘述。

八 加杠杆和去杠杆

实际上，虽然学术声誉、师资队伍、校风等是许多因素长期累积的结果，但管理制度无疑在其中起着举足轻重的作用，直接影响到质量保障过程中制度变迁的路径选择。如果在制度变迁中选择了正确的路径，它的既定方向会在以后的发展中得到自我强化，从而使质量保障进入良性循环的轨道，促进教育质量的提高。反之，如果制度变迁选择了错误的路径，在路径依赖的作用下，制度变迁会走向恶性循环，最终被"锁定"在某种无效率的质量管理状态之中，这样，校际教育质量差异也就因为管理制度变迁差异而凸显出来。①

谈及制度供给，绕不开"杠杆"一词。就词性而言，杠杆有名词和动词的双重属性，在实践中有加杠杆和去杠杆之别。历史上，反映在高等教育质量保障中往往是加之易去之难，大力剪除绝非易事，完全去除则鲜见论及。查考中外高教史，不难发现，"杠杆"并非什么新鲜词汇，如对大学松绑、授权，许可自治等制度供给在多数情况下是有限的，是有附加条件的。大量中外高等教育史料表明，要有杠杆，但是杠杆要适度，规则要明确。有效的制度供给在力度和方向上时常十分"讲究"。历史上既有以荷兰的"质量换自治"之说，亦有英美日的大学许可和特许证之议，任何一个教学和科研活动完全没有杠杆几乎是不可能的。

我们以为，高等教育质量保障体系在管理上具有外溢效应，质量

---

① 安心：《思想和制度创新：高等教育质量保障的生长点》，《光明日报》（教育）2000 年 5 月 3 日第 A03 版。

保障也呈现出由碎片管理向系统的信誉管理转变的趋势。基于现实，治理大学办学质量乱象亟须加强"顶层设计"①。我们的视域更多关注中国高教领域的整体杠杆率是否适当、可控，不同类型大学的杠杆率的结构是否合理等，坦率地说，中国高教界的杠杆率是不低的，在政府的杠杆率长期居高不下的同时，社会的各种监控和问责杠杆也正日益提高，毕竟高校是以教学科研为己任的，拥有其自身的特征和规律，如果高校不能及时厘清甚至"消化"，从沉重的杠杆中解脱出来，对于争创"双一流"是没有好处的。因而，在严厉控制政府政出多门，杠杆率节节攀升的同时，努力进行质量保障在体系方面的改革，或许是控制杠杆率在适度范畴良好运行的不二选择。

第二节　大学制度伦理视角的分析

自 20 世纪 80 年代以来，随着我国改革开放和社会主义市场经济体制的逐步建立，计划经济时期的利益机制以及社会结构发生了根本性变革。高等教育领域也概莫能外。教育领域的利益结构关系日趋复杂，原来支撑教育制度的伦理价值规范受到了严峻挑战；同时，当前教育制度的不断调整也对教育质量造成一定的影响，教育制度遭遇了越来越多的道德问责和伦理困惑，如"学生可不可以跨校选课""教师应不应该实施绩效考核""学校教育质量监督应不应该引入第三方"等现实问题都强烈要求我们对市场经济背景下高等教育制度自身所蕴含的合理性或可行性予以道德审视和追问，强烈吁求教育质量保障从制度伦理角度对上述问题予以回应。

一　大学制度伦理之含义

关于制度伦理的概念，当前学术界还没有做出定性的界定，认同度比较高的一种观点是：制度伦理是制度中的伦理，指制度中所蕴含

---

① 安心：《治理大学腐败将权力关进制度的笼子》，《光明日报》（高教论坛）2013 年 11 月 6 日。

的伦理原则，即研究制度伦理就是研究制度的合法性与合理性。① 因此，我们认为，大学制度伦理作为制度伦理的一个分支领域，指涉的是大学制度本身所包含的伦理准则、道德原则和价值判断。如大学自身制度安排在办学理念、办学目标、学术定位、人才培养规格等一系列价值诉求上必须符合社会伦理道德规范，注重与经济文化发展的吻合度，与整个社会的融合度。简而言之，无论是正式的大学制度还是非正式的大学制度，其本身都内在地隐含着惩恶扬善的机制和公平、正义的评判因素。大学制度就是通过这种评判机制对高等教育的相关利益者进行约束，同时，这些利益人也对这种大学制度的合理性做出自己的价值判断与选择。

正确理解大学制度伦理的内涵，以下几点值得注意：

首先，大学制度伦理是人们对特定历史时期的大学制度所作的伦理评价和道德追问。这是由制度的时效性所决定的。在不同时期，由于整个社会运行机制、体制的不同，制度安排不断发生着变化，继而人们对其的伦理评价发生着变化。在封建社会，科举制度既使穷人通过刻苦学习走上仕途，又满足了统治阶级对优秀人才的渴望，因此，在唐宋时期兴盛一时，但随着社会的不断发展，科举制度的弊端日益暴露，考试内容僵化，科场舞弊严重，以致最终走向没落。这表明在特定历史时期，统治阶级教育制度的伦理价值取向必须得到被统治阶级的认同和拥护，否则被统治者就会通过各种方式表达不满，从而迫使统治阶级做出调整，保证各利益相关者处于一个相对平衡的状态。这一结论同样也适用于当代高等教育，高等教育作为培养优秀人才的特殊社会活动，任何教育制度安排都不能以人才的摧残和压迫为代价。因此，就大学教育制度而言，不仅在宏观层面上应接受人们的伦理价值评判，符合公共伦理精神，而且在具体的教育制度实施过程中也应彰显"以人为本"的伦理精神。

其次，大学制度伦理实质上是不同社会群体之间教育利益的冲突与协调。这是由教育利益主体需求的多样性所决定的。在高等教育领

---

① 朱平：《制度伦理视角下的高等教育制度》，学位论文，厦门大学，2007 年。

域，由于教育资源的有限性不能有效满足教育利益主体的多样化需求，不同利益主体之间存在复杂的教育利益冲突，大学制度的伦理性在一定程度上牵制了教育利益主体的行为。正如宋林飞教授所言："在公众教育问题中，最根本的问题并不是在政府身上，而是在一定社会经济条件下的各种利益集团的利益冲突以及它们之间力量平衡的状态，而制度和政策，只不过是这种利益平衡的一个产物。"[1] 高校与政府、高校与高校、教师与学生、高校管理者与学生及教师等教育利益主体在学术与行政、教与学、科研与服务等方面的利益冲突是教育制度伦理问题凸显的前兆，而如何协调和平衡各利益主体之间的矛盾则是高等教育制度伦理的核心问题。

最后，符合伦理要求的大学制度应该是既有利于满足个体的教育利益需求，也有利于实现国家和社会整体的教育利益需求。[2] 这是由高等教育的基本功能所决定的，无论是高等教育的人才培养功能还是科研功能，其最终落脚点仍是服务社会。高等教育的本质是育人。通过提供符合学生身心健康发展的知识和技能，促使其全面、自由的发展。鉴于学生并不是自我封闭的"个体"，总是处于复杂的社会关系网中，在自身发展的同时也推动着社会的发展，这使得受教育者的个体职能与社会职能达成一致。如果只强调一方而忽视另一方则是不合常理或是不合道德准则的。因此，合乎道德伦理的大学制度不但要满足教育个体的需要，也要满足整个社会的利益需求。

二　质量保障制度的伦理向度

当下关于高等教育质量保证的研究有很多，如质量绩效论、全面质量保证论、第三方评估论等，这些观点的提出虽然源自不同的理论视角，但各有其内在的逻辑与合理性。然而，当我们深入研究国内外一流大学的发展历程，仔细考量高校教育系统内部运行的规律性与特殊性之后，我们发现，大学的注意力根本不在制度伦理方面，抑或难

[1]　宋林飞：《西方社会学理论》，南京大学出版社1997年版，第335页。
[2]　刘世清：《教育政策伦理》，上海教育出版社2010年版，第43页。

以直面制度伦理。因为不管是实施绩效制还是建立全面质量保证、强化第三方评估，都是在一定的制度安排下进行的，而这些制度安排虽然是由国家或大学做出的，但归根结底还是由人制定并实施的，这就决定了保障高等教育质量势必存在其制度伦理性。

（一）制度伦理的价值性——提高教育质量的源泉

虽然"大学自治"和"学术自由"原则提供了办学者依据自己的教育理念来管理大学的义务和权力，但其自由度是有限的，即仍然必须在"保证质量"和"合目的与合规律"等原则，以及符合大学竞争的伦理和道德下展开。现实中，校长的行政权力和学术权力的边界难以厘清，管理阶层无异于政府官界，导致从民国时期的"厚黑学"到当代的"潜规则"盛行；从博士和教授由昔日以"学问"为己任，转而争相为"官"的现象不难看出，"官"在当今高等学府的时代价值和韵味。公共权力私有化现象较为普遍，审批式腐败和买官卖爵腐败屡禁不止，不为五斗米折腰的士大夫或成为大学的另类或被边缘化。许多大学内部治理规约和章程仍未从"墙上挂挂"的怪圈走入管理实践。①

高等教育质量保证体系是为了提高高等教育效率，为社会培养合格人才，以便更好地为国家和社会服务而构建起来的一个完备系统，这是一个庞大的系统，它可容纳一切有利于提高高等教育质量的制度安排。大学制度伦理之所以可以推动高等教育质量保障体系的建立，促成教育质量的可持续提高，主要是因为制度伦理所具有的独特价值。一方面，大学制度伦理是对大学运行之中的各种制度的合理性、公平性的价值判断，这就要求大学在提高教学科研和社会服务，在处理政府与大学、大学与社会以及大学内部各利益关系时必须遵循一定的道德准则，注重其在教育管理中的道德意识、道德情感、道德信念、道德良心等。另一方面，从大学制度伦理的内涵来看，除了大学制度的刚性规范之外，大学制度的伦理性也对构建大学质量保证体系

---

① 安心：《治理大学腐败将权力关进制度的笼子》，《光明日报》（高教论坛）2013 年 11 月 6 日。

具有隐性的规范性和约束力。我们认为，构建完善的高等教育质量保障体系至少需要对大学提出两点要求：第一，要求大学在制度安排上给予支持并遵循一定的伦理准则，也就是说，大学制度伦理要求大学以"应当"的方式进行各项教育活动，使大学的自身行为实现从"实然"向"应然"转变。① 即当大学接受了特定的制度伦理规范并内化为一种约束力后，就会自然而然地从这种伦理规约出发，以批判的观点看待现实，在教育活动中追求"应当"的行为，从而支持并推动大学不断提高教育质量。第二，要求大学正确处理各种利益关系，即大学应立足于现实，合理定位，正确理解大学对其相关利益者的责任与态度。因为正确理解这些问题将直接为保障高等教育质量服务。此外，大学制度伦理所具有的正确处理各种利益关系的伦理品质也将使大学的社会影响力不断提高，使大学与学生、教职工、同行高校、银行等内外合作机构生成和谐融洽的关系，这种和谐融洽的关系为高等教育质量保障营造了良好的氛围。

（二）制度伦理创新——质量保障的突破口之一

单从"质量"一词看，无论是商业领域的产品质量还是其他领域的隐性质量，只要有提高质量的活动，就应有一定的伦理道德对其主体行为做出约束，高等教育也不例外。那么，大学制度伦理为何能推进高等教育质量保障体系的构建呢？其实，教育质量作为一种蕴含于大学内质之中的隐性物，涵盖了高等教育的方方面面。同时大学制度的伦理品质也涵盖了大学教育的方方面面，并为大学教育质量的提高提供伦理支持，这主要体现在制度伦理创新方面。

首先，大学制度伦理是高等教育质量保障制度创新的价值导向。就大学制度伦理的现实目标而言，它可以促进高等教育质量保障在制度安排上更加公正化与合理化。这主要表现在两个方面：一方面，要建立公正与合理的高等教育质量保障制度，就必须打破原有的不公正、不合理的制度安排。如在市场经济条件下我国高等教育质量保障制度的现实目标就是要打破建立在计划经济基础上的政府主导的单一

---

① 戴木才：《管理的伦理法则》，江西人民出版社 2001 年版，第 48 页。

评价制度，建立平等合理的多方评价制度。另一方面，还需要在扬弃传统高等教育质量保障制度中诟病的同时汲取高等教育发展史上制度伦理的合理内核和思想，"取其精华，去其糟粕"。

其次，大学制度伦理为高等教育质量保障制度创新提供了主观条件。具体地说，大学制度伦理的评价标准、评价方式的丰富为教育质量评价的完善和创新提供了主体性因素。在高等教育的发展过程中，质量保障制度的创新是各种教育保障措施共同作用的结果，大学教育资源的有限性与人们对大学教育需求的无限性的矛盾运动构成了大学制度创新的根本动力，也促进了高等教育质量保障制度的发展，这是高等教育质量保障制度创新的客观条件。而随着高等教育规模的不断扩大，人们主体性意识的加强，人们的主体价值意识也越来越多地对高等教育质量保障制度的确立产生影响，这种对高等教育质量保障制度"应然"的评价随着人们伦理意识的觉醒而不断付诸实践。也正是这种伦理意识使人们对各项教育保障制度做出道德与否、好坏与否、合理与否的主观评价，从而促使整个高等教育质量保障体系的不断发展与创新。

最后，大学制度伦理的发展过程就是高等教育质量保障制度创新的过程。大学制度伦理由大学创立最初的等级伦理、宗法伦理形式不断走向契约伦理、平等伦理等形式，这正是人们自身不断适应、不断选择的结果。在质量保障制度中，对保障制度的选择以及再选择，实际上就是实现了对原有质量保障制度的变革或创新。例如，在质量保障主体中我们选择了政府、半官方和民间组织三方质量保障模式，就是对原来政府单边保障模式的创新。笔者认为，随着大学制度伦理建设的不断深入，人们对质量保障制度的选择必定会更加合理和公正，从而提高高等教育的质量，为教育质量保障体系的建立创造更好的制度环境。

实践证明，重视制度伦理的大学必然重视其利益主体的价值需求，重视社会公共道德及社会准则的践行，这将使大学在内部形成强大凝聚力的同时在外部获得良好的社会声誉和人民群众的广泛支持，进而从内外两个方面促成高等教育质量的可持续发展。因此，大学的制度伦理是高等教育质量保障的一个重要维度。

三 内部质量保障制度之伦理行为

制度伦理属于大学文化范畴，其价值的有无以及大小是难以确定和测量的，所以长期以来许多人认为制度伦理是一种虚幻、空洞的东西。实际上，作为大学管理者，他们也很难用一组非量化的标准来评价大学的道德状况。但事实上大学的制度伦理就蕴含在大学具体的教学、科研与社会服务活动之中，它是大学提高教育质量并在高等教育市场进行竞争的道德准则。弗里曼（Freeman R. Edward）提出的利益相关者管理理论认为，任何一个企业或机构的发展都离不开利益相关者的投入或参与，其追求的是利益相关者的整体利益，而不仅仅是某些主体的利益。因此，在高等教育质量保障过程中，大学制度的伦理性要求大学必须尊重和维护教育活动中利益相关者的利益需求，与利益相关者和谐交往、共同发展。在此，这种和谐度是可以描述的客观状态。所以，从利益相关者理论出发，我们认为，高校作为高等教育的核心利益者，可以从学生的认同度、教职工的忠诚度、融资信度、联盟的稳定性、竞争的合理性、社会融合度和社会美誉度七个方面来考量大学的教育质量。

（一）学生的认同度

学生的认同度主要是指学生对国家教育政策以及大学内部各项政策和各项教育活动的支持度以及对这些政策和教育活动实施过程的规范性的价值判断。学生是大学教育的最终"产品"，也是大学教育的直接受益者，大学所进行的一切活动都是以"学生"为中心的。因此，学生对大学政策实施、大学制度安排以及大学定位乃至大学未来的发展最具发言权。充分听取学生的意见和建议，并以此作为大学制度安排的依据不仅可以体现学生的主人翁地位，而且是推进大学制度创新，进而保障教育质量的有效途径。

（二）教职工的忠诚度

教职工的忠诚度是指广大教职工对大学工作所表现出来的行为指向和心理归属。简而言之，就是大学教师、管理人员以及后勤保障人员对其服务岗位尽心竭力的奉献程度。教职工的忠诚度首先表现为行为的忠诚，其次是态度的忠诚。行为的忠诚可通过制度的约束来实现，但态度的忠诚却是很难控制的。其中制度是否合乎道德规范，是否彰显人文关怀是广大教职工态度忠诚的前提条件。只有当行为上的忠诚和态度上的忠诚高度统一时，才能充分发挥教职工的工作潜力。这就需要大学做出合理的制度安排，因为合理的制度安排可以提高教职工的工作业绩，维系广大教职工与大学组织之间的稳定性，增强大学的核心竞争力，从而也减少了高校组织中的人员置换成本。因此，只有大学在制度安排上注重"以人为本"，营造一种尊重知识，尊重人才，切实关注广大教职工利益需求的伦理氛围，才能真正使教职工"为校所用，为校奉献"。

（三）融资信度

所谓融资信度是指大学融资主体对大学能否如期偿还债务和其信用程度的总体评价。高校融资问题与高校教育质量密切相关，因为资金直接决定了高校的办学条件水平和档次，影响教学和学术研究，进而影响人才培养的质量。我国大学的融资主体主要是国家、学生及家长、社会捐赠者、校企、银行。一般而言，除校办企业之外，其他融资主体在融资过程中都会对大学进行信用评价。其中，大学管理品质是大学融资信度中最为重要的内容。考察大学管理品质可依据以下几个方面:[1] 首先，是否具有道德理性，即大学所需投资在使用方面，是真正用于大学发展还是被挥霍浪费用于"面子工程"；其次，是否具有管理理性，即融资主体对大学的融资是否有相应的人力资源、技术资源、研发能力做支撑；最后，是否具有文化理性，即融资项目的实施要与高校自身所凝练、沉淀的文化内涵相适应。

（四）竞争的合理性

竞争的合理性是指大学组织之间的竞争不仅要在国家规章制度的规范下进行，而且要受到道德伦理的约束。大学组织之间的竞争是提高大学综合实力的主要手段。通过合理竞争，大学可以有效改

---

① 伊晓敏:《大学核心竞争力与大学伦理品质》,《江苏高教》2008 年第 6 期。

变传统管理模式，使大学自主权不断扩大，大学投资渠道多元化，进而加快大学教育资源的增长。然而，尽管大学竞争在实践上取得些许成果，但由于当前我国市场竞争机制尚不健全，我国大学竞争仍存在许多问题。单从道德层面看，主要体现在两个方面：第一，大学竞争缺乏道德诚信。这集中表现为高校发展中的盲目升格和人才队伍建设中的挖人墙脚；各个大学盲目追逐学校的升格或增点（博士点、硕士点、重点学科点等）；在物质资源和人力资源的竞争中，不少大学使出浑身解数，争先恐后，疯狂"公关"。第二，部分大学在优胜劣汰的风口浪尖上已失去社会道德的底线，学术造假、学风浮躁、领导腐败等不良现象"蔚然成风"，大学严重缺失儒雅、纯洁、高尚、神圣的文化特质。从某种意义上讲，这些都是因大学伦理的缺失所导致的竞争不合理。因此，必须规范大学竞争机制，提倡大学理性竞争，并把大学之间竞争的合理与否作为衡量高等教育质量的维度之一。

（五）联盟的稳定性

联盟的稳定性是指大学之间为了共同的利益而形成的长期、持久的合作关系。大学之间联盟的目的首先在于抵御其他竞争对手，释放竞争压力；其次是大学在合作中提升自身的核心竞争力，进而提高大学整体水平。衡量大学联盟是否稳定，除了以合约的遵守为依据外，还要看其是否有以下道德理念：[①] 一是联盟之间的协作理念。协作意味着为了联盟各方参与的共同利益，实现大学联盟的目标。二是联盟之间的信任理念。大学联盟建立的信任能够减少机会主义行为、促进争端的解决，使大学联盟内部实现最大程度的合作。

（六）社会融合度

社会融合度主要是指大学参与社会实践，履行社会责任的状况，以及大学与社会各个行业的关系融洽程度。大学的社会融合度在很大程度上彰显了大学的制度伦理。与社会融合度高的大学往往能够充分

---

① 林忠礼：《稳定的联盟需要持续的联盟关系管理》，http://www.cnki.com.cn/Article/CJFDTotal-CMEI200710022.htm/2012－03－21。

认识社会与大学的密切关系，并通过合理的制度安排积极营造良好的文化氛围、科研氛围。此外，大学制度伦理的规约性要求大学走出"象牙塔"，勇于担当为祖国、为社会、为人民服务的重任。因为高等教育资源作为国家战略性资源，它关系到一个国家或地区的生死存亡，关系到国家根本竞争力、国家安全、国家战略目标的实现，关系到一个国家和地区的社会地位。

（七）社会美誉度

社会美誉度是指社会成员对大学的评价，反映了大学在社会中的形象和地位。社会美誉度集中体现为社会成员对大学的认可度。[①] 社会美誉是长期积淀下来的，是以合理的制度安排、优质的教育质量和良好的育人环境为支撑的。社会美誉度一般可通过以下标准来衡量：一是大学培养人才的质量。大学所培养的人才往往是大学最好的"名片"。大学能否以教育质量为中心培养出"专业水平过强、职业素质过高、道德水准过硬"的大学生直接影响着大学的社会地位和形象。二是良好的学术声誉。大学学术声誉主要体现在它的科研能力上，这就要求大学合理进行制度安排，既要杜绝学术造假、学术失范的行为；又要提高大学研究人员的职业道德，还要具有大学的社会责任感。后者是大学享有良好声誉的前提。

小　结

伴随着教育利益结构的日趋复杂，加之当前教育制度调整对教育质量的影响，教育制度遭遇了越来越多的道德问责和伦理困惑，这使得高等教育质量保障制度也难逃道德与伦理的双重考量。因此，从制度伦理层面看，我们认为，目前可以从学生的认同度、教职工的忠诚度、融资信度、竞争的合理性、联盟的稳定性、社会融合度以及社会美誉度七个方面来构建高等教育质量保障的伦理框架。

---

① 安心：《大学竞争论》，甘肃人民出版社 2003 年版，第 164 页。

第七章　大学产权规约和章程自律

　　高等教育是一个复杂的关系系统。克拉克指出："现代大学本身是一个相对开放的系统，当各种非大学部门和专科学校发展起来时，开放的范围大大扩大了，各种界限实际上变得不可能确定。现代高等教育已经变成一个几乎是无限制的系统。"① 在大众化时期，高等教育利益相关者价值诉求呈多元化、多变性的态势。在这个开放和几乎无限制的系统中，存在一个基本矛盾——高等教育质量难以满足利益相关者的价值吁求。于是，我们不得不从高等教育内部寻找解决之道。19 世纪以后，随着大学国家主义新时代的来临，大学大多成为体现国家信托责任的机构。从产权理论的视角看，高等教育质量也随之成为国家的一种信托责任。所谓信托责任，一般是指受托人对转移资产且不参与管理的人所承担的责任。国家对于高等教育质量的信托责任主要表现在国家对高等教育质量相关规定性的满足上，即保障这些规定性是合格的、有质量的。质量以单一的知识和学术性为标准，这种观点集中体现在纽曼、洪堡和弗莱克斯纳等人对大学教育的主张中。通过国家的承认向社会和用人市场发布它们是有质量保障的或符合社会和市场要求的。由此，国家借助于对学历和学位的严格控制来直接达到保障高等教育质量的目的。

第一节　产权与产权规约

　　如何明晰大学产权进而使大学教育产权落到实处一直是困扰当代

① 伯顿·克拉克：《高等教育新论——多学科的研究》，王承旭等译，浙江教育出版社 1998 年版，第 124 页。

教育经济学家的一道难题。然而，要对这一问题有所突破，我们必须明确什么是大学教育产权？大学教育产权效用何在？

一　产权的界定

"产权"一词最早出现在政治经济领域，由于产权的复杂性和模糊性，当前学术界对产权概念的界定仍未达成共识。马克思运用阶级分析方法，以阶级人的人性判断为前提假设，认为产权本质上是一种法权关系，是所有制关系的法律体现。科斯（Ronald Coase）从社会成本理论出发，认为产权是一种所有权，是降低各利益主体交易费用的制度安排。德姆塞茨（Harold Demsetz）从所有制理论出发，认为产权包括一个人或其他人所拥有的受益或受损的权利，产权是一种社会工具，能帮助其主体形成交易时的合理预期。[1] 阿尔钦则认为，产权就是社会强制实施选择某一经济商品使用的权利。[2]《牛津法律大辞典》将产权解释为财产所有权，即存在于任何客体之中或之上的完全权利，它包括占有权、使用权、出借权、转让权、用尽权、消费权以及其他与财产有关的权利。[3] 综上所述，我们发现，人们对产权概念的界定主要以所有权为基准，分为以下三种情况。

（一）认为产权从属于广义所有权

对于所有权的理解有广义和狭义之分，广义所有权也称"完全所有权"，是法律赋予所有者圆满实现财产利益的一种法权，它不仅包括财产的隶属权，还包括财产使用、转让、受益等方面的连带权利。狭义所有权指法律上规定的财产的归属关系，即对财产的排他性占有权。我国多数经济学家都认为，产权从属于广义的所有权，是广义所有权体系中隶属权之外的权利，如经营管理权、使用权、代理权、转让权、受益权等。

---

[1] 德姆塞茨：《关于产权的理论》，《财产权利与制度变迁》，上海三联书店 1994 年版，第 18 页。

[2] A. A. 阿尔钦：《产权：一个经典注释》，《财产权利与制度变迁》，上海三联书店 1994 年版，第 166 页。

[3]《牛津法律大辞典》，光明日报出版社 1998 年版，第 726 页。

（二）认为产权等同于广义所有权

持"产权等同于广义所有权"观点的人主要受到马克思产权理论的影响。马克思的产权理论认为，产权首先是指所有权；其次是指隶属于上层建筑法权性质的权利；再次是指排他性的可交易的资本属性的权利；最后是指动态生产关系再生产过程中存在的权利以及一系列关于资产权利在内的权利束。① 尽管在这一理论支撑下存在不同的改革价值取向，也存在对产权概括和分类的不同理解，但这是迄今为止我国学术界比较盛行的产权观点，且有其共同之处，即从根本上把产权看作有关财产的权利，进而将其归结为所有权，并以广义所有权来解释产权。

（三）认为产权涵盖广义所有权

这种观点认为，对产权的理解不应局限于广义所有权而应涵盖广义所有权，产权是更为广泛的各类权利的总和，不仅包括对财产的占有权、使用权、收益权，还包括整个物权、人权、劳动力所有权、行政权以及各类法权，而且产权是人与人之间的一种关系，只要人与人之间进行交易活动，存在利益关系的产权就会存在。因此，产权所涵盖的范围远远大于广义所有权的范围。

通过对上述产权概念的分析比较，我们认为，产权主要有以下几个特征：首先，产权是一种上层建筑，是为维护社会稳定而强制实施的社会权利。强制实施是产权的主要特征，从德姆塞茨对产权的定义中可以看出，产权是各方产权主体利益博弈的结果，因此，要使各方产权主体落实产权就必须有法律的强制和约束。其次，产权具有排他性。从产权产生的根源来看，产权是在资源的稀缺性以及人们不停地追求稀缺资源的特殊情况下应运而生的，这就使得产权在产生之时就明确了人类在各种复杂的社会关系中什么可为或什么不可为，继而界定了人们如何在产权关系中受益或受损。最后，产权是多方平等交易的结果。交易是人与人之间的交互行动，产权属于人与人之间的关系范畴，所以产权实质上是以交易为基本运作方式的人类交互活动，并

---

① 刘伟、李凤圣：《产权通论》，北京出版社 1998 年版，第 8—9 页。

且在此项活动中产权主体始终以自身利益为出发点，本着互利共赢的态度进行交易。因此，从某种意义上讲，产权理论就是平等的权利主体之间的交易活动。

综上所述，在高等教育领域对大学产权的界定需要注意以下两个方面：一方面，大学产权不是单一产权的形式，而是一个复杂的产权结构。这种复杂的产权结构主要体现在它是由不同产权主体、不同产权权能构成的，并以一定的方式联系在一起的"产权媾和体"。这是因为作为提供教育服务的大学组织，是由自然人构造而成的团体，各个团体所行使的权利和所承担的义务各不相同，从而使大学教育产权具有复杂的内部结构。另一方面，大学产权的实现过程往往伴随着大学教育产权的分解和重组，这种分解或重组就是通过各种教育产权的交易来完成的。也就是说，在大学产权实现的过程中，大学的所有权、经营权、收益权并不是掌握在某一个产权主体手中的，而是在不同的产权主体之间流动的。因此，我们认为，大学产权就是与大学相关的教育产权，是大学或大学作为主体而形成的庞大的财产权利体系，它不仅包括归属权还包括对大学财产的转让权、经营权、收益权以及与大学财产相关的一切财产权利。

二 产权规约

产权规约是对产权主体在行使产权的经济活动中所施加的一种强制手段。它是产权得以落实的前提，要了解产权规约，我们必须明确区分产权规约与无效产权。

（一）无效产权

所谓无效产权就是在产权界定中没能采取有效手段将交易费用降到应有的限度，甚至导致交易费用的上涨。一般认为，无效产权的产生有四方面的原因：第一，产权界定不全面。在产权的界定中，有形资产如土地、房屋、机器等是显性的，很容易界定，而一些无形资产如企业文化、知识、劳务所具有的模糊性导致很难明确权利的归属，从而产生非排他性产权。第二，产权归属不明晰。产权的明晰意味着产权主体对其财产具有绝对的控制权，当然，在某些情况下，这种绝对控制权很难实现，如在过渡经济条件下的非完全市场。由于人与人之间包括财产所有者与经营者之间、国家与民众之间权利和责任的划分不明确，利益分配方式的不确定，往往在产权主体的界定中出现"灰色区间"，导致产权模糊。第三，产权结构不合理。产权结构是指某一企业或机构权益资本的构成情况，产权结构的不合理主要表现为权利和责任的划分不合理，从而导致排他性的财产权利不能在个人或集体之间合理分配，引起交易费用的上涨。第四，产权界定失效。在产权的初始界定中，当权阶级为了使其利益最大化，将其他阶层分为不同的团体，并为各个团体进行产权设计，即产权的产生始终是为当权阶级或其代理机构——国家服务的。因此，当权阶级往往不是从市场竞争的角度来界定产权，而是把一些关系到国家稳定，更确切地说是关系到本阶级利益的重要领域划归国家经营，而把对其统治地位无影响或影响不大的部门交给其他团体来经营。其实，国家经营就是一种垄断，而这种垄断所导致的低效率是由产权最初界定的无效性所引起的。

（二）产权规约与无效产权的关系

产权规约与无效产权有着内在的、本质的联系。从本质上看，产权规约就是产权的强制性，产权自身的复杂性要求我们对产权主体进行强制规范和约束，以降低维护成本，保证产权得以落实。简而言之，产权规约的根源是产权界定的失效即无效产权。无效产权会导致以下不良后果：

第一，影响社会和谐。我们知道，产权是围绕物质的稀缺性所形成的人与人之间的利益关系，这种关系如果不明晰，得不到人们的尊重，就会引起产权主体的斗争。从某种意义上说，这应该归罪于产权界定的不到位，带来了无法估量的恶果，严重威胁社会稳定和世界和平。

第二，提升交易费用。交易费用是产权交易所花费的全部时间和货币成本的总称，它包含信息传播、谈判、协商、签约、合同执行及监督等所有活动的成本。如果体制不健全、产权运行机制不顺畅就很容易导致交易费用的大幅增长。比如，大学的负债经营问题，北京大学完成的《高等院校负债问题的专题研究》报告称，截至2005年底，中央所属的76所高校贷款总额已高达336亿元，校均贷款额4.4亿元，平均年增幅达到76%，部分高校甚至只能偿还利息而无力偿还本金，除了我国信贷体系不健全外，所有权模糊所造成的产权交易费用上涨是直接原因。①

第三，降低社会机制的运行效率。一个国家或组织运行效率低下的主要原因是交易成本过高。在我国，过高的交易成本主要是依靠劳动者的勤劳来对冲的。但是，无效产权的存在也为某些违法犯罪（如贪污腐败、行贿受贿等）的产生提供了肆意滋生的土壤，进而影响社会运行机制效率的提高。

因此，在这种情况下产权规约显得尤为重要。我们认为，在产权研究中必须强调产权的规约性，只有以强硬的、刚性的法律制度保证产权的健康运行，才能最大限度地界定产权，降低交易成本，减少无效产权的产生。

三　产权规约的功效

通过法律的硬约束来保证产权的落实是社会经济发展的外在必然，同时也是产权制度不断完善的内在要求。在社会经济转型时期，探讨产权规约，强化产权意识的意义重大。

（一）产权规约保障了外部效能的内化

外部效能是指个人或某一团体在进行某种活动时所产生的对其他人或团体的影响，如果这种影响对其他人或团体是有利的，就称之为正外部效能；反之，则称之为负外部效能。如高校的建立可以带动周边地区经济的发展，为商家提供稳定的客户资源；但是也相应地增加了管理的难度。所以，为了最大限度地避免负外部效能的产生，我们需要将外部效能内化，并计入成本和收益之中，当然，这会影响以此来获利的商家的利润，招致他们的不满和反对，所以产权规约的介入恰逢其时，以此强制性"硬"手段才能将外部效能转化为产权主体

---

① http://finance. sina. com. cn/roll/20080120/18041946116. shtml/2012－07－16.

的内部收益。

（二）产权规约可以优化资源配置

正如德姆塞茨所言，产权是一种社会工具，能帮助其主体形成交易的合理预期。这种合理预期通过资源的不断优化和配置来实现。产权规约之所以能优化资源配置，主要是因为产权的独特性——排他性、可让渡性、收益性。排他性肯定了产权主体对其财产的使用权，可让渡性使产权可以不断分解和重组，而收益性是所有权在经济上的实现形式。这三个特性促使财产所有者不断优化资源的配置，实现利益最大化。

要实现资源的优化配置就必须对产权进行界定，只有明确的产权界定才能保证后续的产权交易正常进行，继而实现资源配置的最优化。产权界定、产权交易是实现资源配置必不可少的环节。产权规约是规范产权界定，使产权交易达到产权主体利益最大化的保证。所以没有产权规约，产权就难以界定，产权交易也就无法正常进行，资源也就得不到优化配置。

（三）产权规约减少了产权运行中的不确定性

诺斯（Douglass C. North）在其《制度变迁与经济绩效》一书中谈道："制度通过向人们提供一个日常生活的结构来减少不确定性。用经济学的行话来说，制度确定和限制了人们选择的集合。"[①] 在此，制度就是产权制度或产权规约。

产权规约减少产权运行的不确定性主要表现在两方面：一方面，对于那些新产生的或早已存在但人们还没有发现的具有一定使用价值的物质，在人们刚发现的时候这些物质是没有主人的，不归任何人所有，谁都可以占有和使用，这种情况下很容易出现不合理使用的现象。如对于矿物质的开采，起初由于矿物质丰富，私人矿主可以自由开采，但由于矿物质的不可再生性，随着不断开采，储藏量不断减少甚至枯竭，因此，国家必须规划其产权，进行规约，确定矿物质的占有权。另一方面，有些产权虽已确定，但由于各个

---

① 诺斯：《制度变迁与经济绩效》，上海三联书店 1994 年版，第 4 页。

产权主体之间的债权关系不明确，往往出现混乱状态。因此，必须对产权进行规约，通过对不同产权主体债权关系的规范，使产权更加明确。

四 高教质量托管及其缺陷

"质量托管"一词常见于商业活动，如酒店服务质量托管、房产托管等。实际上，在教育领域也存在着教育质量的托管关系。如华东师范大学王广胜的硕士论文《教育中介机构托管公立学校的实施研究》（2010），李彦荣的《政府职能转型过程中教育委托管理中介机构的发展——基于浦东的实践与思考》（2009），钱澜的《托管共同体：让城乡学校共同提升》（2009）。虽然这些大多以初、中等教育或独立院校的质量托管的研究为核心，但我们认为，在高等教育管理中探讨质量托管关系也是非常必要的。

高等教育质量托管是规范教育产权交易的一种形式，它将高等教育的所有权与经营权相分离，即担当经营管理的一方接受教育财产所有者（国家）的委托，在一定时期内对其教育财产进行自主经营管理，在保证财产所有者财产保值增值的前提下，根据托管契约和考核指标的完成情况使双方均获得回报。从本质上看，高等教育质量托管制度是产权规约的一种表现形式，它通过合同的形式明确规定了教育财产的所有权、经营权以及收益权。

（一）高教质量托管的四种关系

从行业门类看，不同部门的质量托管关系是不一样的。在高等教育领域，质量托管关系主要包括四个方面。

1. 个人与政府之间的质量托管关系

在个人与政府的质量托管关系中，个人是委托人，而政府是代理人。无论在哪个国家，政府始终掌握着大量的资源，这些资源都是政府和公众共有的。因此，个人把自己的受教育权委托给政府来经营。在这种托管关系中，个人既是初始委托人也是最终的受益人，政府只是提供公众所需教育服务的中间代理人。制度经济学家认为，一种完备的产权制度必须包括四大要素即使用权、收益权、决议权以及让渡权。对于政府而言，政府所拥有的公共权力就是一种"准产权"，政府对公共权力的占有具有排他性，这使得政府不仅具有公共资产的使用权和收益权，而且需分担部分成本。然而，政府并未获得公共资产的全部收益权，它必须让渡部分收益权给其委托人：对于公众或个人而言，公众或个人也要分担部分成本，如在高等教育领域，受教育者将自己的受教育权委托于政府，政府按照个人及社会的需求举办教育，最终政府通过人才培养促进社会的发展，同时个人也通过接受教育以促进自身的发展。

2. 高校管理者与政府之间的质量托管关系

政府虽然拥有对公办高校的所有权、具有委托人的基本条件，但政府作为高等教育服务的提供者，其本身并不具备经营管理高等教育的能力，而是通过专门的专家学者来间接地管理高校，服务大众，因此，政府与高校管理者之间往往存在着质量托管关系。首先，政府代表公众对当前的高等教育进行总体规划。其次，由政府委托高校管理者在其规划范围内为受教育者提供教育服务。最后，根据高校运营的水平是否达到政府规定的指标来衡量教育服务质量的高低。在这种关系中，政府可以委托专门的教育评价机构对高校教育质量进行评价，但在这层托管关系中，政府仍是最初的中介机构，而高校管理者是沟通政府与教育服务的中间代理人。

3. 高校与教师之间的质量托管关系

在这一托管关系中，教师是代理人，是行为的执行者，而高校是委托人，是行为的监督者。高校与教师之间的质量托管关系主要是因为双方掌握信息的不对称所造成的。在高校内部，教师是经过专门的职业训练的，拥有丰富的教学经验和科研能力，熟练掌握与学生的沟通技巧，了解如何提高教学质量和科研水平。而作为委托人的高校所掌握的信息较少，只能将教育服务活动交由专业教师代理。正是因为信息的不对称，教师与高校之间形成了一种不完全质量托管关系。也就是说，虽然高校制定了大量的标准来衡量或监督代理人的行为是否符合要求，但是由于教师劳动的隐性与滞后性，我们难以用量化的指标来考核其教育质量的高低。

4. 学生与高校教育服务者之间的质量托管关系

在这种托管关系中，学生是委托人，高校管理者、教师等从事教育服务者是代理人。学生作为高等教育的消费者将个人的受教育权委托于高校管理者和教师。管理者负责组织教育活动，保证各项教育活动的正常运行；教师利用自身掌握的教学和科研经验按照国家或高校要求的规格进行人才培养。这是高等教育质量托管的最后一个环节，学生与高校管理者以及教师之间形成"最终委托人"与"最终代理人"的关系。

（二）高教质量托管的缺陷

虽然质量托管为产权主体从其资产中获益提供了一种有效手段，是产权交易与落实的保证。然而，由于高等教育领域中质量托管关系的复杂性，高教质量托管并不是无懈可击的，它本身也存在许多缺陷。经分析，我们发现，高等教育质量托管主要存在以下缺陷。

1. 质量托管主体混乱

高教质量托管主体混乱表现在如下三个方面：

（1）托管关系中存在双主体。质量托管是一种环环相扣的层级式财产管理形式。在高教界，国家、高校、教师、学生之间的层级托管表现为某一主体在上一层托管关系中以委托人的身份出现，而在下一层托管关系中就变成了代理人，换句话说，除最初委托人和最终代理人之外，在实现财产保值增值的过程中，其他托管主体拥有委托人和代理人的双重身份即双主体。这种双主体本身就使托管主体在职责分配上难以保证公平、公正。

（2）托管双方契约形式不明确。当前质量托管中主要存在四种契约关系即正式契约、社会契约、关系契约和心理契约。正式契约是一种强制性契约形式，一般受法律认可和保护；社会契约是以人的社会道德责任为基础形成的托管关系；关系契约是一种隐性契约，是契约双方基于重复博弈的未来关系价值、自我执行的非正式契约形式；①

---

① Gibbons, R., "Incentives between Firms (and within)," *Management Science*, 2005 (1): 2 – 17.

心理契约是一种无形契约，是个人奉献与组织欲望之间的一种配合。[①]
在高教领域，公民作为"最初委托人"将个人受教育权交与国家代
为实施，在公民与国家的这种托管关系中，双方并没有签订正式的契
约，双方只是在相互期望、相互理解或不断博弈的基础上建立起心理
契约或关系契约。这种契约既有对双方责任与义务的主观理解，也有
双方权利的重复博弈，但没有明确的、法律认可的规定，而委托—代
理双方在主观理解上往往会出现偏差，因此，在表面上，公民是委托
人，拥有委托权，实则很难达到托管的效果。

（3）产权界定不明晰。就本质而言，高教质量托管主体混乱的根
源在于其教育产权的界定模糊不清。就公立高校而言，在表面上，国
家拥有所有权，大学校长和其他行政人员具有管理权，这是很明确
的。实际上，在具体的产权落实过程中，校长到底拥有多大权力，在
多大范围内行使自己的权力难以界定。就算可以界定，其高昂的界定
成本，也会使教育产权失去其本身的意义。就制度安排而言，无论是
现行的校长负责制还是教师聘任制、工作绩效制，由于权力来源和合
理配置问题难以得到有效解决，导致在质量托管中责任与义务也难以
明确。

2. 托管保障机制不完善

托管保障机制是为了实现托管契约、达成托管双方利益而采取的
一种手段。托管保障机制不完善主要表现在质量托管中激励与约束机
制的不完善上。

一方面，对于私立高校而言，委托人与代理人以正式契约为合作
前提，双方存在着一种托管的自我约束和自我激励机制来保障双方切
实履行责任与义务，即委托人直接出资举办高等教育并承担风险，对
其代理人的行为负责，且享有高校经营的利润回报。然而，对于公立
高校而言，情形则全然不同，不容乐观。在逐层托管关系中，高校作
为委托人既不承担教育投资的风险，也不享有教育投资的利润回报，
因此，在公立高校缺乏有效的激励和约束机制来保障托管职责落实的

---

① E. H. 施因：《职业的有效管理》，仇海清译，上海三联书店 1992 年版。

情形下，委托人没有足够的利益驱动来管理和监督代理人的行为。

另一方面，由于公立高校中托管保障机制的不完善，加之委托人监督动机薄弱，使得代理人在履行自己的职责时也出现动机弱化的现象。而政府作为高等教育质量托管的初始代理人，由于其权威性极易导致其代理职责的异化，即政府并非具有真正代理初始委托人（公民）的财产意愿，而是从自身利益出发来管理高等教育。在这种情况下，大学校长作为第二代理人就沦落为传达上级命令，落实政府意愿的工具，学生只是被管理的对象，其最初委托人的身份很难得到重视和尊重。

3. 质量托管链条冗长，效率低下

导致质量托管链条冗长、效率低下的原因是多方面的，我们认为，其主要原因还是我国的现行管理体制。在我国现行管理体制下，公办高校是专门为受教育者提供教育服务的事业单位，这使得高校的质量托管关系变得更加复杂。公办高校的质量托管从最初委托人到最终代理人往往经过多层委托和代理，公民作为最初委托人并不是直接把受教育权委托于最终代理人——教师，而是将其权利交与国家代理，由国家委托给下一级高校领导者代理，再经过层层托管直至最终代理人。显而易见，在环环相扣的托管关系中，最初委托人对最终代理人的监督并不是直接的，而是借助中间委托人和代理人来进行监督的。作为中间委托人和代理人由于其对财产不具有真正的拥有权，也不能使自身获益最大化，因此，中间委托人对其他代理人的监督不一定尽心尽力，而且托管链条越长越容易导致其信息流动和反馈失真。这样不仅增加了最初委托人的投资风险，而且使得托管成本增加，最终导致托管效率低下。

此外，公办高校中的逐级托管关系不仅使利益分享主体不断增加，同时也扩大了信息的不对称，而且层层委托与代理简化了托管双方的责任与义务，加之代理人与委托人在教育执行中所出现的目标偏差，使得代理效率随着托管关系的延伸而呈现出不断下降的趋势。在这方面，民办高校是我们值得借鉴的例子。由于民办院校质量托管关系比较简单，委托代理链条较短，而且最初委托人的投资风险意识强，其投资效率比较高。因此，公办高校精简托管链条是实现质量托管效率的有效手段。

4. 质量托管易导致利益主体的权力寻租

"权力寻租"概念源于经济学的寻租理论，它是指握有公权者以权力为筹码谋求获取经济利益的一种非生产性活动。[①] 在高教质量托管中，权力寻租现象多出现在高校管理层中，这是因为高校管理者在繁杂的托管链条上只是名义上的委托人，不是教育资源的真正所有者，从而导致事实上资源所有者的缺位，最终降低了高校管理者的监督热情和积极性，甚至滋生物权交易、权权交易、权色交易等腐败行为。

高等教育领域"权力寻租"现象的出现，归根结底，就在于高等教育产权界定上。产权界定不明晰，导致高等教育产权主体之间债、权、利界限不明，相应配套机制如激励约束机制不完善等。这一切直接导致委托人的权力不断膨胀。此外，在高等教育产权界定中由于某些教育产权界定成本过高而导致"资源灰色区间"，使高校管理者堂而皇之地成为其获利的源泉并导致最初委托者的利益受损。

5. 质量托管容易导致内部人控制

内部人控制是在社会组织中所有权与经营权相分离的前提下形成的，所有者与经营者利益不一致，迫使经营者对社会组织实施完全控制，即"内部人控制"现象。[②] 在高等教育质量托管中，内部人控制现象主要表现为高校管理者过分的在职消费；信息流通不畅；管理者过于迎合委托人，报喜不报忧；民办高校管理者侵占利润，公办高校则转移国有教育资产，等等。

在高等教育中，内部人控制现象的形成实际上是由"所有者缺位"和控制权与剩余索取权不匹配造成的。所有者缺位主要体现为教育资产产权主体的缺位。在我国，对于国有资产的管理一直采取"国家所有、分级管理"的原则，教育资源作为一种国有资产也是由各级

---

① 赵铁：《权力寻租智力的政治学分析》，《经济与社会发展》2005 年第 11 期。
② 青木昌彦：《转轨经济中的公司治理结构》，中国经济出版社 1995 年版，第 18 页。

政府以及高校各级领导层代表国家进行具体管理。因此，从根本上说，公办高校没有严格意义上的委托人。倘若真让国家教育部门作为全民受教育权的代理人来监督和治理高等教育的话，不仅不利于调动管理者的积极性，而且会因信息缺乏、治理不当等丧失选拔优秀人才的良机。

总之，在高校质量托管问题中，国家、高校领导、教师"双主体托管"现象的存在，不但会引发代理人损害委托人利益和代理人、委托人角色颠倒问题，还可能给高校领导独揽大权、妄自尊大提供便利条件。因此，我们要简化托管链条，理顺委托代理关系，完善激励约束机制，使委托人与代理人双方利益都得到维护和保障。这也是使大学产权真正落到实处的必要措施。

第二节　产权的路径设计

无论是我们前面提到的产权规约还是产权托管，其实质都是为产权落实服务的，产权规约使产权交易依法、有序进行；产权托管使财产通过所有权和经营权的层层分离实现产权收益。但由于无效产权的出现加之高等教育质量托管的不足，大学产权很难有效落实。而只有通过产权的规约和产权托管制度的完善来保障产权运作是远远不够的。立足国情，优化大学产权结构，探究当前大学产权落实模式，构建适合我国经济社会发展以及高等教育发展的产权模式才是实现大学产权，惠及广大学生、教师乃至国家民族的重中之重。

一　大学产权落实模式分析

大学产权落实模式是指在大学财产运行中产权的归属、分割、组合及转让等方面具有鲜明特点，并能提供学习和借鉴的方式与方法。经过对国内外高等教育产权落实流程的梳理和归纳，我们认为，在高等教育发展到现阶段主要存在三种大学产权落实模式即合并模式、分离模式、非所有人模式。

（一）合并模式

合并模式是指在产权规约中将财产的控制权、收益权和名义所有权归同一主体所拥有，也就是说，在大学产权落实中，将大学所有权委托给特定的一些人，他们既可以是投资者也可以是其他的管理者。这种产权落实模式可以追溯到中世纪的大学。

1. 中世纪大学产权落实模式

在中世纪，教师被认为是具有一技之长的手工业者，大学则是劳动者—教师相互合作，从事教学活动的行会组织。在中世纪大学里，教师与学生直接进行知识交换，因为教师是教育服务的直接提供者，他们平等地拥有大学的所有权。因此，从经济学角度出发，中世纪教师作为生产者对大学拥有所有权。既然拥有所有权，那么大学教师也就具有对大学校长的选择权，对学校重大事项的参与权、决议权。所以，为了方便权力的落实，大学理事会或教授会便应运而生。大学理事会作为中世纪大学教师利益的代表不仅拥有大学实质性的所有权，而且具有经营权和收益权，这是一种传统的大学产权落实模式。

2. 民办高校产权落实模式

在我国，营利性大学是近年来出现的一种新的办学形式。它的产生有两方面的原因：一方面，随着高等教育大众化阶段的到来，高等教育规模急剧扩张，公办高校很难满足受教育者接受教育的需求；另一方面，民办组织与公立组织相比，其本身能够节约更多的交易费用，且其管理成本也相对较低，这就使得民办高校的经济效率相对较高。

与公办高校不同，民办高校有明确的利益权主体即财产所有者自身。民办高校最明显的特点是大学的所有权归投资者所有，且它还具有大学财产利益的索取权，确切地说，民办高校相当于一个公司或企业。因此，就民办高校而言，投资者就是大学产权的所有者，而且还掌握着大学财产的控制权和收益权。所以，在这种产权落实模式下，学生并不是产权的最终受益者，而是投资者实现财产增值，获得最大利益索取权过程中的一个相关利益人而已。

（二）分离模式

分离模式是指在产权落实过程中教育资产的控制权、收益权、所有权等不为同一主体所有，而是为大学中的不同主体所有，比如我国的公办高校。我国的公办高校在所有权配置方面主要存在两种形式：第一种是所有权、控制权、收益权全都归国家和政府所有的合并模式；第二种是国家和政府拥有名义上的所有权，实际的控制经营权为大学校长所有，但实际的受益者并不是校长或教师而是在校大学生或整个社会。第一种产权合并模式是我国改革前的高校产权落实模式，当下，随着市场经济体制的初步建立以及我国高校体制改革的进行，这种所有权、控制权、收益权等权利的分离模式是我国高校产权落实的主要模式。因此，下面我们将对公办高校产权落实模式进行进一步分析。

公办大学或公立大学是由国家或公共机构投资举办的大学。国家作为高等教育事业的投资主体承担各种教育资源的配置工作。但这种教育资源的配置并不是由国家来实施的，而是聘请有教育管理经验的专家学者为大学校长来按照一定的要求选拔教师、组织学校内部事务。实际上，对于大学内部的具体事务，校长以及常务副校长就有实质性的管理权。但我国是社会主义国家，中国共产党是我国各项事业的领导核心，所以，在高校里大学党委书记代表党组织，也是高校事务的管理者。大学校长、常务副校长以及大学党委书记共同管理大学事务，包括聘用教师、学校专业课程设计、学生管理、院系规划等。而大学生作为高校主体之一是教育服务的直接受益者。可以说，大学产权的运行只有使学生从中受益，才能表明大学产权真正得到了落实。

（三）非所有人模式

非所有人模式是财产所有者以公益目的为前提而非以营利性为目的进行的财产所有权转让活动。这种产权落实模式主要体现在国外私立非营利性大学的产权管理中。

私立非营利性大学与公立大学的产权配置模式不同，其产权整合的主体不是国家或政府而是企业或私人，投资者虽然有私人产权，但并不享有个人利益。这些投资者本着公益目的捐赠私人财产来举办大学，并依据法律规定组成大学管理委员会来管理捐赠财产，这时，虽然捐赠者是财产的所有者，但由于捐赠者的捐赠行为已经使其失去了与财产的任何关系，大学管理委员会掌握财产的管理权、使用权，但并不享有财产的收益权，财产的收益权仍归大学生或社会所有。从严格意义上讲，这也是一种产权分离模式，但由于没有真正的产权所有者，我们通常将其称为"非所有人产权模式"。

二　大学产权落实的基本路径

虽然三种产权落实模式在高等教育产权运行中具有主导作用，但随着高等教育体制、机制改革的不断深入，高等教育产权主体也朝着多元化方向发展。因此，探寻更加适合市场经济条件下大学产权落实的出路是大势所趋、人心所向。在高等教育领域，近几年来，专家学者们对大学产权的落实也提出了许多不同的看法。我们认为，不管是公立大学还是私立大学在产权落实中加强产权主体及第三方组织监督权的行使是实现产权收益的基本途径。

在大学产权落实中，建立全方位的产权落实监督体系，即作为高等教育投资者的国家或个人不仅从初始产权的托管开始对产权落实进行监督，而且作为教育产权受益者的学生和社会从最终受益权开始自下而上地对教育产权的落实情况进行监督，与此同时，教育产权的落实还要接受民间组织即第三方组织的监督。这种全方位的监督体系一方面使产权运行内部的各个权利主体相互监督，提高资源配置效率；另一方面产权外部的第三方监督可以减少产权运行中的内部人控制现象以及权力寻租现象等。

三　大学产权落实的保障

（一）资产配置市场化

在资产配置市场化即在市场经济条件下，通过市场调节来对资产进行优化配置。但由于高等教育的特殊性，高等教育资产配置市场化并不是要把市场中的各个要素都引入高等教育领域，把大学彻底改造成市场经营中的主体，而是根据大学的具体特点，有目的、有选择地将市场体制引入大学产权落实中。

高校资产配置市场化可以使大学对外界社会需求的反应和适应更为敏感、快捷，从而使得大学产权落实更为平等和独立，并使大学敢于负责、勇于创新，使得大学的发展更为多样化。此外，市场化中的竞争机制可以使大学不断优化资产配置，合理协调各利益主体之间的关系，从而推进大学产权的落实，促进大学不断发展。

（二）建立高校利益相关者共同治理结构，落实产权代表责任

利益相关者是一个经济学概念，利益相关者是企业的参与者，他们受自己的利益和目的所驱使，因此必须依靠企业，而企业为了生存也必须依靠利益相关者。① 据此，我们认为，高等教育利益相关者包括政府、大学校长、学生、教职工以及社会。因此，高等教育中的利益相关者共同治理结构就是摒弃以前的"教授治校"或"校董至上"的单边治理局面，建立政府、校长、学生、广大教职工及校外组织共同参与治理的格局。在这种格局中，各个利益主体的地位是平等、独立的，不存在上级支配下级的问题，不同主体之间通过相互监督、相互协商来解决问题。

在对上面三种教育产权落实模式的分析中，我们看到，这些都是自上而下的产权管理模式，在这种模式中政府、校长的权力相对较大，而学生对产权落实情况的反馈很难被重视，出现这种现象的一部分原因在于各主体信息的不对称，但主要原因是还没有建立起平等互利的利益相关者共同治理结构。如果利益相关者能够平等独立地参与高校产权治理，建立起"自上而下"与"自下而上"相结合的双向监督模式，产权的落实必然会有所保障。

（三）建立多元产权主体的有限责任制度

有限责任制度是民商法领域的一项法律制度，多见于公司法中。这里的有限责任是指公司和法人的有限责任，具体而言，有限责任是

---

① 胡赤弟：《教育产权与现代大学制度构建》，广州高等教育出版社 2008 年版，第156 页。

债权双方在清偿债务时双方的责任是不可转换的，尤其是投资者一方的责任是有限的。① 即投资者不为投资行为承担全部风险，而其他的经营者、管理者以及监督者、受益者均需承担一定的风险。在我国高等教育体系，尤其是在公办高等教育中，政府往往作为唯一投资主体享有所有权，同时也承担无限的责任，这就使得大学管理者或经营者由于缺乏风险意识、责任意识而出现大学管理者"对上奉承，对下专横"的现象。

此外，在公办高校产权中存在的问题首先是产权主体的缺位或虚置问题；其次是产权关系不明晰问题；最后是产权结构单一问题。在这些问题中明确投资主体是大学产权落实的首要任务。因为产权主体不明导致高校产权中债权关系混乱，而混乱的债权关系是产权落实中最大的障碍。因此，要理顺各产权主体之间的债权关系，加强经营者的责任意识就必须建立产权主体的有限责任制度，明确国家或政府只是高等教育的投资者之一或最大的投资主体（公办大学），依法行使其办学权和监督权，同时对高等教育承担有限责任，改变以前国家或政府对高校的无限责任状态，使政教进一步分开，这样才能使产权所有方、管理方和受益方等的权利都落到实处。

第三节　大学章程自律

守住规矩才有自由。伴随着依法治国战略的实施，我国高等教育也逐步走上依法治教的道路，大学章程作为高校依法治校的"宪法""活法"，其制定和实施日益引起大学管理者的高度重视。如何进一步明确大学章程的内涵，使之更好地为高校教育质量服务，是每一个大学活动参与者都需认真思考的问题。本节将从高等教育质量保障的角度对大学章程的内涵及其之于提升教育质量的作用以及如何构建大学章程作一番探讨。

---

①　夏雅丽：《有限责任制度研究》，学位论文，西北大学，2005 年。

一 大学章程的内涵

大学章程是大学依据《高等教育法》和《高校章程制定暂行办法》所制定的为保证学校正常运行，主要就办学宗旨、主要任务、内部管理体制及财务活动等重大而又基本的问题做出全面规范而形成的自律性规范性文件，是大学自主管理、自律及政府监督管理的基本依据。[①] 基于这一理论依据，笔者对大学章程的基本要义作如下阐释：

首先，大学章程是大学管理的规范性文件。规范性文件是各级机关、团体和组织制定的对人们行为具有约束力和规范性的各类文件。从法学角度来看，宪法、法律、行政法规、地方性法规、国务院部门规章和地方政府规章都属于广义的规范性文件。因此，将大学章程定位为规范性文件显然加强了大学章程在大学内部管理中的地位。

其次，大学章程的制定主体是大学。从大学章程的定义来看，大学章程是大学根据我国相关高等教育法律法规和高校自身特点而制定的，章程制定主体并不包括政府主管部门。这表明大学在规章制度建设方面取得了更多的自主权。

再次，大学章程制定的目的在于保证学校民主管理和依法治校，最终提高教育质量。民主管理、依法治校是高校科学管理、深化改革的需要，也是大学治理结构和制度安排不可或缺的内容。但不管是民主管理还是依法治校乃至完善大学章程，其最终的落脚点都在提高教育质量上。

最后，大学章程的本质是对大学内部以及大学与相关教育利益主体的调整和分配。任何组织的发展都是相关利益主体权利博弈的结果，大学也概莫能外。大学章程其实就是协调各方利益、缓和各方冲突的缓冲装置。

二 高校内部质量保障呼吁大学章程建设

随着我国高等教育大众化阶段的不断深入，高等教育真正由社会

---

① 陈立鹏：《学校章程》，光明日报出版社 1999 年版，第 7 页。

边缘走向社会的中心。毋庸置疑，在这个过程中，高等教育质量问题始终是公众关注的焦点，建立和完善高等教育质量保障体系是突破质量难题的有效手段。但就高校内部质量保障而言仍有许多不足，而大学章程作为大学自治的基础恰恰是保障高校教育质量的关键所在，这里我们提出"三个有赖于"。

（一）健全高校内部质量保障机构有赖于大学章程的完善

建立权威的教育质量保障机构是高校进行质量保障活动，提高教育质量的基础。当前，除部分重点大学如北京大学、清华大学建立了专门的质量保障机构外，大多数高校存在着质量保障机构建设滞后的问题。有的高校机构职能模糊，有的高校甚至没有质量保障机构，在遇到教育质量问题时由教务处或其他部门代为行使职能。这种不健全的质量保障机构势必会导致保障工作分散、效率低下、信息反馈滞后，最终影响高校整体教育质量的提高。

在这种情况下，大学章程的建立与完善显得尤为重要。不同于高校内部管理制度，大学章程作为大学的"宪法"，在高校内部运作体系中处于统领地位，是制定其他规章制度的依据和准则。在具体的高校内部管理体系中，大学章程是"母法"，其他一切规章制度都是其"下位法"。因此，高等教育质量保障制度作为大学章程的"下位法"，其保障程序的制定以及保障机构的设置必须以大学章程为依据，完善的大学章程是建立健全高校内部质量保障机构的前提。

（二）提高高校内部质量评价的科学性有赖于大学章程的完善

科学评价是高校对各项教学、科研、社会服务成果的有效性、可靠性的基本评定，评价科学与否直接关系着高校的生存与发展。目前，我国高校内部质量评价的科学性仍有不足。这主要体现在单一的评价主体上。我国开展教育质量评估活动主要依据教育法律、教育行政法规以及教育部门的一系列规章。这些法律和规章制度的出台表明我国的教育质量保障活动是由政府组织的，政府直接干预和控制高等教育质量保障的各个环节，是典型的政府主导评价模式。这种外部的评估模式反映在教育系统内部就是党委和校长领导下、以教务处为中心的教育质量评价模式，是典型的行政主导评价模式。以教务处为代表的教育行政部门是教育质量评价的主体，其他部门和学术团体很难充分参与到质量评价活动中来，从而引起质量保障活动内在动力不强。

那么，在高校内部质量评价中该如何"去行政化"，如何达到学术权力与行政权力的平衡，建立民主、公平的校内质量评价体系呢？我们认为，大学章程正是解决这一问题的关键。首先，大学章程可以促使质量评价中的行政权力"归位"。大学章程是推进政校分开、管办分离，落实和扩大办学自主权，明确大学相关利益主体之间权利与义务的重要保障。从质量保障体系的构建来看，高校在其中获得了更多的自主权，这就使高校内部"去行政化"成为可能。其次，大学章程可以保障学术权力"复位"。虽然，在我国教育法律法规中明确规定了高校党委、校长和学术委员会的职责，为行政权力与学术权力的协调提供了良好的法律环境，但现行教育法律法规均未明确界定学术权力与行政权力的界限，往往使得学术权力从属于行政权力。而大学章程上承国家教育法律法规，下启大学规章制度，承担着划分学术权力与行政权力的职责。① 因此，完善的大学章程是学术力量参与质量评价，发挥其效用的有效保障。最后，大学章程可以吸纳其他质量评价主体"补位"。校内质量评价不仅需要行政主体的"归位"，学术主体的"复位"，也需要其他评价主体的"补位"，如校外质量评价机构、校友以及家长的介入。综观各个大学的章程，"建立广泛吸纳各方利益的代表参与的大学治理制度"都是其重要内容。

（三）平衡高校内部质量监控内容有赖于大学章程的落实

目前，高校质量监控内容的不平衡是影响高校质量评价结果的主要原因。我们看到，在高校内部质量保障活动中，高校的"硬件"建设如图书、教学设施、教学大楼等都是衡量教育质量的重要内容，而大学的"软件"建设如办学理念、大学精神、学术氛围、校园文化等往往不在评估范畴之中。此外，在教学质量评价中，多侧重对教

---

① 江赛蓉、刘新民：《大学章程的制定与完善——大学"去行政化"的法律保障》，《国家教育行政学院学报》2011 年第 8 期。

师教学质量的监控，而忽视对学生学习质量和教学管理质量的监控；在教师职称评定中，多侧重对学术能力的评价而忽视对教师教学能力的评价。这些都表明我国高校内部质量监督内容仍有待完善。

大学的"软件"设施往往是反映大学自身理念、体现大学特色的重要环节。大学章程作为大学依法自主办学的法律基础，与高校特色发展密切相关。可以说，大学章程建设是高校特色发展的重要保障，从而也间接地协调了质量评价中"硬件"与"软件"的矛盾。因此，高校内部质量监控内容的平衡有赖于大学章程的进一步健全和完善。

总之，大学章程作为大学一切活动的"基准法"，不仅规定了大学的办学宗旨、办学规模和学科门类的设置，而且对大学内部管理体制、经费来源、财产和财务制度以及举办者与学校之间的权利、义务做出明确要求。一旦实施，大学所有成员都要遵守并执行，任何人都无权违背章程的规定。因此可以说，健全的大学章程是保障教育主体利益，完善校内质量保障，最终提高教育质量的重要措施。

三 大学章程建设和落实：高校内部质量保障的出路

（一）确立大学章程的法律地位

高校内部质量保障制度是高校内部教育质量稳步提升的有效保障，虽然各个大学章程也提及了高校内部制度建设，但由于在我国当前的高等教育法律法规中，还没有对大学章程的法律定位以及法律效力做出明确规定，使大学章程的效用大打折扣，从而直接影响着校内其他制度的落实。

我们认为，大学章程作为大学活动的"宪章"，只有将其上升到法律的高度才能保障其各项规定的切实执行。在国外，提交当地的立法机构进行讨论和审议是制定大学章程的重要环节，只有通过立法程序制定的、具有法律效力的章程才能得到社会各界的尊重，进而在大学中实施。在我国，大学章程只是按照一定的法律要求来制定的，制定后缺乏立法机关的讨论和审议。按照这种程序制定的大学章程，与大学的行政规章并无区别，更不能体现章程的大学"宪法"地位。因此，对这一问题的可行之策就是将大学章程纳入人大立法程序，在立法过程中，各方利益主体充分博弈，方显大学章程的真正效用，①也只有这样才能使高校质量保障活动落到实处。

（二）提高对大学章程的认知程度

认识不足会导致章程的失效，进而导致校内具体规章制度的失灵，阻碍高等教育质量的提升。因此，在章程实施过程中，必须提高对章程的认识程度。

首先，提高各级教育行政主管部门对大学章程的重视程度。教育行政主管部门是大学章程制定和监督的直接机构，教育部《关于〈中华人民共和国教育法〉若干问题的意见》规定，未制定章程的高校章程补报备案工作由其教育主管部门制定规则来逐步进行。因此，教育行政主管部门应提高对大学章程的重视程度，担当起应有的职责。其次，提高高校领导和校内管理人员对章程的认识程度。高校领导，尤其校长是大学发展和未来规划的总设计师。他们对大学章程的认识直接关系着章程制定的每个程序和细节，及其章程在高校质量保障中所发挥的效力。因此，只有在高校领导及管理者对大学章程有了切实认识的基础上，他们才会更积极、更主动地致力于大学章程的完善和实施。最后，提高广大教职工和学生对大学章程的认识程度，组织他们学习和了解大学章程。大学章程的实施不仅是高校领导及高校内部管理部门的工作，还与高校教职工、学生息息相关。组织校内人员学习和了解大学章程不仅可以使他们的行为与章程的期望指向相一致，而且可以使章程内化为他们的行为准则，以规范和激励其行为。

（三）确保大学章程的实施效果

大学章程的实施效果直接关系着高校内部质量保障政策的实施结果。因此，在某种程度上，确保大学章程的实施就能推进校内质量保障活动的有序进行。

确保大学章程的实施效果，首先就要加强教育监督检查机制的建设。完善的监督体系是保证各项规章制度有效实施的重要途径，有效

① 《如何制定管用的大学章程?》，http：//news. sina. com. cn/o/2012 – 01 – 11/000023 778990. shtml/2012 – 07 – 11.

监督不仅能使大学章程在制定过程中合理、合法，而且能使其在实施中及时、有效。其次，必须建立大学章程备案制度。备案制度是指依照法定程序报送有关机关备案，对符合法定条件的，有关机关应当予以登记的法律性要求。[①] 完善的备案制度不仅包括报备时间、格式审查，还包括对章程制定主体、制定程序的审查。这些规定以法律的形式明确厘定了章程的制定主体和基本程序，更好地维护了大学章程的权威性和合法性，保证了大学章程在实施中的法律地位。

（四）注重大学深厚的文化底蕴，突出章程特色

大学特色是大学在激烈的市场竞争中取得优势地位的关键因素，也是高校质量评估中不可或缺的评价维度。

大学的历史传承是已有大学文化的积淀。尤其是在长期的办学过程中所形成的办学思想、办学理念以及大学精神等，这使得每一所大学的发展都打上自身特有的历史印记。所以大学章程作为大学自主治学的开端，其制定不能盲目照搬别人的，需要制定者在充分了解本校发展历程的基础上，将本校的优良传统和文化特质融入大学章程的各项条款中，以彰显特色。高校的历史沿革、精神传统是高校特有的文化形式，大学章程的制定必须继承历史。但这种历史的继承一定是建立在有选择的批判基础之上的，而最重要的就是将章程内容融入高校的历史文化底蕴中，使大学章程成为大学某一时期特色发展的见证。

小　结

调和高等教育各利益主体之间的利益冲突是高等教育质量保障体系构建的关键所在，而产权的规约恰恰是从源头对高等教育的财产权利做出一定的安排，消除了高教界无效产权的存在，优化了教育资源配置，减少了教育产权运行的不确定性。

质量托管作为产权规约的具体表现形式，以契约的形式明确规定了政府、高校、学生、教师等各个教育利益主体之间的权责，是当下

---

① 备案制度，http：//baike. baidu. com/view/4817961. htm/2012 – 07 – 11.

高等教育质量治理的一种重要手段。然而，高等教育利益主体的多样性、复杂性，致使质量托管本身存在许多问题，如托管主体混乱；保障机制不完善；托管链条冗长，效率低下；权力寻租和"内部人控制"现象严重。因此，我们认为，当下寻求新的高等教育产权落实模式、加强大学章程建设、重视大学制度伦理治理是弥补产权规约和质量托管不足的重要措施。

在高等教育的发展历程中，我们认为，主要存在三种大学产权落实模式：合并模式、分离模式、非所有人模式。但随着高等教育体制、机制改革的不断深入，高等教育产权主体逐渐朝多元化方向发展。因此，在产权落实过程中应建立全方位的监督体系尤其是第三方组织或民间组织的介入，辅之以教育资源配置市场化、建立高校利益相关者共同治理结构和多元产权主体的有限责任制度。

大学章程作为大学自律的"活宪法"，是高等教育内部质量保障的重要手段。健全高校内部质量保障机构，提高高校内部质量评价的科学性以及平衡高校内部质量监控内容都有赖于大学章程的完善。因此，我们认为，大学章程是高等教育内部质量保障的有效路径之一。

第八章 公共问责

《纲要》明确指出，高校要加强"完善公众督导和严格落实监督问责机制"。问责制是一种通过对问责对象（各教育主体）行为的监督、导向、矫正等使绩效目标得以实现和高等教育质量得以保障的有效的管理手段。为此，本章就国际高等教育质量保障的新经验、公众监督和网络问责以及针对我国高校专业设置、绩效拨款和学术行政"双问责"实行"质量一票否决制"等问题作一探讨。

第一节 公共问责国际新发展

自 20 世纪 80 年代以来，"问责制"逐渐被引入教育领域，成为"曝光率"极高的词汇，并顺理成章地成为诸多国家高等教育改革的热点以及摆脱质量危机的重要途径之一。高等教育改革的政策和文献中也频繁地出现"问责"以及与"问责"休戚相关的质量、绩效、评估、审核、监控等术语。随着世界高等教育朝纵深方向发展，高等教育问责制的发展也呈现出很多新趋势、新特点。目前，我国高等教育正处于深化改革、攻坚质量的重要阶段，以更广阔的视野、更开放的思维探索国际高等教育质量问责发展的最新动向，坚持"走出去"和"请进来"相结合，借鉴国外成功经验，有助于更好、更快地促进我国高等教育质量的提升，推进高等教育质量保障的常态化、长效化。本章拟就高等教育质量外部保障模式及其所呈现出的特点和当前问责制作为保障高等教育质量有效路径的国际新特点作一探讨。

一　高等教育质量外部保障模式与特点评析

自 20 世纪 80 年代以来，高等教育质量保障运动在国外出现迅猛发展的态势。纵观形形色色的质量保障模式，依据国家保障高等教育质量的特点和高等教育管理的权力模式，目前人们比较公认的质量保障模式主要有四种：欧洲大陆模式、英联邦模式、美国模式和日本模式。① 以下拟就这四种质量保障模式作一分析，探讨各自的特点。

（一）欧洲大陆模式

欧洲大陆模式主要是以荷兰、法国为代表的欧洲大陆国家发展起来的一种高等教育质量保障模式。荷兰高等教育管理属典型的中央集权管理模式，其高等教育质量保障运动发起于 20 世纪 80 年代中期，尤其以 1985 年政府颁布的政策性文件《高等教育：自治和质量》为契机，标志着以"质量换自治"这一外部保障模式的初步形成。何为"以质量换自治"呢？所谓"以质量换自治"就是指高校只有在接受外部评估机构的检查，向社会证明其教育质量合乎要求，办学经费使用得当，高校内部确有保证教育质量的能力等条件下，政府方能向高校"下放"一定的自治权。② 荷兰高等教育质量外部保障呈"二元二级"组织保障格局。所谓"二元"指的是两个非政府的中介机构："荷兰大学合作委员会"（the Association of Cooperating University in Netherlands）和"高等教育职业教育学院联合会"（the Association of Higher Vocational Education Institutions）；所谓"二级"指的是上述两个民间机构和一个官方机构：高等教育视导团（Inspectorate of Higher Education）。它们的职责分别是对大学和职业教育学院进行评估以及对评估工作进行元评估（meta-evaluation）。"二元二级"质量保障模式具有一些显著的特征：③ 重视调动民间和官方两方面来保障教育质量的积极性；倡导评估专家来源的多元化；注重外部质量保障

---

① 安心：《高等教育质量保证体系研究》，甘肃教育出版社 1999 年版，第 87 页。
② 同上书，第 89—90 页。
③ 同上书，第 91 页。

的全国性等。法国高等教育管理体制同荷兰一样均属于中央集权型管理模式。其高等教育质量保障方面最具代表性的当属官方中介机构——"国家评估委员会"（CNE），国家评估委员会主要负责院校评估和学科专业评估以及对高校教学、科研、管理、培训和社会事务等进行评估。

（二）英联邦模式

英联邦模式最富代表性的当推英国。英国模式发轫于中世纪牛津大学和剑桥大学完全独立于外部控制的理念，是教授行会和院校董事及行政人员适度影响的产物。[①] 英国高等教育质量保障的权力在行会，政府和外界干预甚少，纯属学术界分内之事。其质量保障组织呈"二元三级"格局。"二元"指的是质量评估和质量审计并存，共同担当。"三级"指的是以高效自评为主的校内质量控制；官方性质的"大学基金委员会"（HEFCs）下设的负责评估学科专业的质量评估小组；民间性质的"高等教育质量委员会"（HEQCs）下设的负责高校内部质量保障的质量审计小组。由此可见，英国质量保障模式具有"二元三级"、官方机构对外和民间机构对内相结合的特点。

（三）美国模式

美国高等教育管理实行分权制。其质量保障模式相比其他模式而言比较完善，教育质量保障主要涉及专业、院校认证，院校、系科声誉调查和大学学术排行等。比如备受青睐的美国大学学术排行标准：[②]（1）学术名声；（2）学生择优率；（3）师资；（4）财政收入；（5）续读率名次；（6）校友满意度；（7）SAT/ACT 第 25—75 百分数；（8）新生在高中班级前 10% 的比例；（9）录取率；（10）实际注册者中新生接受率；（11）师生比；（12）生均数；（13）一年级学生续读率；（14）就业率；（15）校友捐赠率；（16）综合分数。总之，其质量保障模式借助官方认证（accreditation）和统一考试（如

---

① 约翰·范德格拉夫：《学术权力——七国高等教育管理体制比较》，王承绪等译，浙江教育出版社 2001 年版，第 117 页。

② 安心：《高等教育质量保证体系研究》，甘肃教育出版社 1999 年版，第 98 页。

AST、GMAT）等手段，具有市场调控的特点。

（四）日本模式

日本在高等教育管理体制上属于混合型模式，欧洲模式和英美模式兼而有之。当然，日本形成其独特的高等教育质量保障模式是在第二次世界大战以后，深受美国的影响，其高校外部评审主要由官方机构（大学设置权议会）和民间机构（大学基准协会）组成，如此一来，在质量保障方面，政府主要负责大学的设置认可鉴定，民间组织则主要过问水平评估事务。

纵观上述四种质量保障模式，我们发现，高等教育质量外部保障模式的共性之处在于：具有一个或多个独立机构；官方对外和民间对内相结合；注重中介机构对教育质量保障的作用；注重高校自评与同行他评相结合；评估步骤和流程都以评估报告为最终结论；评估结论与政府的决策密切相关等。唯一有区别之处在于官方机构、非官方机构和中介机构的主次作用在不同的国家所发挥的效用是不同的。比如，美国以非官方机构为主，英国以中介机构为主，法国以官方为主，日本、荷兰是官方和中介机构并存。

近年来，随着高等教育质量问题的日益突出和对质量保障研究的不断升温，国际和国内高教界极力探寻一种适合并切合实效的教育质量保障路径，由此，高教界在不断完善和反思当前高教质量保障模式的基础上，高等教育质量保障出现了新的发展态势，即深受新公共管理理论和高等教育"产品"特殊性等的影响，对以问责为手段的教育质量保障研究之势愈演愈烈。

二　公共问责的动因

（一）新公共管理运动的推波助澜

新公共管理（new public management，NPM）是 20 世纪 80 年代以来兴盛于英美等西方国家的一种新的公共行政理论和管理模式。新公共管理既是一种实践，又是一种理论。从实践层面上讲，它是一组政府针对现实问题的政府行为和政府管理的新理念、新方法和新模式，旨在克服政府所面临的危机，提高政府的效能和合法性。从理论层面上讲，它是对传统公共行政模式的再考量，对行政（administration）与管理（management）概念的再认识，对公共部门抨击的回应，对经济理论变革、私营部门变革和技术变革的再审视，是以国家和社会之间关系的调整和政府自身管理手段、过程、模式的重塑为主线，以解决新时代政府管理社会和管理自身事务问题为宗旨，以经济、效率和效能为基本价值的管理理论和心智的努力。[①] 巴扎雷（Michael Barzelay）对新公共管理的理念作了很精辟的描述，他认为："摒弃官僚制的时代已经到来，公共管理由重视'效率'转而重视服务质量和顾客满意度，由自上而下的控制转向争取成员的认同和争取对组织使命与工作绩效的认同。"[②]

新公共管理运动的兴起，在高等教育上强调下放管理权力，推进高等教育市场化，依靠问责制对高校实施管理，以提高教育绩效，满足家长及社会各界的要求。新公共管理理论对市场价值的推崇决定了当下高等教育问责制的市场取向。德兰体认为："问责是迈向市场价值的一部分。如果什么都由利润来驱动，当人们不再依靠固有的承诺和激励，那就需要管理的一种外在形式。"[③] 有学者指出，新公共管理思想在高等教育领域表现为：（1）以市场为基础的改革，这包括激励高等教育机构为学生和研究资金进行竞争，政府的作用是推进高等教育更加面向市场，政策重心是多样化、选择，而不是一体化、计划，鼓励私营部门进入市场，建立公共部门失败退出机制；（2）形成教学经费和研究合同的实际价格，并以此为基础在市场上进行采购；（3）强化对弹性预算的限制，注重财政控制和效率，扭转财政赤字，使投资物有所值；（4）学生缴费上学，视学生为消费者，推动教学质量的提高；（5）在研究和教学领域制定详尽的外部绩效测定和检测规则，构建审计和核查体系；（6）把资金集中于最好的高等教育机构（资源供给方面的激励）；（7）教育部及其所属机构企图

---

① 曹堂哲：《新公共管理面临的挑战、批评和替代模式》，《北京行政学院学报》2003年第2期。

② 新公共管理理论，http：//baike. baidu. com/view/3141565. htm/2012 – 08 – 10。

③ 转引自路易斯·莫利《高等教育的质量与权力》，北京师范大学出版社2008年版。

通过设立清晰的目标和签订绩效合同来垂直控制教育系统；（8）加强校长的作用，非管理人员来自于商界，高级管理者由选举变为任命，减少高等教育机构治理中教师和行业工会的代表，削弱地方政府的影响；（9）加强和明晰了高层学术人员例如副校长和系主任的管理作用，不断贯彻"管理要管"的原则；（10）对教师绩效和私营部门风格的人力资源管理所产生的相关费用不断增加。[①] 其实，新公共管理理论要分析的高等教育问题委实多，如从高等教育利益相关者视角、从二元三级管理体制角度、从学生本体视角、从教学层面等，这些都为我们探讨高等教育质量提供了理论依据。

（二）准公共产品理论的强力支撑

从理论上看，公共产品理论最早由美国经济学家保罗·萨缪尔森（Paul Samuelson）1954 年在《经济学与统计学评论》上发表的《公共支出的纯理论》一文中提出。无论是经济学领域，还是教育学和社会学领域，都将公共产品和私人产品的效率提供边界作为衡量政府和市场效率边界的重要指标。诚然，在经济实践领域，还有一部分非常重要的产品形态，便是介于公共产品和私人产品之间的准公共产品。准公共产品的主要特性是消费的排他性和竞争性以及收益和成本的外溢性，这使得准公共产品的最优提供模式为政府和市场的联合供给模式。而高等教育不仅在消费上具备鲜明的排他性和竞争性（有限的高等教育产品供给不可能满足全社会所有消费者的需求），而且在收益和成本上具备显著的外溢性（接受高等教育的人越多，社会中的知识资本和道德资本就越多，从而有益于整个社会；而高等教育的成本则部分来自于其他纳税人），因此，高等教育当属典型的准公共产品。[②]从法律上看，我国《高等教育法》第 24 条明文规定："设立高等学校，应当符合国家高等教育发展规划，符合国家利益和社会公共利益，不得以营利为目的。"由此也不难看出，高等学校所从事的教育

---

① 史静寰、常文磊：《英国高等教育场域与科研评估制度（RAE）》，《外国教育研究》2010 年第 3 期。

② 康小明：《从准公共产品视角看我国助学贷款的市场失灵》，《现代教育科学》2004年第 6 期。

事业属于公共事业，高等教育产品理所应当是准公共产品。

马希（W. Massy）曾说："人们对于学院和大学不再怀有敬意，只将其视为一种产业。"[①] 这里的"产业"就是指高等教育是为社会服务的，即高等教育的服务性质。不可隐讳的是，自中世纪博洛尼亚大学（创立于 1088 年）始，900 多年的大学发展史，在一定意义上，就是满足社会的需求史，就是促进社会的发展史。威尔曼（Jane V. Wellman）认为："高等教育问责制包含了公共信任的维度，这要求以公众所能理解的方式来进行沟通。"联合国教科文组织早在 1995 年就指出："质量已经成为高等教育中人们特别关注的问题，这是社会对高等教育的需要与期望。"[②] 为此，公共问责高等教育质量也不为过，实乃顺理成章之事。

三　高等教育质量问责制的国际新特点

（一）绩效问责的新动向：风险评估

问责一般具有两层含义：问责对象所做出的应答性解释和说明；问责主体所实施的强制性奖惩行为。绩效报告是一种应答性问责措施，通过提供院校在关键绩效指标上的表现情况，并以定期出版绩效报告的形式向高等教育的利益相关者解释大学在各方面所取得的成绩；绩效预算是一种强调以结果为导向的预算管理方式；绩效拨款是强制性程度最高的奖惩式绩效问责方式，其目的在于以财政政策奖励和促进高等院校绩效的提高。所以芭芭纳·S. 罗姆泽克（Barbara S. Romzek）指出："问责是指对绩效的回应能力（answerability for performance）。"[③] 在全球金融危机的大背景下，高等教育规模的急剧扩大与政府财政拨款的相对削减形成了一对尖锐的矛盾，原有的绩效

---

① Massy, William F., *Honoring the Trust: Quality and Cost Containment in Higher Education*, Bolton, MA: Anker Publishing, 2003, p. 4.

② UNESCO, Policy Paper for Change and Development in Higher Education, Published by the United Nations Educational, Scientific and Cultural Organization, 7 Place de Fontenoy, 75352 Paris 07 SP. 1995: 9.

③ Romzek, B. S., "Dynamics of Public Sector Accountability in an Era of Reform," *International Reveiew of Administrative Sciences*, 2000, 66 (1): 24.

问责制度已不能适应新环境的要求，同时为了降低大学的风险系数，提高问责效益，降低问责成本，英国政府开始关注大学的风险状态，通过风险评估的方式对大学的风险状况进行问责。风险评估是指英格兰高等教育基金委员会（Higher Education Funding Council for England，HEFCE）根据每所高校的市场地位及其发展战略，对其可持续性的评估。HEFCE 以收集到的问责资料（主要包括年度保障报告；年度监控报告；学校规划报告；审计财务报告；财务报表和财务预测表；对过去绩效和未来预测的财务评述；审计委员会的年度报告；外部审计管理建议书；内部审计年度报告；高等教育学生早期统计报告；科研活动调查；成本透明核算报告）为基础，建构问责框架，用来监控所拨资金的运用是否符合预定目的；作为与高校探讨如下问题的基础：高校在主要领域的进展情况，战略规划中的优先发展事宜，高校现在和未来的绩效（包括财务的可持续性）；在很大程度上决定每所高校的风险评估；识别高校的发展趋势，并向商业、创新和技能大臣汇报高校的需求和发展情况。最终以风险评估报告的形式对外公布。如果高校被认定在财务状况或财务前景；招生和学生体验；高校财务控制系统的使用情况；教学质量或研究质量的评估；学生非持续就学率或未毕业率；管理和治理过程；风险管理；组织基本架构的管理和可持续性，包括学校的资产和信息系统；总体市场定位和战略方向；未遵守财务备忘录的要求，包括根据预定目的使用资金来提供符合有效管理和质量保障的数据以及满足年度财务方针等方面存在重要风险，那么高校就被认定处于高风险之中，随之而来的是面临 HEFCE 支持策略（Support Strategy）的管制，丧失自主权。[①]

（二）以学生为中心问责理念的新进展：关注教育增值

学生是高等教育的共同参与者和最主要的利益相关者，衡量高等教育质量的落脚点是教育的产出——学生的价值增值（value-added）。即关注学生从进入大学到毕业离开大学期间所发生的变化，认为学生

---

① 高耀丽：《英国高等教育问责制度的新进展及启示》，《复旦教育论坛》2010 年第 8 期。

质量是高校质量的根本体现，真正的质量在于高校对学生认知和情感发展的影响程度，学生在大学期间学习和发展的变化越大，学校对学生发展的影响也就越大，学校的质量就越高。受此影响，近年来，各国高等教育质量问责制越来越注重学生的学习过程和学习结果。

英国高等教育质量保障署在取消直接的院校教学质量评估（TQA）后，公布了新的学位授予标准。该标准用大量篇幅阐述各级学位获得者应达到的学习成效；在院校审核过程中，同样要求高校提供办学效果、学生学习过程和成效方面的质量信息。[①] 澳大利亚将"成效为本"概念引入高等教育领域，"成效为本"理论将研究重点从投入转为成效；从教师教转为学生学，而其关键点是让所有学生都能够达到高标准、高质量的学习结果，让所有学生获得高质量的成效。[②] 给予学生更多的自主权利，强调学生的参与感与拥有感。美国教育考试服务中心认为，今天大多数院校欠缺一种关注学生学习结果的文化导向和确凿证据。所以美国公立院校本科教育自愿问责制（Public Universities and Colleges Voluntary System of Accountability for Undergraduate Education，VSA）应运而生。自愿问责制确立了三重基本目标：为学生及其家庭提供透明的、可比较的和可理解的信息；向公众展示高校的责任和管理能力；通过测量学生学习结果来检测教育效果，关注教育的价值增值。它并不停留和纠葛于学习结果及其测量的空泛论争层面，而是提出自己的观点并付诸行动，即将学生学习体验和学习投入调查结果作为表征学习产出的参考指标和正相关变量，进而直接针对学习结果中的核心要素鼓励院校依据标准考试进行大胆尝试。大学肖像模板是自愿问责制的主要实现形式，包含学生与家庭信息、学生经历与体会以及学生学习结果三个截面的内容，体现了以学生为中心的问责态度。相对于以往过于注重院

---

① David Laughton, "Why Was the QAA Approach to Teaching Quality Assessment Rejected by Academics in UK HE?" *Assessment and Evaluation in Higher Education*, Bath, 2003.

② DeJager, H., & Nieuwenhuis, F. (2005), "Linkages between Tatal Quality Management and The Outcomes-based Approach in an Education Environment," *Quality in Higher Education*, 11 (3): 251 – 260.

校声望和外部问责而言，自愿问责制的实践在很大程度上代表了问责制改革的要求和趋势，并悄然改变着人们讨论和评判大学成就的话语和准则。①

（三）大学排行的新思路："多维度全球大学排名"

高等教育系统的复杂性、象牙塔自身传统的优越性以及利益相关者尚未具备足够的"社会资本"去直接了解高等教育系统②，共同催生了以设计特定的测量工具为手段，旨在满足利益相关者的价值诉求，使大学更加透明的大学排行。大学排名本质上是对高等教育投入、过程和产出的一种评估，考查的是作为价值客体的大学是否以及在多大程度上满足了价值主体的需要。至今为止，影响力较大的世界大学排名主要有《美国新闻与世界报道》、英国《泰晤士报高等教育副刊》等。越来越多的证据表明，大学排行榜对地区及国家的高等教育发展政策、高等院校的决策和发展战略的制定与实施人事招聘及组织结构资源分配和资金募集、学生择校和高校招生等方面都产生了巨大影响。③ 一项英格兰高等教育拨款委员会对英国大学的在线调查显示，许多大学已经将排行评估的绩效指标作为自己的战略目标和内部改革的推动力。④

但是，现今的世界一流大学排名，忽视了各国高等教育系统的语言、文化、经济与历史的结构与内容，仅仅以美国研究型大学为模版，树立世界一流大学的"全球模式"，由此形成的"标准化"和"同质化"的力量对于那些处于所谓全球学术共同体边缘的非英语国家大学内部的学术体制造成了不同程度的紧张，并对其民族文化和语言自治形成了威胁，可能在本土、地区以及国家层次上扼杀

---

① 柳亮:《"自愿问责制"：美国高等教育问责制发展的新动向》,《比较教育研究》2011 年第 2 期。

② Chepra-Network, Design Phase of the Project "Design and Testing the Feasibility of a Multi-dimensional Global University Ranking," 2010 (5).

③ 张旺:《大学排行榜对高等教育的影响及思考——基于世界主要大学排行榜的分析》,《比较教育研究》2012 年第 4 期。

④ Hazelkorn, E., "Rankings and the Battle for World-Class Excellence: Institutional Strategies and Policy Choices," *Higher Education Management and Policy*, 2009, 1: 1 –22.

学术。[1] 有学者指出："排名者宣称排名的目的是服务学生，仅仅是一种'姿态'，是出于'政治正确'的目的。"[2] 为了从根本上扭转当前大学排名的劣势，2009 年，欧盟启动了由德国高等教育发展中心、荷兰特温特大学高等教育政策研究中心等七个专业机构组成的"高等教育与研究绩效评估联盟"（Consortium for Higher Education and Research Performance Assessment，CHERPA）共同开展的"多维度全球大学排名"（Multi-dimensional Global Unversity Ranking，U-Multirank）项目。该排名以 12 条设计原则闻名遐迩，宏观上包括：（1）应基于概念模型定义选择指标，概念模型应符合三个要求，即能揭示排名指标选择的过程；具有综合性；适用于机构和领域两个层面的排名。（2）与使用者相关的原则。在选择维度和指标的过程中，不同使用者的视角均应被考虑进来。（3）不同的使用者可以对排名的维度和指标赋予不同的价值。（4）大学排名应该包括领域排名和机构排名。（5）排名应主要聚焦于利益相关者感兴趣的已经实现的大学质量，应集中于高等教育和研究机构（或项目）的绩效上，而不仅仅是影响绩效的因素上。（6）可比性原则。排名应该针对具有可比性的高等教育和研究机构。（7）国际性排名将会应用于多个教育系统，必须考虑这些系统的语言、文化、经济和历史环境。微观上包括：（1）必须至少能够以等级的方式进行测量。（2）不会带来未能预期到的和不正当的问题，不会被利益相关团体人为操纵。（3）具有较高的效度、信度和可比性。（4）数据具有可获得性。（5）数据的收集具有可行性，对那些不会给高等教育机构收集数据带来大量额外工作的指标应优先考虑。[3] 由此不难看出：该项目从大学排名的本质出发，兼顾了大学的特点和价值主体的需要；首次提出指标应该不能被利益相关者群体采取技术性手段加以人为操纵；对效

---

[1] Mayumi Ishikawa, "University Rankings, Global Models, and Emerging Hegemony: Critical Analysis from Japan," *Journal of Studies in International Education* 2 (2009): 159 – 173.

[2] Chepra-Network, Design Phase of the Project "Design and Testing the Feasibility of a Multidimensional Global University Ranking," 2010 (17).

[3] Ibid.

度问题予以特别关注，确保大学排名的准确性。同时，为了摒弃高等教育利益相关者未能参与排名制作的弊端，"高等教育与研究绩效评估联盟"根据与使用者相关原则的要求，不同使用者根据自己的偏好，可自由地选择指标，形成个性化的大学排名，使排名的设计过程更为透明，结果更有说服力。① 量化的指标表达了大学在绩效上的垂直多样化（vertical diversity），更是给予公众问责高等教育质量最精准的切入点。毋庸置疑，"多维度全球大学排名"代表了未来大学排名的发展方向。

（四）问责导向的新趋势——教育性问责

教育问责不同于其他问责形式，它具有特殊性，指向特定的目的，它最终必须能够促进学生、教师、学校的发展，而不仅仅对问责对象进行监督、检查、惩罚。就教育自身发展来看，真正的教育问责应该定位于"教育性问责"上。麦克弗森（Macpherson）认为，如果把问责界定为控制或者测量机制，就不会让教育者、学校教育利益相关人对学校、学生的学习承担相应的义务，也不会有助于学校教育的持续改善。问责的核心问题是构建反馈机制，不断促进学校办学质量的提高，而不是谴责和惩罚。巴比（Barbee）等也表达了同样的观点：问责的重要目的是给教育系统进行有效改革提供资讯、策略，而不是对教师、校长、学校顾问以及其他与学校相关的人士进行惩罚。里夫（Reeves）对注重奖惩的问责政策持更为激烈的批判态度，他认为，在问责政策的驱使下，学校和教师个人被评估、排队并加以区分，教育当局采取让教师失业、重新分配在内的惩罚措施，以及拿出成千上万的美元进行奖励的方式，将胡萝卜与大棒轮番使用，把问责政策降格为任其挥舞的愚钝的治人工具。尽管有政客们的花言巧语、威逼利诱以及信誓旦旦的承诺，教室里却没有任何变化。② 所以教育问责的目的不是惩罚，而是促进高校提高和改善教育质量。

---

① 梁卿：《欧盟多维度全球大学排名述评》，《比较教育研究》2012年第4期。
② 张斌：《基于标准的教育问责：内涵分析》，《全球教育展望》2011年第2期。

（五）回归高等教育的本原——高深知识

正所谓"大学者，研究高深学问也"。[①] 高等教育关注的是知识，特别是高深知识，它是高等教育的基石，是高等教育机构的核心组成部分，是连接师生的桥梁和纽带，是大学进行教学、科研和服务社会的前提与基础。伯顿·克拉克如是说："高等教育是控制高深知识和方法的社会机构。"[②] 所以关注高等教育质量就不能不关注高深知识，事实上，一直以来，高等教育质量总是与高深知识息息相关，捆绑在一起的。毕竟，高等教育质量最终取决于高等教育系统中人的质量，而"一所学校，如果不是特定数量的一群有学识的人聚集在一起，彼此维系，以期让其他人也变得有学识，那么又是什么呢？学校就是各种思想力量的聚合，这种聚合越是丰富多样，它所提供的教育的质量也会随之相应提高"。[③] 而且，知识的天然公有性，使其不单单是为了满足个人闲逸的好奇，它更关涉公共的利益诉求，亦即公共性。知识的公共性要求高等教育质量接受政府、公众的监督问责，要求利益相关人对高等教育质量的发言权。所以，不难看出，问责高等教育质量，是离不开高深知识这一本原的。

四 启示

《纲要》提出："要加强教育监督检查，完善教育问责机制，要把推进教育事业科学发展作为各级党委和政府政绩考核的重要内容，完善考核机制和问责制度。"以国家政策的形式为高等教育质量问责制定性，足以见出国家提升大学质量的决心。问责制的确立不但有助于揭开"象牙塔"的神秘面目，增加其透明度，而且为外部相关利益主体监督和检查大学内部运行情况以及质量状况打开了方便之门。美国教育部长玛格利特·斯佩林斯（Margaret Spellings）指出："为应对21世纪的挑战，高等教育系统必须创建一种强劲的问责制和透明

---

① 蔡元培：《就任北京大学校长之演说》，高平叔：《蔡元培全集》第三卷，中华书局1989年版，第5页。

② 伯顿·R.克拉克：《高等教育系统》，杭州大学出版社1994年版，第11页。

③ 爱弥尔·涂尔干：《教育思想的演进》，上海人民出版社2003年版，第164页。

文化"。通过上文对国外高等教育质量问责制新特点的描述和比较分析，结合我国的现实情况，我们认为，可以从如下几方面着手健全和完善我国高等教育质量问责制度。

教育是占用大量财政支出、事关国家发展基础的公共部门。2012年7月12日，教育部长袁贵仁在"落实4%目标，用好管好教育经费"专题座谈会上再三强调："没有足够的教育经费，人民群众不可能满意；有了教育经费，如果用不好，也不可能让人民群众满意。"所以针对我国高校普遍存在的"贷款庞大、负债经营"的问题，亟须建立相应的风险管理机制。

教育的落脚点是培养学生，对高等教育质量的评价，无论如何也不能绕过学生这一作为高等教育产品的质量问题。学生的学习成效不仅包括在校期间的学习成绩，而且包括毕业后继续学习的必要能力和改造社会的创新能力。因为学生最终要走向社会，只有在实际应用的过程中才能检验教育的成效。仅仅依据学生在校期间的测验分数就断定高校质量优劣的想法是狭隘的，是不科学的，也不符合社会发展的规律。还应有相应的持续性考核机制来关注学生毕业后在社会上的表现和收集用人单位的反馈机制，以此来总结和评判学校的综合培养能力。教育问责制要求评价应覆盖校内与校外、在校期间与毕业以后的表现，关注学生的价值增值，这才是完整的评价。

作为高等教育问责的一种显性表达方式，大学排名引起了社会各界的关注。有学者指出，当前普遍存在的大学静态排名有一定的局限性，故应对静态大学排名方法进行改进，使用纳入态势的大学排名的动态模型。[①] 创设多维度、立体化、深层次的大学排名方法，以期能够为高等教育的相关利益人提供高信度效度的参考指标。

问责的目的在于以责促改，强调教育性问责。所以我们应当扭转当前我国高等教育问责过度强调奖励和惩罚的态势，对高校保持一颗宽容的心，给予高校解释和辩护的机会，同时进行整改和完善以提高教育质量，如果没有回应性的解释和辩护，积极的改进想必也无从谈

---

① 林晓青：《大学排名方法的局限与改进》，《教育研究》2009年第11期。

起，利益人主体和高校也将面临更加不利的后果。

爱德华·希尔斯认为："不论大学的许多成员是如何投身于'服务'和'实际的适用性'的，有一种特定的、普遍的、难以理解的特性是大学一般想要具有或声称具有的。这一特性就是促进获得和更广泛地拥有关于'严肃'问题的真理——确凿和重要的知识。"① 所以问责高等教育质量，我们必须抓住根本、回归本原，着眼于高深知识。

第二节 公众监督

工业革命的兴起凸显了社会对于高等教育的向心力作用，将大学从社会的边缘拉至了社会的中心。今天科技信息的迅猛发展，更助推了高等教育的中心化（尤其指对质量关注的中心化）进程。高等教育直接或间接地影响着每个个人乃至国家的经济发展，与此同时，也备受来自各个团体或组织的青睐。高等教育之所以备受瞩目并非曾被冠以"象牙塔"或"学术殿堂"的美誉，更多的原因则是它被认定为能给公众提供满意的公共服务的一种公共事业。从公众角度看，由于市场经济体制将高等教育引入市场运行机制所导致的高等教育相关利益者组织向高等教育要质量的现象，已经类似于一种委托—代理关系，即大学作为高等教育的实体，代为行使公众委托于高等教育的权力。可问题在于：大学是否规范合理地运用这些权力，交给公众一份满意的答卷？虽然公众经常被大学以最终结果的方式通知权力运用的合理性，例如大学竞争力排行榜等的公示，但是，公众的知情权不仅仅限于此。如果公众无从得知教育各环节中的质量水平，那么最终的排行结果其真实性又靠什么来保证？

由于受知识经济与全球化的影响，政府开始缩减高等教育的经费支出。由最初的政府负担高等教育的所有费用发展到如今的除政府以外，学生自己为所受的教育买单、各个社会机构和组织以及个人资助

---

① 爱德华·希尔斯：《学术的秩序》，商务印书馆 2007 年版，第 213 页。

高等教育，我国的高等教育同世界上其他国家一样，面临着市场对学术的挑战。多重因素交织作用于高等教育机构，一跃成为高等教育的利益相关主体，它们在提供给大学用以生存与发展的经济资助的同时，赋予了大学使用这些资源的权力，并向大学表达着自己的利益诉求。由于高等教育本身所具有的滞后性，投资于大学的各利益相关主体并不能马上看到资源使用的效率和效益，因此，当大学得到这些经济资源之后，资源流向何方、如何分配及其有效利用成为这些相关利益人非常关心的问题。为此，各种监督体制机制随之产生，其中公众监督作为一种监督形式尤为盛行。

一 相关概念界定

公众是一个人们经常使用但含义并不十分精确和明晰的概念，事实上，我们也难以给出一个具体明确的公众界定标准来划定其范围。本章所指的公众是一个与政府相对的概念，指普通的公民或公民组织。监督，究其本质而言，是委托人利用宪法所授予的权利对其所让渡的权利的制约，目的在于保证其所出让的公共权力真正实现其所服务的目标范围。借此而论，公众监督的本质其实是一种权利对另一种权利的制约。一方面，公众从国家权力的主体出发，利用自己的委托权，对代理者的代理授权进行监督，这是一种权利对另一种权利的制约；另一方面，公众监督还是"一种政治权利，即社会监督是基于宪法所赋予的权利，并通过这种权力的实际行使来实现的"。[1] 对于高等教育来讲，公众监督是一种保障其质量的有效手段。通过公众所拥有的权利对大学落实各项教育政策、有效使用资源（经济、知识、校友、信息等）等权利进行监察和督促是其真正目的。

二 公众监督乏力——质量保障的困境

高等教育质量公众监督乏力表现在很多方面，如公众对教育质量监督的意识不强，自觉性、主动性不够；法制意识淡薄；监督渠道不

---

① 张国庆：《行政管理学概论》，北京大学出版社 2000 年版，第 459 页。

畅等。究其原因，主要有以下几方面。

（一）公众监督意识淡薄

公众监督意识包括监督者积极参与和被监督者诚恳接受监督的意识。在我国，由于历史和现实的原因，公众这两种意识都比较淡漠。在中国历史上长达 2000 年的封建专制主义统治中，"官尊民卑，官贵民贱，官主民仆"等思想深嵌于我国的文化体制中。在今天，虽然我国的政策与规章制度中并没有明显体现出这样的思想，但不可否认的是，"官本位"无处不在。对于中国的家庭来说，接受高等教育之后所带来的"权"和"钱"的象征似乎比起"学术的殿堂"更容易获得压倒性的胜利。高等教育机构行使着公众让渡于它的权力，而公众却对自己让渡的权力或惧怕或崇拜。正是这种文化力量，无形中淡化了公众对教育质量的监督，大多数公众更愿意逆来顺受，久而久之，主体的权力意识淡漠无存。要想彻底转变这种败北心理，扭转这种困顿局面，监督者和被监督者双方真正以民主和公平角色积极投身于高等教育质量的保障，培养实施监督和接受监督的意识是大势所趋。

（二）信息沟通渠道不畅通

公众对教育质量监督的效果在很大程度上取决于公众的知情权和政策运作的透明度。公众监督权与被监督权的信息不对称，人民群众了解高校信息难以及人民群众反映问题难等现象，其根本原因就在于制度不健全，缺乏程序化的信息沟通渠道。公众作为监督主体与高等教育质量这一监督客体之间沟通不畅，导致普通公众难以参与到高等教育质量的保障程序中，对质量问题没有清晰的认识和判断，监督过程显得非常盲目。我国在提出政府政务和信息公开之后，高校也掀起了信息公开的热潮。国家于 2010 年 9 月 1 日实施的《高等学校信息公开办法》为我国高校信息公开工作的开展提供了有效的标准和得力的保障，然而，在教育领域的教育信息公开却仍然无法得到大多数人的重视。存在对信息公开认识不深入，理解不准确；信息公开工作监督不力，效率低下；信息公开法制观念淡薄；缺乏法律的强制力保障等问题。

（三）制度性法规失效

公众监督活动的正常开展，有赖于健全的制度和完善的举措，以保证公众监督从形式到内容都有章可循、有据可依、有理可辩。我国现行宪法和其他法律文件如《中华人民共和国民众监督法》等中有关公众监督的条文，旨在建立民众民主监督的平台，杜绝行政不作为和行政乱作为，让民众真正行使民主监督的权利。类似的法律条文虽然有其规定的具体权能、内容、范围、程序和方式等，但是执行起来却困难重重，甚至呈现出较大的随意性和无序性。高教界的公众监督更是如此。由于缺乏有效的公众监督制度，一些高校对群众提出的批评、建议、控告和申诉等不仅不及时调查、审核处理，而且有消极抵触情绪，甚至出现反调查，故意绕开最基本的事实而抓住个别环节，对十分明显而且非常严重、影响较大的问题，千方百计加以辩解、掩饰，使得公众监督流于形式，处于软弱无力的地位。

（四）公众监督的保障力度不够

公众监督的保障力度不够，主要体现在缺乏监督基础，缺乏监督成本，缺乏有效惩戒措施三个方面。

1. 缺乏监督基础

目前，我国正处于社会主义初级阶段，人民的物质生活水平虽说比十多年前有了很大的改善，但不可否认的是，贫富差距日益加大，加之多年来的高校扩招，越来越多的学生有机会进入大学深造，尤其是农村学生想用知识改变命运的远大理想促使他们刻苦学习，考入理想中的大学，但是，他们面临的学费包括生活费用等却远远超出了他们的支付水平。广大的普通民众整日奔波于生活的劳碌中而鲜有参与政治的精力、时间和热情，对教育质量实施监督的自觉性和能力不够也成为必然。

2. 缺乏监督成本

监督教育质量的公众群体大多数来自市场、社区、媒体等，他们有自己的运作中心，对高等教育实施监督只是他们社会责任感中的一部分或是提供高校生存发展资源之后的一个环节，因此，他们不太会花大力气、支付专门的成本用于监督高校的教育质量，更多的则是依据高校提供给他们的结果报告单、"成绩单"等面上的东西加以评判。另外，我国幅员辽阔、人口众多，公众的受教育水平和文化程度参差不齐，对教育质量的需求不尽相同，让所有公众都参与到教育质量的监督中来并非易事，这必然会加大高等教育的成本，对于我们国家目前的经济实力也是一个很大的挑战。

3. 缺乏有效惩戒措施

公众监督属于非国家权力性质的监督，不具有国家权力的权能，监督效力不具有特殊的强制性，不具有强制性的法律后果，公众自己不能直接行使处理权、纠正权、惩罚权等权力，因而无法真正约束被监督者。再加上它不具有严格的法律形式，不具备规范的法律程序，因此，所发挥的效力是间接的。公众对违反相关规定的行政部门及工作人员、教师只有批评、建议、检举、揭发等权力，没有强制性责令其停止或纠正错误行为以及对其进行处罚的权力。另外，"公众"这一主体的多样性，决定了公众监督的分散特点，没有形成监督合力，与行政监督相比，它对监督客体的影响力自然微不足道。

三　强化公众监督——质量保障的路径选择

（一）转变公众观念，强化监督意识

监督和接受监督的意识是公众监督制度产生、发展和完善的理念支撑。任何监督制度的构建都是以双方自由自愿意识为指引的自觉活动，若没有积极参与监督与主动接受监督的意识，想要建立健全公众监督制度性法律法规确实很难。从某种意义上说，公众与高校之间监督与被监督的意识制约着高等教育质量公众监督制度的执行和完善。虽然我国的高等教育无法脱离一定的历史文化背景，但是公众监督制度作为一种规范化力量所具有的相对稳定性和高等教育在一定程度上受社会物质生活条件影响所具有的活跃性特点，决定了只有不断地培育公众和高校监督与被监督的自觉意识，才能提高公众监督的自觉性，优化公众监督的效益。

（二）搭建公众监督信息平台

实现高等教育公共权力与公众权利的互动，需要构建一个公众能够有效监督高等教育公共权力的平台。而要构建好这个平台，首先要促进高校信息的公开化，只有将高等教育的公共行为置于公众的视野之内，才便于接受公众监督。长期以来，制约公众监督的主要障碍就是信息不畅通。高校信息公开势在必行。高校信息按对象的范围可分别以校内与校外两个方面予以公开，包括对教职员工和学生的信息，以及对社会公众的信息。从与高校相关的热点问题以及师生员工最关心的问题出发，尤其是以教育各个环节质量考核指标等关乎高等教育质量的内容为重点公开对象，凡是与高校管理关系密切或直接涉及学校、教职员工、学生切身利益的事项，除国家规定的保密事项外，都要在一定范围内实行公开。切实做到高校信息的公正、公开、透明，让人民群众获得足够的监督信息，是整个高等教育质量公众监督的起点。

（三）建立健全公众监督制度性法规

从整个社会来说，新中国成立以来，仍然没有形成一个完善的"公众监督法"，公众参与监督的性质、地位、作用、原则和方法途径等缺乏系统的法律依据和法律保障，而现有的教育法律法规中关于公众监督的内容并不多，仅有的对于"监督"的法律规定，原则性较多，如《中华人民共和国教育法》第29条规定了学校及其他教育机构应当履行的义务，其中第6款规定只是提到学校及其他教育机构要"依法接受监督"，缺乏详细的实施细则，权责不明晰，难以操作。因此，尽快建立并完善公众监督在高等教育领域的制度性法规，不仅可为公众监督高等教育质量提供可行性指南，而且作为可操作层面的制度性法规，为高等教育质量的保障提供坚实的后盾。

（四）用舆论监督加大公众监督的保障力度

依照法律法规，我国广大人民群众实施监督的形式之一，就是通过一定的中介来实现非正式的间接监督，而在诸多间接监督之中，舆论监督所起的作用至关重要。舆论监督作为公众意见所显示的社会整体自觉和集体意识，具有权威性的多数人赞同的意见或评价，如同占据主导或统治地位的国家意志及其体系一样，是一种"普遍的、隐蔽的强制力量"。舆论监督力量如公众传媒等应该主动自觉地发挥自身的职能，对公众舆论评价起到导引和规范的作用。帮助公众了解舆论监督的基本途径，提供舆论监督的基本手段，以其自身优势培养和带动全社会的舆论监督意识及其监督行为，在社会相关方面行使舆论监督权利时予以最大程度的配合，如此可使高等教育机构处于一个全方位、多层次的舆论监督环境之中，逐步推进各组织、机构通过改进自身的行为、革新自身的管理模式、营造有利于自身发展的舆论环境，唯有触及这些方面，才有可能逐步提高高等教育机构运作信息的公开化、透明度和程序的规范化、有序性。

公众监督起初是作为公众对让渡给政府的权力进行监察和约束，以维护切身利益而产生的一种监督形式。至今，在它的发展尚未成熟之际，我们将其"嫁接"于高等教育领域，目的是有效地保障我国的高等教育质量。但我们应该在利用其优势的同时清醒地看到它所暴露出来的缺点，当务之急应加快公众监督的法制化进程，将高等教育质量的公众监督程序化、规范化，合理运用公众监督的效力，以免在执行过程中的走样变形导致高等教育出现盲目性，对高等教育质量保障造成干扰。

第三节　网络问责

中国互联网络信息中心（CNNIC）发布的《第 30 次中国互联网络发展状况调查统计报告》显示，截至 2012 年 6 月底，中国网民规模达到 5.38 亿，互联网普及率达到 39.9%。[①] 互联网技术的飞速发展为我国公民提供了广阔的网络问责平台。2008 年 6 月 20 日，胡锦涛总书记做客人民网，与网友"零距离接触"，可谓点燃了中国人民的网络问责热情，网络问责高等教育质量的事件自此排浪式出现。网络问责俨然成为公民参与高校管理最有效和最重要的"公器"和"利器"之一，作为高校提高教育质量的重要推动力量，网络问责这

---

① 中国互联网络信息中心（CNNIC）：《第 30 次中国互联网络发展状况调查统计报告》，2012 年 7 月，http：//www.isc.org.cn/zxzx/ywsd/listinfo - 21627.html/2012 - 07 - 26。

一外生变量的价值和影响已日益显现并逐步增强。

一 高等教育质量网络问责的内涵

教育问责制（accountability in education）源于西方，肇始于 20 世纪 60 年代，于 80 年代中后期获得广泛认同，成为很多发达国家教育改革的重要内容，并且已逐渐趋向于成熟化、常态化、制度化。《麦克米伦高阶美语词典》对问责（accountability）的解释为："当一个人处于某一种特定职位时，公众有权利对其进行批评，而其本人有责任对于某职位有关的所发生的事情向公众进行解释。"①所以社会公众对教育质量的问责是伴随着问责制的产生而产生的，是公民民主权利的必然要求。美国著名教育社会学家马丁·特罗（Martin Trow）认为："教育问责制度，是指教育组织按照法律和道德的要求，有责任向他人汇报并及时证明和回答教育资源如何使用，效果如何，主要涉及谁负责，负有何种责任，向谁负责，通过何种手段或方法，结果如何等问题。"②为此，高等教育组织有责任在科学调查、实证研究、合理分析的基础上，将各种高等教育的数据信息以及学校的相关情况向外界作出汇报和说明，如招生、考试、毕业生的就业指导与服务情况、办学的绩效状况等，以接受社会监督。

近些年来，随着我国高等教育大众化向纵深发展，质量问题业已成为高等教育最棘手、最迫切需要解决、最挑逗公众神经的焦点问题。在此背景下，我国高等教育质量问责制乘势而起，成为提高高等教育质量的"重要抓手"和满足社会公众质量诉求的主要平台之一。而互联网技术的快速发展使网络成为保障网民知情权、参与权、表达权和监督权的重要途径，由此催生了一种新型问责方式——网络问责。有研究认为："网络问责具有拓展问责渠道、广泛表达民意的重

---

① 《麦克米伦高阶美语词典》，外语教学与研究出版社 2004 年版，第 1189 页。

② Martin Trow, "Trust, Markets, and Accountability in Higher Education: A Comparative Perspective," *Higher Education*, 1996 (4): 310.

要作用，具有'推进中国民主的功能'。"① 中国社会科学院 2009 年 12 月出版的《社会蓝皮书》称微博是"杀伤力最强的舆论载体"。网络问责不但为社会公众提供了一个低成本、高效益、大范围的问责平台，而且为公众近距离了解高校运作动态提供了便捷的渠道，同时还增强了问责的可操作性，使"象牙塔"在真正意义上由社会的边缘走向了社会的中心。

那么何为高等教育质量的网络问责呢？透过以上的概述，我们不难发现：网络问责，是指网民以网络系统为平台，通过网络聊天、发帖、转载、博客、微博、播客等方式，对影响高等教育的不当行为进行披露、揭露或质询，从而引起传统媒体的广泛关注，形成强大的舆论压力，最终对没有履行或没有正确履行责任的高校或直接责任人进行有效的监督，追究责任，已达到提高质量，解决人民日益增长的优质大学教育需要同滑坡的高等教育质量之间的尖锐矛盾。

二　网络问责高等教育质量的困境

其实，网络也是一把"双刃剑"，它虽然给予了高等教育相关利益人"说话"的权力，实现了他们表达对高等教育质量的夙愿，但是，一旦问责主体受非理性因素驱使，发布非正当问责言论时，一些合理的问责诉求也会失去本来的面目而异化成"猛于虎"的网络谣言，严重影响着高校的声誉，阻碍其健康、稳定、有序的发展。人们期许利用网络问责的方式来提升高等教育质量的美好愿景也会成为遥不可及的"乌托邦"。正如英国学者希瑟·萨维尼（Heather Sayigny）很早就注意到的："参与的增长未必等同于有意义的参与的增长。"② 从这个意义上说，网络问责高等教育质量的弊端还是令人担忧的，这绝不是空穴来风，更不是危言耸听，而是与网络的特征息息相关的。造成它们的原因是什么呢？我们认为，网络信息的碎片化易导致问责

---

① 周亚越：《网络问责：民主政治的推进器》，《中国教育报》2010 年 3 月 29 日第 4 版。

② ［英］希瑟·萨维尼：《公众舆论、政治传播与互联网》，《国外理论动态》2004 年第 9 期。

话语在传播过程中被人为的断章取义，瓦解问责的客观事实性基础；网络的群体极化特性易煽动群体偏激的情绪，使问责走向极端；准入门槛的草根性更是无限扩大了问责的主体，给非理性问责行为的生长提供了适宜的土壤，成为高等教育质量问责的劣根。具体而言，网络问责高等教育质量的困境有如下几点。

（一）信息传播碎片化

微博的普及使网络传播的碎片化特征愈加明显。碎片化，常常是网络等新媒体备受诟病的一个重要原因。中国人民大学新闻学院彭兰教授认为："碎片化传播体现在两个层面上：第一个层面是事实性信息传播的碎片化，这里的碎片，更多的是指信息来源的多元化、观察视角的分散化、信息文本的零散性和信息要素的不完整性；第二个层面是意见性信息传播的碎片化，这个意义上的碎片，不仅指零散性，更指意见的异质性、分裂性。"[①]由此我们不难看出：碎片化使本来拥有大容量的高等教育质量信息更加散乱、无序和缺乏有效组织，加重了信息污染，拆毁了公众了解事实真相的问责平台，同时还导致权威观点的缺失，促使"情绪型舆论"的产生，加剧了公共非理性问责的盲从与冲动，成为谣言的"助推器"和"放大器"，进而，也使网络冲突与网络暴力现象日益突出。甚至有学者断言"网络暴力"在未来将会长期存在，成为一种常态。所以公众在面对碎片化的高等教育质量信息，微博问责高等教育质量时应多一些独立思考，多一些理性判断，少一点冲动偏激，少一点轻信盲从，谨守法律的边界，恪守道德的底线。

（二）评论观点群体极化

美国学者凯斯·桑斯坦（Cass R. Sunstein）在《网络共和国——网络社会中的民主问题》一书中提出了"群体极化"（Group Polarization）概念，所谓群体极化是指"团体成员一开始即有某些偏向，在

[①]　彭兰：《碎片化社会背景下的碎片化传播及其价值实现》，《今传媒》2011年第10期。

商议后，人们朝偏向的方向继续移动，最后形成极端的观点"①。从某种程度上说，网络为公众表达对高等教育质量的不满提供了最佳渠道。根据社会心理学的研究，在观点的自由市场上，我们都戴着存有认知偏见的有色眼镜并有选择性地看待这个世界，纷繁的信息经过我们的认知"图式"过滤之后便成为少量有序的事件，所以我们都在有强烈选择性地关注一些事物和忽视另一些事物，个人的理性往往让位于群体的非理性，所以网民会自动忽略那些与自己对高等教育质量理解不同甚至背道而驰的网络信息，而和"志同道合"者结成圈子，从而形成网络的"圈群"特性。法国社会心理学家勒庞（Gustave Le Bon）认为："在群体的心理中，个人的才智被削弱了，从而他们的个性也被削弱了，异质性被同质性所吞没，无意识占了上风。"② 所以当某种高等教育质量问责的话语被抛出时，这部分人会通过比较，衡量自己的观点和一般性言论的距离，并倾向于把自己的观点向可以预见的方向靠拢，或者被说服，或者主动把自己的观点收起，选择沉默或者附和，最终，小群体意见保持了趋同和极端化的倾向。由此不难得出，一旦缺乏事实依据的问责言论被群体极化，形成规模和影响后，那将会使高等教育质量问责偏离本真意义，丧失问责的应有价值。

（三）准入门槛草根化

"草根"一词是个舶来品，英文是"grass roots"，意思是处在地方和基层、远离权力中心的民众，强调将普通人组织在一起以影响和改造他们所生存的社会环境。网络作为一种普适性传播媒体，天然具有这一特性。网络尤其是微博的盛行被认为是"草根话语时代的到来"。Twitter 创始人之一伊万·威廉姆斯（Evan Williams）认为，Twitter 为世界带来了一个"人人都能发声，人人都可能被关注的时代"。根据中国互联网络信息中心（CNNIC）第 30 次调查结果，截至 2012 年 6 月底，微博的渗透率已经过半，而且微博在手机端的增长

---

① ［美］凯斯桑斯坦：《极端的人群：群体行为的心理学》，新华出版社 2010 年版。

② ［法］古斯塔夫·勒庞：《乌合之众》，冯克利译，中央编译出版社 2004 年版。

幅度也十分明显，用户数量由 2011 年底的 1.37 亿增至 1.70 亿，增速达到 24.2%。微博已成为中国网民重要的互联网应用，而且网民继续向低学历人群扩散的趋势在 2012 年上半年继续保持，渗透速度较快，小学及以下、初中学历人群所占比均有上升，其中初中学历人群升幅较为明显。[①] 这些数字告诉我们，网络越来越草根化、平民化。网络的开放传播模式也让"沉默的大多数"感受到了空前的平等与民主，引发其彰显个性、表达自我的欲望。但是，目前高校质量信息的不公开和不对称使这些"沉默的大多数"不知道如何问责、问什么责，进而导致问责主体缺位、问责内容虚无；高校不知道如何说明和解释学校的运行情况，所以，当人们对高等教育质量的问责要求得不到满足时，网络为其提供了便利，成为他们天然的情绪发泄场，感性化、情绪化的问责也暗暗滋生。结果不难预见，问责的异化不但伤害了问责的主体，而且深深地戕害了高校，影响了高等教育事业的和谐发展。所以我们认为，网络问责高等教育质量需谨慎，需慎言慎行。

三　高等教育质量网络问责的突围

要走出高等教育质量问责的困境不是可以一蹴而就的，它是一项持久性、系统性工程。我们以为，高校教育质量信息公开是前提基础，信息的不对称是造成非理性问责的重要诱因；道德自律与法律他律是根本保障，道德自律的内在修养与法律他律的外部约束必须双管齐下，这样才能发挥制约性作用；培养"意见领袖"（Opinion Leader）[②]，加强舆论引导是强力抓手，也是完善网络问责高等教育质量的切入点；强化公民教育是终极旨归，毕竟，一切的不实问责给高等教育所带来的"伤痛"都是因人的非理性行为而起的。

---

① 中国互联网络信息中心（CNNIC）：《第 30 次中国互联网络发展状况调查统计报告》，2012 年 7 月，http://www.isc.org.cn/zxzx/ywsd/listinfo‑21627.html/2012‑07‑26。

② "意见领袖"是由美国传播学者拉扎斯菲尔德（P. F. Lazasfeld）提出的，即在将媒介信息传给社会群体的过程中，那些扮演某种有影响力的中介角色。

（一）前提基础：信息公开

"没有及时的和准确的信息，利益相关者不能使决策制定者承担责任。"① 高等教育质量问责机制中的信息公开与透明问题是构建网络问责机制的前提基础，是落实网民知情权、监督权的需要，并直接影响着问责的实施效果和高校公信力的树立。欧盟委员会就把"问责"作为"清晰度""透明度"和"责任"的同义词。② 正所谓"透明、公开是提升质量水平，防止不正之风的不二法宝"。大学不是高墙深院，应力求全方位开放，充分开放。J. Cutt 和 V. Murray 认为，问责框架中的信息应符合五个标准：及时性、充分性、恰当性、可理解性和易接近性。及时性是指信息迅速向利益相关者公开。充分性是指信息的数量，而恰当性是指衡量信息的质量，两者是就信息的内容而言的。可理解性要求提供的信息明白易懂，易接近性是指信息被方便地检索和获取。③ 目前，在我国高等教育领域，虽然有《高等学校信息公开办法》的规制，但是高等教育质量信息的公开离上述五个标准还存在着很大的距离，所以有学者如是说：网络问责高等教育质量还是一种风暴形式，具有一定的偶然性，其实，最关键的原因就在于公众与高校之间信息的不对称，公众无法从正规途径了解高校信息，这也使得网络问责无法形成一种长效机制，公众无法对高等教育质量进行持续性的监督。为此我们不妨引进美国学者里贾纳·E. 赫茨琳杰（Regina E. Herzlinger）的"信息披露解决方案"：披露—分析—发布—惩罚（DADS），具体做法是要求非营利组织及其管理机构向大众披露、分析、发布信息，同时对不遵守相关规定的组织进行惩罚。④ 或许硬性的约束会使高校的信息公开制度更趋于完善。

① Burger, R., Owens, T., "Promoting Transparency in the NGO Sector: Examining the A-vailability and Reliability of Self-Reported Data," *World Development*, 2010, 38 (9).

② European Commission, European Governance: A White Paper; European Commsission, Report from the Commission on European Governance, Brussels: European Commission, 2003.

③ Cutt, J., Murray, V., Accountability and Effectiveness Evaluation in Non-Profit Organi-zations. London: Routledge, 2000.

④ ［美］里贾纳·E. 赫茨琳杰：《非营利组织管理》，中国人民大学出版社 2000 年版。

（二）根本保障：道德自律与法律他律内外兼修

在"人人都有麦克风的网络问责时代"，公众对于高等教育质量的表达权、参与权得到了空前的满足和张扬，强大的网络问责能量随时可能喷薄而出。但是网络的双重性告诉我们，网络既能对高等教育质量进行有效舆论监督，反映公众的利益诉求，也能使无事实依据的不文明问责广泛传播，社会危害丝毫不逊于传染性疫病。从这个意义上讲，理性问责，人人有责。那么如何祛除对高等教育质量的无端指责，进行诚信问责呢？我们认为：一方面，问责的主体需要"诚信"和"自律"。诚信是道德自律的基础。中国人自古以来都视诚信为天地之德。"诚者，天之道；诚之者，人之道"，认为诚信是立人之本。无论他人在场不在场，诚信之德都不可须臾背离，孔子甚至发出"人而无信，不知其可也"的呼声。而自律则是一种无外在因素而自觉自愿地对心中道德的实践。[①] 诚信和自律要求我们在面对高等教育质量下降的不争事实时，纵使心中愤怒难平，也不能为不实的网络问责话语所左右，要严于律己，自重、自省、自警、自励，自觉做一个负责任的发言者，文明问责、有理有据的问责。因为问责本身就是一个涉及伦理道德的政治问题，它涉及政府、社会、公众之间的信任，而这种信任才是建立民主关系的基础。诚如资深媒体人石述思所言："请用事实说话，而不是总是被情绪的洪流和燃烧的私欲裹挟。"前不久带有自律性质的文明公约《新浪微博社区公约》对"安宁权"作出特殊明确的保护，同时明确界定了微博表达的界限，这标志着我国互联网已经尝试步入"网络自律"阶段，以自律的形式维护互联网环境的健康和谐发展。

另一方面，如果说自律是基础，那么他律就是保障，任何权利和自由都是有边界的，法治就是适当地划定边界，法律也是道德的最后底线。亚里士多德（Aristotle）在《伦理学》一书中认为："对于那些天性卑劣的人，要用惩罚使他们服从。而对于那些不可救药的恶棍，就要完全赶了出去。……一个善良的人，他的生活是一心专注高

---

① 《在微世界中成就美德》，《中国教育报》2012 年 5 月 11 日。

尚的事业，服从理性。而一个卑劣的人，所期望的就是快乐，像一头轭下的畜生，只有痛苦才能使他们改正，所以对那些既没有神赋予善良天性，又没有理智能力接受教育的大多数人，唯一有效的办法就是'强制'。"①微博将开放的网络空间提供给每一个使用者，只是从技术条件上实现了公众问责高等教育质量的可能，但是，在社会管理中还没有从制度层面对网络问责做出更为充分的安排，以致网络论坛经常成为令高校被动的流言场。所以打击针对高等教育质量的不实问责，法律的规制无论如何是少不了的。其实，依法加强网络管理，已是世界共识，美国最近发布报告称："数字世界将不再是一个没有法律约束的疆域。"国会甚至提出："要像保护国家的国有资产一样保护互联网的空间。"日本也拟立法制止网络传谣，福冈大学教授佐藤真木指出："事实上互联网的绝对自由已经危害到国家的秩序，所以才有更多的国家针对自己的情况将互联网立法摆上了议事日程。"所以我们一方面要积极推动立法建设，推进网络问责的规范化和制度化；另一方面要遵守法律法规，维护法律的尊严。

（三）强力抓手：舆论引导

由于高等教育的利益人主体对教育质量问责的初衷各不相同，问责话语的发布也因人而异，所以过激甚至"莫须有"的虚假问责言论的出现也在所难免。因此有必要加强对问责舆论的引导。德国学者诺依曼（Elisabeth Noelle-Neumann）的"沉默的螺旋"（The Spiral Of Silence）理论认为，如果人们觉得自己的观点是公众中的少数派，他们将不愿意传播自己的看法；而如果他们觉得自己的看法与大多数人一致，他们就会勇敢地说出来。②这说明相关高等教育质量舆论的形成与大众传播媒介营造的意见气候有着直接的关系。当网络上出现大量有关高等教育的虚假信息和极端言论时，受众无所适从，权威舆论的引导就显得非常重要。所以当出现对教育质量问题的不实问责时，

①　徐贲：《品格和美德教育必须去除恐惧》，《南方周末》2012 年 5 月 25 日。
②　转引自理查德·韦斯特、林恩·H. 特纳《传播理论导论：分析与应用》，中国人民大学出版社 2007 年版，第 452 页。

高校应该通过主流媒体予以积极回应，澄清事实，赶在谣言泛滥之前发布权威信息，使虚假信息无以立足。

根据传播学中的"二级"传播理论，我们知道，大众传播中的信息并不是直接"流"向一般受众的，而是经过"意见领袖"这个中间环节，即通过一个"大众传播—意见领袖——一般受众"① 的过程。意见领袖"信息源广、知识丰富、洞察力强、判断准确、具有号召力和影响力，表达的意见常常比一般人更有分量"②，而且"围观就是力量"的规律，使意见领袖往往能左右受众的态度，因而我们要发挥其正面导向作用。如人民网官方微博的一条博文引出数千次转发："微博女王"姚晨让《人民日报》有了强烈的"危机感"。一位年轻编辑在社内培训时举出姚晨粉丝1955万的事例，这意味着她每一次发言的受众，比《人民日报》发行量多出近7倍。从中我们可以看出"意见领袖"的"名人效应"尤为明显。高校也应该重视培养一批"意见领袖"，在事件的发展过程中，通过"意见领袖"的作用引导对高等教育的质量问责朝健康方向发展，使主流声音占领制高点，从而可以有效地防止流言的传播，也可以防止群体极化的产生。

（四）终极旨归：公民教育

我国正处于社会转型期，历史告诉我们，大凡社会转型期，社会成员能够以不同的方式占有和分配资源财富，不同利益主体在追求自身利益的经济选择过程中，必然会出现利益的差异，出现阶层的分化。③"微博时代"的到来更是加剧了社会交往方式的变革，对当前我国主流意识形态和价值观念形成了很大的冲击。在此大背景下，由于网络空间公共精神的缺失、文化低俗化倾向及网络伦理困境导致高等教育质量问责出现了异化现象，偏离了应然的轨道。为此，注重主体意识、民族意识、公民技能和公共理性的公民教育的复归也许不失

---

① 许燕：《探析我国网络舆论监督的完善途径》，《无锡职业技术学院学报》2009年第3期。

② 徐向红：《现代舆论学》，中国国际广播出版社1991年版，第131页。

③ 陈维达：《中国模式：利益结构调整与宏观经济调控》，《当代财经》2011年第7期。

为一大良策。中国共产党十七大报告明确提出要"加强公民意识教育，树立社会主义民主法治、自由平等、公平正义理念"。那么何为公民教育呢？孙智昌认为："公民教育就是培养'走向世界历史的人'，这样的人是享受权利与承担责任、个体主体与类主体相统一的'新人'。"① 所以运用微博这种自媒体形式问责高等教育质量，虽然本质上是公民的法定话语权利，但是发言者问责诉求的表达也必须承担不得损害公共利益的义务，这也是每个合格的公民所必备的公共精神和公共人格意识。王天笑就指出："公民问责是一项严谨的活动，它要求问责活动必须以鲜明的事实充足的证据为逻辑起点，以事实为依据，以法律为准绳进行科学问责，这是对现代公民履行社会责任的第一要求。"② 为此，网络问责高等教育质量需本着理性的思维，坚持实事求是的原则。这也很好地诠释了罗马皇帝奥勒留（Marcus Aurelius）《沉思录》中的一句话："在有生命的存在里，最优越的乃是那有理性的存在。"

第四节　质量"一票否决制"

在我国高等教育改革的语境下，质量是高等教育的生命线。《纲要》指出，要把提高质量视为高等教育改革和发展的一项战略性任务，作为建设高等教育强国的基本要义。以提高质量为核心任务是当前和今后一段时期我国高等教育改革的"重中之重、难中之难、急中之急"。笔者认为，我国应实行高等教育质量"一票否决制"，当前我国实行高等教育质量"一票否决制"须关注以下几个关键问题。

一　教育质量——专业设置的核心标准

教育部出台了高校专业设置与就业率挂钩的政策，高校就业率连

---

① 孙智昌：《公民教育的逻辑起点》，《教育研究》2011 年第 11 期。
② 王天笑：《论网络公民问责的异化及其消解》，《理论导刊》2011 年第 1 期。

续两年低于 60% 的专业，调减招生计划直至停招。在学术界广为热议并开展深入调研。有学者认为，专业与就业率挂钩会催生就业率"注水"与造假①；有学者认为，一旦由就业率来定夺专业的"生死"，人们担心真正受重创的将会是诸如文学、历史、哲学、物理、数学、化学这些"基础学科"；②亦有学者认为："上大学的意义绝不只是寻得好工作，一种教育，如果其目标在于让某个学生找到一份好的工作，那么它应是职业教育，只需要短时期的职业训练即可。"③对此，中南大学（招生办）毕业生就业指导办公室主任蒋直平强调："从本质上说，这个政策背后折射出的不是简单的毕业生就业的问题，而是更深层次的，有关高等学校专业调整、提升质量的问题。"④其实，在 2010 年 5 月召开的第四届中外校长论坛上，伦敦大学学院院长麦克姆·格兰特（Mike Grant）在接受记者专访时就旗帜鲜明地指出：大学设置专业不应和就业挂钩。我们为学生提供本科教育，考虑的不是为他的第一份工作打基础，而是毕业后的 40 年甚至 50 年的发展。大学教育的目的是开启心智，让学生获得适应能力、解决问题的能力，而不只是教会他（她）某一项技能。⑤

当前，我国已进入"全面建设小康社会的关键时期和深化改革开放、加快转变经济发展方式的攻坚时期"⑥，教育尤其是高等教育作为经济社会发展的重要推动力，转变高等教育发展方式成为近来学者们关注的热点话题之一。之所以要转变高等教育发展方式，笔者认为，主要是因为高等教育发展的现实结果与理想目标存在着巨大反差和中国高等教育当前的基本矛盾——人民群众日益增长的高等教育消

---

①　郭丽萍：《大学专业设置以就业率为准？》，《时代周报》2011 年 12 月 8 日。

②　同上。

③　黎亚平：《上大学的意义绝不只是寻得好工作》，《中国教育报》2012 年 6 月 18 日。

④　赵婀娜：《三问：专业挂钩就业率 减招停招利弊》，《人民日报》2011 年 12 月 12 日。

⑤　麦克姆·格兰特：《大学设置专业不应和就业挂钩》，《第四届中外校长论坛》2010 年 5 月 2 日。

⑥　教育研究编辑部：《2011 中国教育研究前沿与热点问题年度报告》，《教育研究》2012 年第 1 期。

费需求与有限的教育供给之间的矛盾。① 有学者认为，要解决教育转变方式，必须调整教育结构，提高教育质量，② 而调整专业结构就是其中之一。在美国，我们发现高校专业设置一般是"政府—中介—高校—学生"③ 四位一体发挥作用，其中政府起宏观调控作用，中介认证机构扮演纽带、中枢角色，高校拥有自主管理权、自主设置权，学生拥有自主选择权。就课程体系设置来看，课程设置的目标——适应社会生活，满足社会需求；课程设置的模式——注重文化基础和实践能力的结合；课程设置的重点——就业指导课程贯穿整个大学生涯；课程的实施——将就业能力提升贯穿整个教学过程之中。④ 由此可知，不论是作为专业子体系的课程设置还是整个专业体系建构，都应该尊重学生的选择、注重学生的发展、突出教育的质量。这一切都是为解决所谓大学生"就业难"和学生持续全面发展以及打造学校品牌和提高教育质量服务的。

为此，本章关注的焦点是质量应该作为衡量高校专业设置的核心标准。安心教授认为，质量是衡量和评价大学办学水平的试金石。与其将就业率与专业设置挂钩，不如以教育质量衡量其发展和建设的水平更为准确和妥帖。⑤ 因为只有高质量的教育才会有高的就业率。从就业率与质量相比角度而言，前者着眼于当下，注重数量和规模，而后者则不论从国家与社会还是高等教育自身抑或受教育者个体而论，都侧重于质和量的有机融合，尤其重视质的价值，即合理规模的质量和有质量保证的规模。借此而论，不可否认的是就业率可以作为参评专业设置的指标之一，而质量才是根本性的指标。但是，需要注意的

---

① 钱军平：《中国高等教育质量保障体系核心问题研究》，西南交大出版社 2012 年版，第 109 页。

② 贾继娥、褚宏启：《教育发展方式转变的三条路径》，《教育发展研究》2012 年第 3 期。

③ 杨治平：《中美高校学科专业调整机制比较》，《大学》（学术版）2011 年第 5 期。

④ 陈均土：《大学生就业能力与高校的课程设置——来自美国高校的启示》，《中国高教研究》2012 年第 3 期。

⑤ 安心：《一石激起千层浪 招生与就业率挂钩引热议》，《光明日报》（大视野）2011 年 12 月 9 日。

是，我们不是说要在质量和就业率之间作非此即彼的选择，而是说在考虑专业设置提高就业率的同时必须以保证质量为前提，在提高教育质量上狠下功夫。

将质量作为衡量专业设置的最主要标准须从两方面考虑：一方面，教育部副部长杜玉波认为，高等教育存在的突出问题有四点：①一是人才培养质量与经济社会发展要求有差距；二是学科专业结构与区域发展、产业转型升级要求有差距；三是自主创新能力与国际竞争要求有差距；四是高等学校办学和自我管理能力与建设现代大学制度有差距。不难发现，置于首位的问题是人才培养质量不高，进而可以追究到专业设置不尽合理这一问题上。那么，在人才培养质量难以保障，高校自主设置专业的权力被禁的情形下，大谈特谈自主创新、核心竞争力是很难想象的一件事。杜玉波明确指出："存在这些问题的根本原因，我认为是发展不够科学，要害是质量不高。"② 所以，不论是多么有特色、有个性、有诱惑还是能给高校带来多大创收的专业，若在质量上含糊其辞、模棱两可，那么，一切都只是暂时的，是无谓的付出，更是对大学的不负责任，这与大学至真、至善、至美的育人精神是格格不入的。另一方面，高等教育最基本的职能就在于人才培养、教学和科研、社会服务，值得注意的是唯有保证了人才培养质量、教学和科研质量，才能高质量地服务于社会。因为我们知道："高等教育是培养人的活动，离开了培养人的活动，高等教育的一切工具目的也将会变得没有意义。重视高等教育的价值理性，可以防止高等教育沦为'精神退化的制器工厂'。"③ 倘若高等教育背离其职能而过分取悦于社会、政府和市场，把服务置于育人和学术之上，其结果将变成"社会要什么，大学就给什么；政府要什么，大学就给什么；市场要什么，大学就给什么。大学不知不觉地社会化了，政治化

---

① 吴静：《教育部副部长杜玉波承认高考并非最好制度》，《河南商报》2012 年 7 月 7日。

② 同上。

③ 安心：《一石激起千层浪 招生与就业率挂钩引热议》，《光明日报》（大视野）2011年 12 月 9 日。

了，市场化了。"① 果真如此的话，就不得不让我们提及弗莱克斯纳在《现代大学论——美英德大学研究》一书中谈到的："大学不是风向标，不能什么流行就迎合什么。大学应不断满足社会的需求，而不是它的欲望。"② 故此我们认为，质量才是检验和衡量专业设置的真正标准。

二　绩效与质量挂钩——高校拨款模式的新趋向

伴随着高等教育规模的不断扩展，政府财政拮据和高等教育产出低效之间的矛盾以及深受新公共管理的影响，近年来，各国极力转变高等教育拨款方式便成为学术界关注的焦点问题之一。新公共管理理念主张公共机构向公众负责，以管理、企业和市场标准衡量公共机构的绩效，目的在于提高财政经费分配的效率和效益、改善公共机构的服务质量。③ 其实，将绩效、公共责任与质量等因子与高等教育拨款挂钩，所谓以"质量换自治"的做法，在 20 世纪 70 年代的美国已现端倪。近年来，国际高等教育一致认为，绩效拨款模式要比以投入为基础的拨款模式更为有效，更受大众青睐。本节将从国际高等教育实行绩效拨款的经验及其所呈现出的新趋向，反思我国高校拨款方式存在的问题，分析绩效与质量挂钩对转变我国高校财政拨款方式所具有的有益启示。

（一）绩效拨款的新特点

绩效拨款是以绩效或产出（结果）为主要指标分配资源，并实现资源的优化配置和高效利用，强化高校提高质量竞争力的一种拨款模式。绩效拨款的核心在于绩效指标和指标权重大小的确定以及制度保障。我们发现，当前国外高校绩效拨款模式呈现出以下新特点。

---

① 金耀基：《大学之理念》，生活·读书·新知三联书店 2001 年版，第 23 页。

② 亚伯拉罕·弗莱克斯纳：《现代大学论：美英德大学研究》，徐辉、陈晓菲译，浙江教育出版社 2001 年版，第 3 页。

③ Atkinson-Grosjean, J. & Grosjean, G., "The Use of Performance Models in Higher Education: A Comparative International Review," *Education Policy Analysis Archies* 8（2006）: 30. http://epaa. asu. edu/ epaa/ v8n30/. 2006 – 06 – 29/2007 – 04 – 19. Kong, D. S., "Performance-based Budgeting: The US Experience," *Public Organization Review*, 5（2005）: 91 – 107.

1. 拨款指标多元化：投入—过程—产出

在传统上，人们确定拨款指标和拨款额度往往依据学校的规模即在校注册学生数。随着招生规模的不断扩大，人们发现，不但资源不能高效利用，促进校际的合理竞争，反而造成资源严重浪费，拉大了校际的差距，尤以质量问题最为突出。为此，一些高等教育发达国家开始反思并重构拨款指标和拨款机制。

这里列举美国典型的田纳西州来分析。田纳西州于 1978 年引入绩效拨款模式，1979—1997 年，由州行政官员和顾问团建立了高等教育绩效拨款的 10 项标准及各标准的权重：[1] 课程合格率（10%）；本科生专业领域测验（10%）；本科生一般的教育成就测验（10%）；校友与学生调查（10%）；对缺陷的校正行为（10%）；对不合格课程的同级评论（10%）；对硕士课程的评价（大学）或定位（二年制学院）（10%）；对特殊群体的招生情况（10%）；少数群体学生和所有学生的毕业率（10%）；任务完成情况（10%）。2001—2004 年则调整为：学术水平测验和课程评价（60%）；满意度调查（15%）；计划与合作能力（10%）；学生成绩（15%）。这些评价指标的确定，一个明显的变化是高等教育绩效拨款评价的侧重点"由单纯的教育指标控制转向了宏观层面的教育质量控制"[2]。不过，美中不足的是没有明显体现出学生主体的过程性参与指标，为此，建基于前一阶段的指标，坚持以学生为主体，综合"投入—过程—产出"的系统性考量，该州于 2010—2015 年将绩效评价标准简化为两大类：学生学习及参与情况、学生入学质量及取得的成功。"学生学习及参与情况"主要通过以下六个方面体现：（1）通识教育测评；（2）专业领域测评；（3）学术项目的认证与评估；（4）满意度调查；（5）就业率；（6）评估实施情况。"学生入学质量及取得的成功"主要看各院校对下列群体的关注情况，如成人、低收入家庭成员、非洲裔美国人、西

---

[1] 孙志军、金平：《国际比较及启示：绩效拨款在高等教育中的实践》，《高等教育研究》2003 年第 6 期。

[2] 罗晓华：《我国高等教育财政绩效拨款模式改革的思考》，《当代财经》2008 年第 5 期。

班牙裔美国人、男性、高需求的地理区域、择校生、从社区学院转到大学里的学生、获得学士学位的田纳西社区学院毕业生等 13 类群体。①

2. 拨款机制多元化：政府—中介—高校

绩效拨款的又一成功做法就是在大学和政府之间设立一个拨款中介机构（拨款委员会或教育基金会等），由以往政府—高校的二元拨款机制转变为政府—中介—高校合一的拨款机制。中介机构作为高校和政府之间的"纽带""缓冲器"，做出一般性和专项拨款的决策，并独立于政府之外进行拨款。较为典型的国家如日本的学位机构、英国的高等教育质量保障署、法国的国家评估委员会、荷兰的高等教育视导团和印度大学拨款委员会等。② 作为桥梁和缓冲器的中介机构在接受国家和社会部门监督的同时能够调配资源的合理流向，确保资源的利用效率，维护高校的自由，达到公平与效率并举、绩效与责任双赢，真正实现校际合理的质量竞争。这种拨款机制为大多数国家认可和采纳并取得了明显的成效。

3. 拨款方式设计多元化：绩效—质量—责任

高等教育大众化以后，各国高等教育把绩效与责任尤其是质量综合起来考虑进行拨款。尽管目前完全实行绩效拨款模式的国家甚少，因为该模式与"以投入为基础的拨款模式相关绩效指标定性标准相比，不易把握，也难以量化"③，仅限于小范围的试点应用，所以大多数国家还是以基础性的投入拨款为主，但是，引入绩效因子已成为未来高校财政拨款机制改革的趋势和不争的事实。例如，为确保绩效评价质量，保证评价结果的有效性，田纳西州高等教育委员会不仅制定了周密的评价时间表、严格的评审程序和相关规定，而且对各校参与评价

---

① Performance Funding 2010 – 15 Approved Standards, http//www. tn. gov/moa/documents/perf_ fund_ task_ force/THEC% 20PF% 202010 – 15% 20Guidebook. pdf. 2011 – 04 – 24.

② 罗晓华：《我国高等教育财政绩效拨款模式改革的思考》，《当代财经》2008 年第 5 期。

③ 同上。

活动过程中的表现进行评价打分，并规定学校所有项目调查者的回应率不应低于95%；学校必须分专业报告免予调查者的人数和就业率。[1]因为他们逐渐意识到绩效拨款方式更注重效率、质量、成本、效益等价值取向，有利于政府教育资源的合理分配和高效利用，对大学的发展起到强有力的督促和助推作用；有利于鼓励高校降低成本、重视教学质量、科研质量，提高"生产效率"，从而提高高校的整体价值，[2]使得任何大学在绩效面前尽可能地享有机会平等下的竞争平等和质量均等；有利于激发高校以积极负责的姿态获得源源不断的资源和享有广泛的自主权，使得高校真正为提高教育质量而安身立命。

（二）我国现行拨款模式存在的问题

自 20 世纪 80 年代中期以来，我国高等教育拨款模式基本采用"生均定额加专项补助"和"综合定额加专项补助"拨款法，后大众化时期已无法及时、准确地洞察和反映高等教育成本的变化规律，有限的教育资源未能高效地得到利用，校际不当竞争的行为时有发生。定额标准已不能科学合理地体现新时期院校的办学特点，致使高校盲目地追求"升格热"；"综合定额"中的定额标准原本是基于高校所属的类别、层次和所设的系科专业的性质不同来确定的，然而，这种根据地域、办学层次、成本类型的差别来区分拨款差别的做法，现已不利于鼓励高校追求自己的办学特色，形成良性的竞争。相反，高校为了获取更多的经费而舍弃自己的办学特色，都向研究性的综合性大学看齐，造成的后果就是学校办学特色不突出、专业重复设置等。[3]有研究认为，这一模式存在的主要问题是：考虑因素单一，未能考虑不同专业、层次学生的培养成本差异，因而与学校成本状况并不十分适应；学校数量扩张更多地受资源约束，由此助长了学校在数量和层

---

① 张男星：《美国公立高校绩效评价体系内容与特点分析——以田纳西州为例》，《比较教育研究》2012 年第 1 期。

② 于富增：《国际高等教育发展与改革比较》，北京师范大学出版社 2001 年版，第 37 页。

③ 东北财经大学完善体制阶段的和谐社会建设与公共安排课题组：《论我国高等教育财政拨款制度的完善》，《财政研究》2008 年第 11 期。

次结构上的盲目扩张和升级；无法激励高等学校追求效率，责任观念也不明确。[1]

我们认为，尽管我国已经出台的相关政策明确将绩效与拨款挂钩，然而，现实中依然没有因绩效的引入而对提升高等教育质量产生明显的效果。例如，2011 年 5 月，财政部关于实行中央级普通高校绩效拨款与项目支出预算执行挂钩办法的文件，对"质量"一词鲜有提及，这说明：一方面，我国还没有具体的实施策略和健全的评价机制将质量与绩效有机结合起来，另一方面，我国实行绩效拨款模式的经验不足以在全国范围内推而广之。总之，在质量和绩效面前，改良主义的做法难以奏效，只不过试图使之前的拨款方式更为规范有序、定额标准趋于合理而已，其实质依旧是"穿新鞋走老路"。诚如戊戌变法失败以后，梁启超先生总结经验教训时说过的一句刻骨铭心的话："变法不变本源，而变枝叶，不变全体，而变一端，非徒无效，只增弊耳。"[2] 鉴于此，由单一参数拨款模式到适当引入绩效指标的多元参数的拨款模式，节约办学成本，提高资源利用率，推动高校更注重教育质量，无疑是今后我国高等教育财政拨款改革的趋势和走向。

（三）我国实行绩效拨款制度的建议

借鉴绩效拨款模式在国际高等教育中的应用和实践以消解我国拨款模式的困境，我们认为，我国高等教育实行绩效拨款制度需注意以下几点。

1. 绩效指标由单一参数向多元参数转变

承前所述，我国实行"生均定额加专项补助"和"综合定额加专项补助"拨款法抑或"普通基金加专项基金"的拨款方式固然有其优点：各校使用统一的指标有利于体现公平原则；便于操作和利于入学人数的增长。[3] 但由于存在注重投入而轻视产出（成果）的因

---

[1] 孙志军、金平：《国际比较及启示：绩效拨款在高等教育中的实践》，《高等教育研究》2003 年第 6 期。

[2] 吴廷嘉：《戊戌思潮纵横论》，中国人民大学出版社 1998 年版，第 388 页。

[3] 安心：《高等教育质量保证体系研究》，甘肃教育出版社 1999 年版，第 120 页。

素，忽视以学生为主体的培养过程，缺乏对教育质量的激励作用和忽视办学的规模效益等弊端，仅仅依赖投入和学校规模的单一指标已不足以反映和激励教育质量的提升。因此，注重"输入—过程—输出"三位一体的多元绩效指标无疑对我国实行绩效拨款制度和激励教育质量具有积极作用。在此，"输入—过程—输出"三位一体的绩效指标至少应涉及如下内容：（1）教育经费、图书资料的满足率与流通率、著名教授、学术人员的聘用率和未聘用率、取得任职资格的教师、访问学者数、客座教授数、学生第一志愿录取率、校园风貌、管理水平和生师比等；（2）单一课程测验、综合课程测验、学生对该专业课程和教师的满意度、教育质量信息通畅度[1]、学生学习投入调查和计划与合作能力等；（3）学生入学前和入学后的学识、水平、能力的增值，学生的思想与道德素质，教师和管理者的科研产出，学生就业率与满意度和跟踪调查等。有学者认为，高等教育资源的优化配置需遵循"透明性、公正性、有效性"原则，[2] 唯有在达到这些基本标准的前提下才有可能对涉及高等教育质量保障体系的诸如培养目标、管理水平和管理职责、教育质量信息和校园文化等做出客观描述和合理评判。

2. 构建大学基金（拨款）委员会

我国高等教育绩效拨款制度首先须构建大学与政府之间的纽带——大学基金（拨款）委员会，即在绩效拨款思想的指导下，增设专项拨款基金，设立拨款中介，经费不直接拨给学校，而由中介机构进行相对独立的运作，将评估结果与拨款挂钩。大学基金（拨款）委员会是大学与政府之间的"缓冲器"、中介和桥梁，是一个准官方组织，隶属于教育行政部门，但应具有较大的独立性；其成员组成包括政府官员、工商界人士、专家学者、校友等，其主要职能是为政府制订大学整体财政计划，明确各高校使用经费应承担的义务，与评估机构密切配合，将拨款与评估结果挂钩；确保经费使用的效益和效率

---

[1]　安心：《高等教育质量保证体系研究》，甘肃教育出版社 1999 年版，第 122 页。
[2]　官风华：《美国高等教育拨款模式研究》，《教育发展研究》1995 年第 1 期。

等。同时，它本身应接受政府部门和社会的监督。通过大学基金（拨款）委员会的资金调节，使基金和资源流向一些诸如潜力大、效率高、负责任、质量高的学校。

3. 建立健全各项保障机制

高等教育绩效拨款的顺利开展有赖于建立健全和完善各项保障机制。我们认为，建立健全和完善资金供给机制、财政经费分配机制、绩效问责机制、质量评价机制是高等教育绩效拨款的有力保障。第一，完善资金供给机制。资金供给水平的确定应充分考虑高校所属地的经济发展水平和财政收入的增速与涨幅情况以及高校的真实需求。第二，完善财政经费分配机制。当前，分配机制改革的主要目标是提高高校的教育质量，提升学科与专业的发展潜力，促进高校为地方经济建设服务。在此目标下，不同类型的经费采取不同的分配机制。对于正常经费，进一步厘清不同学科定额标准，剔除不合理的因素，完善投入式的拨款公式，建立定额增长的正常机制；对于专项经费，进一步完善绩效预算与绩效管理方式，逐步建立绩效拨款机制，将高等学校发展需求与资金使用效果作为拨款的主要考虑因素；对于科研经费，坚持并完善科研合同制，并加强对应用性研究的资助力度。① 第三，建立健全绩效问责机制。当前，应建立针对高校教学、科研与社会服务质量方面的教育绩效问责机制，即将高校教学、科研与服务质量的评估结果与拨款相联系的机制，实现促进高校提高教学和科研质量，加强评估结果对拨款的影响和渗透。第四，建立健全高校质量评价机制，将评价结果与高校"提高性拨款"直接挂钩，把绩效作为衡量高校"提高性拨款"使用效益、效率和质量的核心指标，以决定后续拨款额度、拨款形式和资金流向等。建立健全高校质量评价机制有利于督促高校把有限的资源用到实处、用得经济，提高效益；有利于促进高校间的良性竞争，使教育资源得到更为充分、有效的利用。总之，在绩效和质量面前，高等教育财政拨款的终极目标是真正

① 线联平、孙志军、陶春梅、梁岩松：《北京市高等教育拨款制度的改革与创新——基于对新英格兰高等教育拨款制度的考察》，《经济与管理研究》2007 年第 9 期。

实现资源的公平竞争、高效利用和尽可能实现机会均等下的质量均等。

三　大学书记和校长行政与学术"双问责制"

北京师范大学校长董奇在就职演讲中的"四不"承诺即不申报新科研课题、不招新的研究生、不申报任何教学科研奖、个人不申报院士,[①]引发各界热议和广泛关注。从一定意义上说,董校长的"四不"承诺是对温家宝总理多次强调的"让教育家办教育"理念的践行。针对近年来高校过于"行政化"所带来的学术(权力)与行政(权力)失衡等问题,本节借此从问责的视角来探讨我国大学书记和校长之于行政与学术的"双问责制"。前文已述及,问责与高等教育质量保障一脉相承,问责是实现质量保障的有效途径。此处对问责的内涵不再赘述而是着重从内部问责切入,即高等教育自律型问责,意在高校为了自身的科学发展,保障教学、科研的质量,维护和提高自己的美誉度和公信力,基于自身的办学宗旨、发展思路和教育目标,对自身的教育教学与科研活动及其达成度与效果,进行自我检查、自我审视、自我反省,期许对保障我国高等教育质量尽绵薄之力。

（一）内部质量保障问责的困境——行政主导的问责

当下,高等教育质量保障的过程中要求把质量与公共责任、绩效、专业结构、管理等因子紧密结合,以期通过问责的方式来保障高等教育质量。然而,我国大学内部问责一直以来是以行政为主导的问责,致使问责机制陷入尴尬和困境中。

就大学内部问责主客体而言,"高校的问责主体是学校的行政部门及其领导,而问责客体则是各个院系的教师和学生,这是一种典型的行政主导的问责机制"[②]。马克斯·韦伯曾认为,科层制的最大优势就是管理的高效率和高执行力。科层组织是一种由自上而下的权威

---

① 胡乐乐:《北师大校长"四不"承诺引热议》,《中国教育报》2012 年 7 月 19 日。
② 查永军、蔡锋:《从行政主导到学术主导——我国大学内部问责制的反思与重构》,《江苏高教》2012 年第 2 期。

构成的垂直监督机构，通过层级负责制和严密的监督达至问责的目的。尽管行政主导的大学内部问责制在某种程度上具有科层制的优势，但是，它仍然只能适用于政府机构，在高等教育领域依旧存在诸多问题。

首先，问责主体错位。高校普遍实行的目标管理和院系评估制度，主要是行政领导全局，教师参与不多，学生就更不用说了；学校的各种审查评估监督机构都是行政单位，和院系师生截然分开，全然是一种命令与服从的关系，是行政部门追究和认定院系责任，而院系却无权问责行政部门。

其次，实现问责目的委实难。从问责的内容看，涉及院系课程和教学的质量、研究与学术的质量、教师和学生的质量比较多，但是涉及组织的管理职责的就比较少，尤其是涉及各个行政部门财务预算公开的问责制度更为少见。从问责的对象看，不能对书记、校长等领导进行绩效考核，追究书记、校长的责任，除非校长出现了严重违纪问题，如贪污腐败等。这与我国行政主导的内部问责制，对我国高校书记、校长缺乏完善和健全的绩效考核制度密切相关。从严格意义上讲，大学书记、校长的绩效考评应该是大学内部问责制的重要组成部分。比如在美国，作为实现绩效提升的关键环节，美国通过年度评估和阶段性评估两种方式对高校校长进行绩效考核的制度已成常态。

最后，问责范围有限、问责程序不公。从问责的程序与结果来看，由于行政部门和领导是问责主体，问责的程序和结果都由他们来制定，一般都是自上而下的审查或者评估，而基层的院系及其教师和学生则无权审查和评估行政部门与领导。倒是"自己人问责自己人"成为我国大学内部问责的常态。在有限的范围内进行自上而下的问责，问责程序自然不周全、不公平。为什么我国高校的教师和学生不能成为问责的主体，而仅仅被当成问责的对象？究其"根本原因在于我国特殊的制度环境"。

（二）实行"双问责制"的若干建议

我国高等教育质量管理、质量保障要走出行政主导的问责困境，保证问责的科学、独立与公正，保障高等教育质量，必须健全、落实大学书记、校长行政和学术相结合的问责制度。实行大学书记和校长行政与学术双问责制须从如下两点考虑。

1. 厘清行政权力与学术权力的边界

我们以为，构建书记和校长行政与学术双问责制的关键在于如何找到行政权力与学术权力之间相互制衡、相互监督的机制。因为书记和校长作为大学的一把手，大学的正常运行需要多种权力的相互配合和相互制约，尤其是这两种权力的相互配合、相互规约。解题之关键在于厘清大学行政权力和学术权力的边界，只有划清权力边界才能实现以权力制约权力，保障教育质量。具体而言，厘清行政权力和学术权力的边界，必须明确以下几个关键问题：一是行政权力和学术权力的性质；二是行政权力和学术权力的权源；三是行政权力和学术权力运行的特点和作用；四是行政权力与学术权力的互补性。而这四个问题本身也是建立行政权力和学术权力相互制衡机制的关键问题。① 因此，只有厘清了行政权力和学术权力的边界，才能厘清行政人员和学术人员的权责，才能在各自的权限内采取与权力属性相一致的方式处理事务，才可能找到行政权力和学术权力的平衡点以及冲突之所在，才有可能清楚相互制约的范围，以及如何相互制衡，真正建立行政权力和学术权力相互制衡的有效机制，使这两种权力相互制衡，共同为繁荣学术事业、保障教育质量服务。

2. 由行政主导的问责向学术主导的问责转变

大学作为学术组织，其首要责任无疑是学术志业。学术志业主要体现在高校人才培养、科学研究、服务社会以及文化传承创新等各项活动中。因此，大学内部问责制的出发点和归宿应围绕学术责任。对学术负责是大学内部问责制的应有之义和解题关键。

以学术为主导的高等教育内部问责制需处理好两方面的关系：一方面，无名而有名，有名而无名。无论是普通教师、教授还是知名专家都或多或少地迎合市场、政府的需要抑或是追逐名利，而不是埋头

---

① 吴晓春、崔延强：《构建现代大学制度之我见》，《中国教育报》（高教周刊·实践探索）2012 年 6 月 11 日。

提升教学、科研等的质量，不吃透学术内在的精髓，不殚精竭虑地深究作品，这种心存"有名"而追名的结果，只能是产出大量的粗制滥造的作品，反而失去了名。只有心存"无名"，甘愿坐一段时间冷板凳，踏踏实实、勤勤恳恳地研究、思考、提升科研的内涵、质量，才能出真品，才能出绝活，才能获得名。要坚信"实力是检验真理的唯一标准"①。另一方面，无利而有利，有利而无利。从本质上讲，大学绝不以追逐利益去经营自己，绝不是营利性机构。如今，大学些许学术人员"唯利是图"，都跑去追逐利益，追求金钱和名誉，是"为利而探究知识"，不是"为知识而知识"，为"提高质量而探究作品"。大学过度商业化，很容易产生粗制滥造的成果，甚至出现改头换面的抄袭作品。这样的成果何以获利、何以成名？若本着对学术负责、对大学负责、对社会负责的心态去钻研、去创作，相信会获得难以想象的利益。我们坚信"数量是有质量保证的数量，质量是有数量支撑的质量"。

四 结语

承前所述，高校专业结构的调整、绩效拨款方式的转变和学术与行政组织矛盾的调和及其权力的平衡的确是高教界不曾间断的讨论和探究的话题，更是当前转变高等教育发展方式的题中之义。就其实质而言，最关键的一点在于教育的本质即人才培养。高等教育发展方式的转变很重要的一点就是人才培养质量，而人才培养质量的高低又决定了专业设置的合理与否、就业率的高低与否、绩效拨款额度的多与少，更是反映高等教育系统内部学术与行政组织是否协调高效运转的重要标尺。反观当前我国高等教育的发展态势，并不总是那么令人满意。为此我们认为，在涉及提升高等教育质量的这些关键环节实行高等教育质量"一票否决制"。

唯有将质量与专业设置挂钩、与绩效拨款挂钩、与书记和校长的

① 周海涛：《高教质量，不要"自说自话"》，《光明日报》（高等教育）2012 年 4 月 25 日。

责任挂钩才是正确的选择和明智之举。质量与专业设置挂钩意即不论多么有特色，能够带给学校多大利益的专业，都不能离开质量这一核心指标。若离开质量大谈特谈要特色、谋发展、求创新的一切背离高等教育为追求知识、探索真理、繁荣学术的活动，都应被视为不公允之举和短视之见。质量与绩效挂钩意即质量是衡量绩效的根本指标，是力促校际公平竞争和提高资源利用效率的有效因子。质量与书记、校长的责任挂钩更侧重于对书记、校长之于提高高等教育质量的责任进行问责。为了更好地调和学术与行政组织间的矛盾和冲突，寻求二者权力的平衡，厘清二者的权力界限，有必要构建学术与行政"双问责制"。问责的依据从何而来呢？我们认为，就是高等教育质量，只有担当起为提高教育质量而进行的一切学术与行政的角力，都是对高等教育负责任的体现。质言之，将质量与专业、绩效等因子挂钩视为提升高等教育质量的途径绝非空对空。在大众化时期，高等教育质量要有所突破，就有必要在这些节点上坚持以教学立命、以科研安身、以文化超越，死守人才培养关，严把学术研究关，狠抓质量关，即高等教育"质量一票否决制"理念的内化和升华。

小　结

本章所指公共问责高等教育质量的主要形式有公众监督、网络问责和质量"一票否决制"，同时也构成了高等教育外部质量保障的蓝图。

近年来，公众监督高等教育质量的呼声愈来愈烈，与此同时，公众监督乏力委实成为突破教育质量保障的一大难点。因此，健全和完善的制度性法规不仅为公众监督高等教育质量提供了可行性指南，而且为高等教育质量的保障提供了坚实的后盾。此外，还要搭建公共问责的桥梁——舆论监督。舆论监督作为一种公众监督的重要形式，其存在的价值和意义一是拓宽信息渠道，二是增扩问责的力度和效度。

伴随着网络信息技术的快节奏，我们注意到了网络之于高等教育的作用也非同小可，尤其是代表公众的利益，其力量不可小视。但是，网络作为问责高等教育质量的进路也存有困惑。我们认为，网络问责高等教育质量最基本的突围方略应坚持以信息公开为基本前提、以道德自律与他律为基本保障、以舆论引导为强力抓手、以公民教育为终极指向。

　　质量"一票否决制"作为高等教育质量保障的又一进路，将质量作为衡量高校专业设置的核心标准，一方面在于坚守大学的育人使命和恪守塑就大学精神家园的要旨。另一方面在于攻克时代赋予高等教育提升质量的世纪难题。就高校拨款方式转变而言，我们认为，我国高校应实施绩效拨款制度，将质量作为衡量大学书记和校长绩效的很重要的一个指标并实行"双问责制"。厘清学术权力与行政权力的边界，由行政主导的问责制向学术主导的问责制转变。总之，在大众化时期高等教育质量要有所突破，就有必要在这些节点上坚持以教学立命、以科研安身、以文化超越，死守人才培养关，严把学术研究关，狠抓质量关，意即高等教育质量"一票否决制"理念的内化和升华。

第九章　法律问责和经济考量

"高等教育质量没有最好，只有更好。"同样，没有哪一条进路完全适宜、奏效高等教育质量保障。但是，试想一下，如果一项制度的落实没有法律效力，没有物质支撑，那么，这项作用于人或事或物的制度就十分令人纠结甚至无奈了。我们一直试图通过构建和完善制度、机制等途径，力促保障高等教育质量。为此，本章借法律和成本的内涵试图就高等教育法律问责所处的时代背景、教育判例法的应用及其如何作用于质量保障和质量成本特性曲线等进行探讨，探索高等教育在质量提升和改进中不断发展的道路。

第一节　"硬"约束：法律问责

《纲要》提出："要加强教育监督检查，完善教育问责机制，要把推进教育事业科学发展作为各级党委和政府政绩考核的重要内容，完善考核机制和问责制度。"① 可以说，对高等教育质量问题的问责业已受到我国高等教育决策层的高度重视，并提升至政策议程。本节主要从法律问责视角对高等教育质量保障的相关问题作一探讨。

一　高等教育质量法律问责之含义

法律被誉为是社会管理最有力的调节器，无论是在正常状态下，

---

① 柳亮：《高等教育问责：认识转换与发展构想》，《高等教育研究》2011 年第 7 期。

还是在危机状态下，职能部门行为的法制化，依法行使权力，都是其实施有效治理的基本原则。法律问责源于罗姆泽克（Romzek）和杜比尼克（Dubnick）从组织控制来源及组织行为控制程度两个维度提出的组织问责理论。法律问责通过遵守外部的各项法律以体现法治秩序的基本要求，追求的是适法性价值，① 它的存在就是要确保行政行为合法和防止公共权力被滥用。也就是说，法律问责关注的是行政部门及其人员在行政工作和行为中对法律法规的遵守情况。问责制设计的本意，是对公共权力的实际掌控者没有履行对等义务而进行的一种事后追究制度，以促使其承担相应的政治责任、道德责任、行政责任或法律责任，并接受各种惩罚的消极后果。② 这一观点在某种程度上与孟德斯鸠（Montesquieu）的 "一切有权力的人都容易滥用权力，这是一条万古不移的经验。有权力的人们使用权力一直到遇到界限的地方才休止"③ 不谋而合。

综上所述，法律问责是相对于权利和义务而言的，移植到高等教育领域，即基于法律赋予的权利，大学应履行相应的义务，承担相应的责任，如教学责任、科研责任、服务社会责任、传承文化责任等。有责任就有评价负责还是失责的问责制度。所以我们认为，高等教育质量法律问责就是指对高校现任各级主要负责人在所管辖的部门和工作范围之内，由于故意或者过失，不履行或者不正确履行法定职责，以致影响行政秩序和行政效率、贻误行政工作，或者损害行政管理相对人的合法权益，给学校造成不良影响和后果的行为进行内部监督和外部追究的制度。在实际运行过程中就是监督大学的运行是否在国家法律政策允许的范围内，对高校在运行过程中出现的违法行为予以打击，从而维护高等教育事业稳定、有序、健康的发展。

---

① 于常有：《非营利组织问责：概念、体系及其限度》，《中国行政管理》2011 年第 4 期。

② 吴春华、强恩芳：《行政问责制异化的表现、成因及其预防》，《广州大学学报》（社会科学版）2011 年第 4 期。

③ 孟德斯鸠：《论法的精神》，张雁深译，商务印书馆 1961 年版。

二 高等教育质量法律问责之义理

美国斯坦福大学心理学家菲利普·辛巴杜（Philip Zimbardo）于1969 年进行了一项实验，他找来两辆一模一样的汽车，把其中的一辆停在加州帕洛阿尔托的中产阶级社区，而另一辆停在相对杂乱的纽约布朗克斯区。停在布朗克斯的那辆，他把车牌摘掉，把顶棚打开，结果当天就被偷走了。而放在帕洛阿尔托的那一辆，一个星期也无人理睬。后来，辛巴杜用锤子把那辆车的玻璃敲了个大洞。结果呢，仅仅过了几个小时，它就不见了。① 以这项实验为基础，美国政治学家詹姆斯·Q. 威尔逊（James Q. Wilson）和预防犯罪学家乔治·L. 凯琳（George L. Kelling）在《警察与邻里安全：破窗》（The Police and Neighborhood Safety：Broken Windows）一文中提出了犯罪心理学的"破窗效应"（Break Pane Law）或"破窗理论"。该理论以"破窗"做比喻，形象地说明了问责与违规违法之间的关系，认为如果有人打破了社区建筑物的窗户而没有被问责，被打破的窗户又未能及时修复，这时其他人就会受到心理暗示，认为窗户可以恣意破坏而不用担心被惩罚，于是就会有窗户被接二连三地打破，以致最后整栋建筑物都被损毁。随着时间的推移，各种违反社会规范和秩序的"破窗"行为就会在容忍与漠视的环境中潜滋暗长。"破窗理论"启示我们：任何一种不良现象的存在，都传递着一种信息，这种信息会导致不良现象的无限扩展，成为违法犯罪行为产生的温床。② 那么，如何有效地对付破窗现象？有"零容忍"之称的法律问责就应运而生且成为最有效、最有震慑力的策略选择。针对高等教育质量的"破窗"同样如此，当道德的、教育的等非法律手段在高等教育质量保证过程中失去震慑作用时，制裁性法律问责须挺身而出，通过运用法律问责的"硬"手段，严厉打击各种导致高等教育质量滑坡的违规违法行为，

---

① http：//wiki. mbalib. com/wiki/% E7% A0% B4% E7% AA% 97% E6% 95% 88% E5% BA% 94/2012 – 05 – 09.
② 杨爱华、李小红：《破窗理论与反腐败"零度容忍"预惩机制》，《中国行政管理》2006 年第 4 期。

并且在此种行为出现苗头之际，将其扼杀在萌芽状态，实现防微杜渐，既做到防止新的高等教育质量"破窗"的出现，又及时修补已经发生的高等教育质量"破窗"。

三　高等教育质量"破窗"之缘由

通过上面对高等教育法律问责以及"破窗理论"的诠释，我们不禁要问，影响高等教育质量的"破窗"到底是什么？就高等教育发展现状而言，我们认为，已经形成的"破窗"主要有两类，即胡锦涛总书记在"七一"讲话中指出的"积极腐败"和"消极腐败"。"积极腐败"是指那些明显触犯法律的腐败行为，如武汉大学原常务副校长陈昭方、南京财经大学原副校长刘代宁、同济大学原副校长吴世明因受贿罪而被判刑的案件；清华大学教授汪晖、上海大学教授朱学勤、"长江学者"李连生等人涉嫌剽窃的案件等。由此可见，在高校系统内部，"积极腐败"不但存在于经济领域而且蔓延到了学术领域，且已经形成了一个全方位交错复杂的体系，造成的损害更是不可估量。相对于"积极腐败"，"消极腐败"主要表现为高校管理人员和教务人员的"慵懒散软"，即"无为"。他们虽无明目张胆地贪污受贿、抄袭剽窃，但却是"在其位，不谋其政"，这也势必会影响高等教育质量。在这方面，东北大学就勇于尝试，敢吃第一只螃蟹，该校 2011 年进行的教职人员聘期考核，首次打破职务终身制，9 人因考核不合格而被降级，29 人因未完成聘期目标而被降薪。

那么，为什么被人深恶痛绝的"腐败"又能屡屡打破高等教育质量之窗呢？其原因是多方面的，但我们认为主要有两点：其一，根本还在于立法方面，即法律问责制度不完善。正如邓小平所言："制度好可以使坏人无法任意横行，制度不好可以使好人无法充分做好事，甚至会走向反面。"我国的教育法律体系框架虽已初步确立，但涉及高等教育质量问责的却少之又少，且问责主客体权限、问责内容范围、问责方式和问责客体的权责尚未明确。其二，执法方面的选择性执法。"选择性执法"顾名思义指的是执法机构对于被管理的相对人，采取区别对待，在执法过程中采取不同的标准，有选择地进行管理或者处罚。正所谓"法律的生命在于实施",选择性执法不仅丢掉了司法公正和公信,而且失去了人民的拥护和支持。具体表现在某些执法人员在面对高校内部的违法犯罪行为时,并不是一视同仁地严格依法追究,而是觊觎某些校领导"有背景""后台很硬""保护伞很大",或是以学校层次、级别的高低等非法定标准为基准,选择性地执法,从而造成坊间流传的"不是法律不够用,而是法律不管用"的滑稽现象。

综上所述,腐败致使高等教育质量"破窗"层出不穷,严重影响了高等教育质量的提高,质量问题业已成为大众化高等教育阶段永远的痛。痛定思痛,面对我国高等教育的畸形大发展态势,质量大滑坡困境,我们必须重拳出击,对各类造成高等教育质量"破窗"的腐败行为,毫不留情、不遗余力地坚决予以打击甚至法律制裁。

四 高等教育质量法律问责之路径

依据"破窗效应"理论,我们不难看出,要保证高等教育质量,就必须严厉打击和消解制造质量"破窗"的高等教育腐败行为。从反腐败经验来看,根治教育质量的"破窗"少不了法律的"硬"约束。所以,为了维护受教育者及其利益群体的合法权益,以法律的"硬"手段保证高等教育质量,就必须建立一套完整有效的法律制度,建构一个公正、公信、广泛、细化的法律问责网络,努力推动科学立法、严格执法、公正司法、全民守法。而高等教育质量法律问责体系建设是一项复杂、系统、艰巨的工程,所以立法、执法、司法、守法各环节当各尽其责,形成合力,协同作战,共同推进高等教育法律问责体系的构建。

(一) 立法——根本前提

面对高等教育质量的持续滑坡,空喊"问责"的口号已于事无补,用法律来保障问责的顺利实施,实现问责的法治化才是正道。法律问责的前提基础在于"有法可依",依完备的法律规定和法律程序来问责,才能保证问责的公正性、合法性和社会参与性。为了使高等教育法律问责制成为一种规范,笔者认为,应该在整合现有教育法律、法规中有关高校权、责、利事宜的基础上，创设专门的高等教育问责法规，以法律的方式对问责的适用范围、问责主体、问责方式、责任判断、问责期限、问责程度、问责程序等问题作进一步的细化规定，弥补高等教育质量问责制可能遇到的法律空白，增强高等教育质量问责的权威性和导向性。所以制定一部统一的"高等教育质量保障问责法"显得尤为重要。此外，相关配套性政策、法规的支持也是必不可少的，吴邦国委员长在2011年"形成中国特色社会主义法律体系座谈会"上明确指出："要把修改完善法律和制定配套法规摆在更加突出位置，当法律体系形成后，应当把更多的精力放到法律的修改完善上来，放到配套法规的制定修改上来"。法律问责的推行，仅靠单兵突进，委实很难操作。衔接性、配套性的法律法规不仅是高等教育质量法律问责体系的重要组成部分，也是对"高等教育质量保障问责法"的细化和补充。

（二）司法——基本支撑

司法的基本职能是公平而有效地解决纠纷，进行公正的裁决。高等教育作为一种准公共产品，质量滑坡所引发的高校和利益人主体的纠纷，不是单个人就能解决的，正所谓"工欲善其事，必先利其器"，诉诸"公益诉讼制度"不失为行之有效的办法。从理论层面看，2011年全国人大常委会审议《中华人民共和国民事诉讼法修正案（草案）》，以法律的形式拟增加公益诉讼制度，规定对污染环境、侵害众多消费者合法权益等损害社会公共利益的行为，有关机关、社会团体可以向人民法院提起诉讼。复旦大学法学院孙南申院长认为："公益诉讼制度能有效制止公益侵害，保护受害人利益并防止损害扩散，对于维护社会公正和经济有序运行具有不可替代的作用，同时可以填补我国现行利益冲突解决机制的漏洞。"我们认为，将有"法律民生工程"之称的公益诉讼制度引入高等教育领域具有一定的可操作性，法律问责高等教育质量的执行，也需要公益诉讼制度的支撑。从实践层面看，学生和家长及其他利益主体完全可以消费者的身份请求对高校管理中不符合法律规定的行为、对高校拒不履行监督检查职责的行为提起诉讼。在具体制度设计上，建议我国设立高等教育公益诉讼代表人制度，对高校权力进行监督，以保障公众问责的主体地位。公益诉讼代表人可以由检察机关或非政府组织（NGO）承担。学生和家长对于高校运行中的违法行为，如经济腐败问题、学术不端问题、"慵懒散软"问题，可以直接请求检察机关作为公益诉讼代表人提起公益诉讼，检察机关经过调查论证后确定存在事实违法的，应当受理并提起诉讼，以维护学生和家长的合法权益。

（三）执法——坚实保障

法律问责的坚实保障在于执法的公平、公正和公开，所以执法信息的公开透明、让公权力在阳光下运行，是制约和防止执法腐败、保障高等教育质量的有效措施。正如美国著名法学教授凯斯·R.桑斯坦（Cass R. Sunstein）所言"信息披露和甄别是对信息不对称的最佳回应"。[①] 同时，作为公共服务产品的高等教育，接受公众的监督也是理所当然、情理之中的。美国政治活动家托马斯·潘恩（Thomas Paine）认为："随便做哪一件事情都必须把道理向公众说清楚。每一个人都是政府的经管人，看管政府是人们分内之事。"[②] 因此，为了彻底清除选择性执法生存的土壤，保护公众对高等教育质量法律问责缘由、目的、进程、结果的知情权，提高问责执法过程的透明度，就必须从法律的高度保证执法信息的公开。除涉及保密事项外，执法机关须严格遵守执法信息公开制度，及时、准确地公开执法信息，执法主体也应在法律制裁告一段落后形成书面报告或以网络媒体的形式对外公布，杜绝执法者违法、选择性执法、暗箱操作等不良情况的发生，真正做到真问真责。此外，新闻媒体报道作为社会群众获取信息的一个重要渠道，其完善与否直接影响法律问责程序的执行效果，因此赋予新闻机构相对独立的新闻报道权和调查权，出台新闻媒介监督法律理应成为当前完善法律问责执法信息公开的迫切要求。

（四）守法——终极指向

法律问责的终极指向不在于事后的追究和制裁，而应当在于事前

---

① 凯斯·R.桑斯坦：《权利革命之后：重塑规制国》，钟瑞华译，中国人民大学出版社2008年版，第101页。

② 潘恩：《潘恩选集》，马清槐等译，商务印书馆1982年版，第250页。

的警示和震慑，让守法的警钟长鸣。高校作为公共事业单位，实行的是法人代表制，而自然人和法人在法律上处于同等的地位且人格平等，所以高校同样要秉持守法精神。高校的管理者也必须牢固树立法治意识，增强依法办事思想，培养依法办事习惯，做到纪律面前人人平等，遵守纪律没有特权，执行纪律没有例外，以维护"象牙塔"的良好形象。正如法国的泰·德萨米在《公有法典》中所说的那样："这些神圣的法律，已被铭记在我们的心中，镌刻在我们的神经里，灌注在我们的血液中，并同我们共呼吸；它们是我们的生存，特别是我们的幸福所必需的。"① 中国人讲"反求诸己"，改善高校形象和提升高等教育质量的根本途径，终归要靠大学自身在基本教学、学术创新、社会服务和文化传承等方面综合实力的提升。

我国高等教育质量问题，从不问责到问责，再到以法律保障问责，体现了我国高等教育大变革的决心。法律问责制作为一种新的责任制度安排，可以弥补其他责任制度的缺陷，有利于加强对高校权力运行的制约和监督以及对责任的有效追究，塑造一个责任校园。法律问责作为一种监督手段，在高校管理过程中应当无时不在、无处不在，及时发现并处理影响高等教育质量的行为，树立一种法治的观念，同时警醒和震慑后行为的产生。最终，只有完善高等教育质量法律问责体系才能保证问责的有理、有据和有序，避免让法律问责制度成为一纸空文，保证高等教育的质和量有机兼容，尤其注重质的发展。

第二节　新借鉴：教育判例法

依法治教是规范高等教育改革方式、深化高等教育法治建设实践、巩固高等教育法治建设成果的重要保障，以法律的"硬"手段保证高等教育质量已成为当今社会的共识。美国作为英美法系（Anglo-American Legal System）国家，教育判例法在提高高等教育质量方面做出了不可磨灭的贡献。"他山之石，可以攻玉"，建设和完善我

---

① 泰·德萨米：《公有法典》，黄建华、姜亚洲译，商务印书馆 1982 年版。

国高等教育质量法律制度应该既立足中国国情，又借鉴外国的成功经验。因此，本节基于判例法的（Case Law）视角，来窥探美国高等教育质量法治化的成功实践经验，旨在加快和促进我国高等教育质量的法治化进程。

一 教育判例法概述

判例法又称习惯法（Common Law）或者法官法（Judge-made Law）是一种出自司法部门或法官之手的法律。《布莱克法律词典》给出的定义是："一项已经判决的案件或法院的判决，它被认为是为后来发生的相同或类似的案件，或者相似的法律问题，提供了一个范例或权威性的法律依据。法院试图依照先前的案件中确定的原则进行审判。这些事实或法律原则与正在审理的案件相近似的案件称为先例。法院首次为一个特殊类型的案件所确定的，并且后来在处理相似的案件时供参考的法律原则。"[①] 美国《学校法百科全书》也给出了相似的解释，判例法"不是源于立法机构的陈述性法规、法律，而是产生于法院司法系统根据宪法及有关法规条款进行裁决后，形成的一种约定俗成的惯例性原则"。[②] 由此可见，判例法是一种区别于成文法，由判例所构成的一套法理。那么，何为教育判例法呢？我们认为，教育判例法是判例法的下位法，依据"相似问题相似解决原则"裁决教育活动中的违法案件。从本质上看，它与其他方面的判例法处于平等地位，不存在任何差别。

判例法在英美法系中占据着重要的地位，被誉为"活的宪法"。"判例对法的发展有着某种特殊的作用，是法的生长点，一切新的法的原则和程序，只有通过判例才能产生、发现和进一步发展。"[③] 判

---

① 陈兴良：《刑事司法研究——情节·判例·解释·裁量》，中国方正出版社 1996 年版，第 210—211 页。

② Daniel J. Gatti & Richard D. Gatti, *The Educator's Encyclopedia of School Law*, Prentice Hall Press 1990, p. 69.

③ 严存生：《判例与法的发展——读梅因〈古代法〉有感》，珠海市非凡律师事务所：《判例在中国》，法律出版社 1999 年版。

例法依先例的判案原则，不仅扩大了法官的自主权，使法官在一定的条件下可以运用法律解释和法律推理的技术创造新的判例，而且在更加广泛的范围内创造法律。这一点在某种程度上也恰好契合了英美法系对法学的解释："法学只是一种社会研究（social study，SS），完全应当以解决实际案件为中心，理论体系对于英美法系的研究与指导并不重要，相反典型案例才是法学的重点，典型案例中法官反复引用表述的要义才是法律。"所以，英美法学家往往认为较于大陆法，英美法更加发达和理性。

二　教育判例法在高教界的践行

纵观世界各国，高等教育的每一次重大变革，都是伴随着法律的制定而进行的，运用法律这一"硬"手段对教育进行调控、管理、规制肇始于十六七世纪欧洲的英法等国，而教育法制最先却是适用于大学的，这不能不说是法制与高等教育的一个暗合。① 美国作为英美法系主要代表之一，在高等教育的实践中，一直以来严格奉行教育判例主义。翻开美国教育发展史，其中很多保证教育质量的原则是通过判例来确定的，特别是联邦最高法院的教育判例，如取消种族隔离的民主与平等原则、倡导学术自由的大学自治原则、宗教与教育相分离原则、避免外界过多干预的教育中立原则以及具有补救功能的权利救济原则等，这些判例对提高教育质量，促进美国教育的发展产生了重要的影响和作用。尤其是 20 世纪 50 年代以后，随着教育民主运动的风靡，越来越多的美国人认识到，教育诉讼是保证教育质量、维护合法权利的最公开、最有效的方式。这股"诉讼旋风"迫使美国法院几乎解除了对教育问题的限制，同时引发了教育诉讼案的"井喷"态势，也为历史留下了很多珍贵的教育判例法案例。世界教育判例专家威廉·凯普兰（William A. Kaplan）就曾这样描述道："判例法不胜枚举，每年在联邦或各州法院问世的、与教育有关的教育判例法就达

---

① 崔英楠：《论发达国家高等教育法制特征及原则》，《重庆邮电学院学报》（社会科学版）2004 年第 4 期。

数百个之多；近期法院内堆积如山的案例足以说明，教育法律所涉及的范围已经扩展到校园的每个角落。"① 具体来说，教育判例法保证高等教育质量的实践主要表现在以下两个方面。

（一）学术自由

英国著名古典自由主义思想家约翰·斯图尔特·密尔（John Stuart Mill）在《论自由》一书中指出："真理只能在各种意见的自由冲突中浮现，专制统治与思想控制必然导致科学、艺术、文学、思想的枯萎，并最终扼杀人类的进步。"② 所以维护学术自由一直以来都是发达国家举办高等教育的中心议题。学术自由第一次出现于美国最高法院的司法意见中是 1952 年的"阿德勒案"（Adler v. Board of Education），阿德勒是纽约公立学校教师，因参加颠覆性组织，纽约市教委依州法律《费恩伯格法》（Feinberg Law）将其解雇。他上诉至联邦最高法院，提出纽约州法律违宪。当时以大法官明顿（Minton）为主的多数意见认为州法律没有违宪，支持原法院的判决，但大法官道格拉斯（William O. Douglas）和布莱克（Hugo L. Black）共同发表了反对意见，对学术自由进行了法理的解释，并特别指出："宪法保障每一个人的思想自由和表达自由，而没有人比教师更需要这样的权利，如果处在一个充满猜疑氛围的讲堂中，那么就不可能有真正的学术自由。"③ 其后联邦最高法院在 1954 年"斯威齐案"（Sweezy v. New Hampshire）中，宣布了包括教学自由在内的学术自由属于"不证自明"（self-evident）的自由，在 1967 年"凯夷馨诉董事会"（Keyishian v. Board of Regents）一案中，教学自由被首次纳入宪法第一修正案的保护之下，大法官布雷南（Brennan）在强调学术自由的观念时说："宪法上所谨慎保护的地方，没有比各学校的需要更为重要的"，因为教室是"观念的市场"（market place of ideas），学术自

---

① 转引自李继刚《美国特殊教育判例法制度及其对我国的启示》，《外国教育研究》2009 年第 9 期。

② 李强：《自由主义》，中国社会科学出版社 1998 年版，第 191 页。

③ 陈运生：《从美国的判例看教师的教学自由及其限度》，《比较教育研究》2011 年第 9 期。

由是联邦宪法第一修正案的一种"特别关切"（a special concern）。1969 年的廷克（Tinker）案、1975 年的库珀诉亨斯利（Cooper V. Henslee）案都援用凯夷馨案的判决。1978 年的贝克（Bakke）案更进一步承认大学机构的学术自由，如选择学生、独立招聘教师的权利，至此，学术自由的权利主体已经涵盖教育机构中的教师、学生以及学校自身。[①]

（二）教育公平

教育是实现社会平等的"最伟大的工具"，是社会和谐稳定的"平衡器"。教育公平是社会公平的重要基础。教育权是一种基本人权，《世界人权宣言》第 26 条称："人人都有受教育的权利，教育应当免费，至少，在初级和基本阶段应如此。高等教育应根据成绩而对一切人开放。"1966 年通过的《公民经济、社会、文化权利国际条约》第 13 条再次重申"高等教育应当向所有人平等开放"。高等教育公平主要包括两个方面的内容，即高等教育权利平等与高等教育机会均等，其中又以机会均等为核心内容。美国作为一个多种族、多民族的移民国家，教育公平问题更是尖锐突出。美国高等法院对布朗诉教育委员会（Brown v. Board of Education）一案的裁决，被认为是对美国历史上意义最重大的教育不公平案的裁决，对黑人和白人的平等受教育权问题做出了终审裁决。1978 年美国确立的关于大学招生的优先对待原则（preferential treatment）就是"加利福尼亚董事会诉贝克"（Regent of University of California v. Bakke）案中由最高法院所确立的，此案集中体现了平等原则的运用，它要求大学招生，必须考虑种族问题，给予一定的招生比例，确保黑人的受教育权得到保护。[②]2003 年的"密歇根大学案"的尘埃落定则使学生的受教育权保护有了明显的司法界限。

---

① 陈洁：《论教育法判例在美国教育发展中的意义》，《长春工业大学学报》（高教研究版）2007 年第 4 期。

② Norman Vieira, *Constitutional Civil Rights*，法律出版社 2001 年影印本，第 97—102 页。

三 我国引入教育判例法的可行性分析

我国教育法治建设业已逐步进入"深水区"和"攻坚期",教育部在 2012 年工作要点中就明确提出要大力推进"依法治教",从国家政策的高度为依法治教定性,其重要性不言而喻。从上述美国教育判例法的实践来看,教育判例的渐进积累不但能够及时规范各种新的高等教育质量问题,而且还能保证法律体系的稳定。我国一直以来被大多数学者定性为大陆法系(civil law system)国家,高等教育质量问题也主要依靠制定具有普遍性、规范性、概括性的成文法来约束,但历史经验告诉我们,成文法往往会导致立法滞后或过度立法的问题。所以我们认为,在质量问题层出不穷的高等教育大众化时代,研究解决高等教育质量如何实施法治的问题,我们需要保持开放心态,在更新和完善高等教育质量成文法的基础上,应兼容并蓄地借鉴英美法系的教育判例法以提升大陆法系适应于中国的高等教育质量保证实践。当前高等教育质量判例法的引入并非凭空猜想,它有着深厚的历史积淀和坚实的政策保障,同时也是为了满足高等教育法律保障所面临的迫切的现实需要。

(一)深厚的历史积淀

翻开中国的法律史,不难发现,我国有着源远流长的判例法传统。早在殷商时期就有"有咎比于罚"的原则,即有了罪过,比照对同类罪过进行处罚的先例来处理。[1] 西周、春秋时期的"议事以制",即是以选择合适的先例来断案。当时国家专司法律的机关还对判例进行了分类编纂,形成"五刑之属三千"的庞大判例集。[2] 至秦朝又出现了"廷行事",即法廷成例。司法机关的判例,就是已行的成例。在出土的湖北云梦睡虎地秦墓竹简《法律答问》中,多次提到"廷行事",这说明"廷行事"在司法实践中已成为原律文之外可兹援引的成例。[3] 再

---

① 武树臣等:《中国传统法律文化》,北京大学出版社 1994 年版,第 168 页。
② 武树臣:《中国传统法律文化辞典》,北京大学出版社 2001 年版。
③ 蒲坚:《中国法制史》,光明日报出版社 1995 年版,第 63 页。

到《汉律》中的决事比、"法事科条，皆以事类相比"，《唐律·名例》中的"诸断罪而无正条，其应出罪者，则举重以明轻；其入罪者，则举轻以明重"，《宋史刑志》中的"法所不载，然后用例"等规定，明清时期更为灵活的"律例并行制""即有定例，则用例不用律"，等等，足以说明几千年的封建社会，改变的是朝代的更迭，不变的是判例法，判例法是古代我国法律体系中不可或缺的一部分，占据着重要的地位。

（二）坚实的政策保障

从新中国成立伊始，为了维护社会公平正义，满足人民群众对司法工作的要求和期待，判例制度一直以来都是中央司法体制和工作机制改革的重要组成部分。1956 年召开的全国司法审判工作会议强调：要注重编纂典型判例，经审定后发给各级法院比照援用。1962 年《人民法院工作若干问题的规定》（简称"法院工作 10 条"）中对案例的选择等问题又作了具体的规定。1999 年《人民法院五年改革纲要》第 14 条明确规定："2000 年起，经最高人民法院审判委员会讨论、决定的适用法律问题的典型案件予以公布，供下级法院审判类似案件时参考。"2005 年《人民法院第二个五年改革纲要》又明确指出："建立和完善案例指导制度，重视指导性案例在统一法律适用标准、指导下级法院审判工作、丰富和发展法学理论等方面的作用。"2010 年 11 月 26 日，最高人民法院再次向全国法院系统印发了《关于案例指导工作的规定》，标志着中国特色判例制度得以初步确立。同时，从 1985 年最高人民法院通过《最高人民法院公报》这一载体发布典型案例，指导全国各级法院审判的工作，权威性的判例收集、编纂工作始终如火如荼地进行，如中国高级法官培训中心与中国人民大学法学院合编的《审判案例要览》《人民法院案例选》《刑事审判参考》等，都为判例法的发展打下了坚实的基础。

（三）迫切的现实需要

美国现代实用主义法学的创始人奥利弗·温德尔·霍姆斯（Oliver Wendell Holmes，Jr.）曾说："法律的生命不在于逻辑，而在于经验。"① 可谓一语道破判例法存在的价值和意义。我国《高等教育法》颁布时日，充其量不过 15 年，有关高教法律和法规的建设里程仍显得十分短暂。随着高等教育的大发展以及改革的逐步推行，大量影响高等教育质量的新情况、新问题层出不穷，高等教育法律法条和司法解释中许多模糊不清的概念，使立法者无法预见到未来应受到法律调整的各种情况，更不可能预先将各种解决纠纷的答案均告知司法者，所以高等教育成文法的不合目的性、不周延性、模糊性和滞后性②均呈现出来。美国法理学家埃德加·博登海默（Edgar Bodenheimer）在《法理学—法哲学及其方法》一书中形象地描述了这个问题："不管我们的词汇是多么详尽完善，多么具有识别力，现实中始终存在着为严格和明确的语言分类所无能为力的细微差异与不规则的情形。虽然许多概念可以被认为是对存在于自然世界中的关系与一致性的精神映象，但对现实的这种精神复制，往往是不精确的、过于简化的和不全面的。"③ 所以，仅仅依据有缺陷、有漏洞、不完善的成文法治理高等教育质量问题，显然有失公允，引入教育判例法也许不失为明智之举。

质量问题已成为大众化时代高等教育不可否认的硬伤，以法律的"硬"手段保证高等教育质量业已成为时代的必然。考察我国高等教育质量法治化建设事业，不难看出，教育判例法的引入也许能使我们看到"柳暗花明又一村"的景象，可以弥合成文法之不足，使得"成文法"和"判例法"相得益彰，各美其美。著名法学教授武树臣先生很早以前就预言："成文法"强调的是效率，"判例法"强调的是统一，以"成文法"为主，"判例法"为辅，应成为现代法律的技术选择。④ 的确如此，"判例法＋成文法"的混合模式不但符合大陆

①　转引自张乃根《西方法哲学史纲》，中国政法大学出版社 1997 年版，第 2—78 页。
②　徐国栋：《民法基本原则解释——成文法局限性之克服》，中国政法大学出版社 1992 年版，第 137—143 页。
③　E. 博登海默：《法理学—法哲学及其方法》，邓正来、姬敬武译，华夏出版社 1987 年版，第 464—465 页。
④　武树臣：《判例法与我国法制建设》，《法律科学》1989 年第 1 期。

法系的基本原则（这一点从我国最高人民法院和地方各级法院探索的实践中可以看出），而且顺应了法律改革的国际化趋势，也为当前我国高等教育质量的法治化建设另辟蹊径。

第三节 再考量：质量成本

高等教育质量成本与高等教育质量一样成为近年来热议的话题之一。本节借助高等教育的准公共产品特性对高等教育质量成本的特性及变化规律作一探讨。所谓准公共产品是指具有有限的非竞争性或有限的非排他性的公共产品，它介于纯公共产品和私人产品之间。[①] 高等教育的准公共产品特性是建立在高等教育是稀缺资源的假设基础之上的，是由其固有的属性决定的。之所以认为高等教育是准公共产品，是因为高等教育的设立、运行、管理、发展旨在对外部做出积极的贡献。高等教育的经费主要来源于巨额贷款与政府拨款、学费收入。《2007 年中国教育绿皮书》披露，到 2006 年底，全国高校贷款规模就已经扩大到 4500 亿元到 5000 亿元。[②] 这一数据的变动值得我们反思的是：高质量的教育是否与成本的高低成正比？因此，要使高校在合理规模基础上以最佳的质量成本获取最大化的质量效益须考虑高等教育所具有的准公共产品的特性，也即高校在有限的资源下何以胜出，对此须进行经济考量。

从纽曼的"大学理想"到克拉克·科尔（Clack Kerr）的"大学之用"再到"威斯康辛思想"，都昭示了大学从以学术自由、学术自治为主的"象牙塔"转向以社会为轴心并促进社会发展的"服务站"和"加油站"。高等教育发展至今天，大学与政府、市场正在展开一场悄然的"质量革命战"。质量是高等教育的生命线和灵魂。诚然，高等教育质量并不是免费的，提高教育质量意味着相应地增加成本。质量成

---

① 孙黎阳、耿彦军：《从高等教育的准公共产品特性分析公办高校巨额负债的成因》，《商场现代化》（下旬刊）2009 年第 8 期。

② 同上。

本是高等教育质量的物质基础，没有物质支撑就没有质量保证。当前，高等教育质量管理经历了从管理到经营、从知识到话语、从技术到文化的转变。然而，在这一转型过程中，高教界学者对高等教育质量从质量成本视角进行经济考量实为鲜见。因此，高校应在进行高教质量管理过程中合理控制教育最佳质量成本，实现质量和成本的统一。

一　质量成本的诸种界说

质量成本（Cost of Quality，COQ）概念发轫于20世纪50年代，最先由美国著名的质量管理大师菲根堡姆（A. V. Feigenbaum）提出。为了企业更好地了解产品质量问题和进行质量管理的决策，他在一份质量报告中指出，企业应通盘考虑质量预防成本（Prevention Cost，PC）和质量鉴定成本（Appraisal Cost，AC）以及产品质量不符合企业自身和顾客要求所造成的损失即质量故障成本（Failure Cost，FC）。此后，高教界许多先行的学者为寻求明晰而精确的质量成本概念作了长期不懈的努力，从不同层面剖析、提出了大量宝贵的见解，无疑为我们今天的研究提供了理论支撑。但就研究深度而言，林林总总的质量成本概念见仁见智，难尽如人意。在对有关形形色色的质量成本界定进行一番梳理、分类的基础上，按照对质量成本研究的历史发展轨迹，我们认为，关于质量成本概念的界说主要可以归为以下三类。

（一）传统质量成本观

持传统质量成本观的人认为，质量成本应该是为了提高产品质量和服务质量而花费的全部费用，包括达标的、满意的质量成本和未达标的、不满意的质量成本。其中，ISO9000国际标准——ISO8402 - 1994——将质量成本定义为：为确保和保证满意的质量而发生的费用与没有达到满意的质量所造成的损失之和。① 此类观点中颇具代表性是美国著名质量管理大师阿曼德·菲根堡姆②和我国台湾著名质量管

---

① 黄培、汪蓉：《关于顾客满意水平的质量成本探讨》，《上海交通大学学报》（社科版）2002年第1期。

② A. V. 菲根堡姆：《全面质量管理》，杨文士、廖永平等译，机械工业出版社1991年版。

理专家林秀雄。我国台湾将"质量"译作"品质"。所以林秀雄认为，质量成本即品质成本，品质成本是指凡使产品达到和维持特定质量水平所支付的成本以及因产品未能达到特定质量水平而引起的损失之和。① 我们认为，此类观点是高等教育精英阶段的体现，为了实现精英人才培养质量，高校大量投入资金和教育资源用以装备硬件设施。

（二）零缺陷质量成本观

美国著名质量管理专家克劳斯比在其《质量是免费的》一书中提出"质量是免费的"，质量管理的目标是保证质量"零缺陷"，他认为，质量成本不仅包括那些明显的因素，比如返工和废品的损失，还应包括诸如花时间处理投诉和担保等问题在内的管理成本。② 实现零缺陷的质量管理目标须消除差质量的产品和服务，这一观点折射出质量成本产生的根源——差质量。但是在实际工作中，质量并不是免费的，提高质量意味着相应增加成本。不存在零缺陷的质量，我们的目标是以最小的成本获得最大化的质量效益。因此，按照克劳斯比的观点，要以最小的成本提高产品质量或者服务质量必须保证第一次就把事情做对，争取"质量的零容忍"。

（三）不良质量成本观

持不良质量成本观的学者以为质量是有缺陷的并且为维持特定质量水平而付出的成本。约瑟夫·M. 朱兰（Joseph M. Juran）认为，质量成本是指由于差质量（Poor Cost，PC）产品而支付的费用。差质量成本是指未达到满意的质量而付出的成本和代价。③ 在朱兰看来，质量成本仅与差质量产品和服务有关，即质量成本与产品质量合规性和达成度有关。美国质量管理协会主席詹姆斯·哈林顿（James Harrington）在其《不良质量成本》一书中指出质量成本应改为"不良质量成本"（Cost of Poor Quality，COPQ），他认为，不良质量成本是使

① 王璠：《不同质量水平下的质量成本控制研究》，学位论文，郑州大学，2007 年。

② 黄培、汪蓉：《关于顾客满意水平的质量成本探讨》，《上海交通大学学报》（社科版）2002 年第 1 期。

③ 王璠：《不同质量水平下的质量成本控制研究》，学位论文，郑州大学，2007 年。

全体员工每次都把工作做好的成本，鉴定产品是否可接受的成本和产品不符合公司与顾客期望所引起的成本之和。[①] 这样做的目的在于避免将质量成本误解为提高产品质量和服务质量所需的高成本。瑞典质量管理学家桑德霍姆（Lennart Sandholm）同样认为，质量成本应被称为不良质量成本，倘若所有产品和过程都是完美的，那么这些费用就不会发生。周旭亮认为，质量成本是企业为保证产品质量，寻求满足顾客要求与获得最大经济效益时所发生的一切费用。[②] 此类观点在于进一步说明提高质量水平与降低质量成本是与利益相关者的价值诉求相呼应的，属于消费者驱动质量类型，这一观点在我国高等教育大众化阶段日益盛行。

综上所述，对质量成本内涵的探讨，归结为一点就是：一切以最低的质量成本获得最大化的质量效益，抑或是为维持特定质量水平而对质量成本的有效控制，以"质量的零容忍"最大限度地满足消费者的需求和提高企业的经济效益。故此，从微观而言我们认为，高等教育质量成本是指高校为保证和维持人才培养质量、教学和科研质量、社会服务质量、文化传承与创新质量等高等教育质量水平而发生的一切费用以及因教育质量标准的缺失或教育目标的偏废而未能保证教育质量所造成的费用之和。在这一质量成本观照下，高等教育质量管理和质量保证要以"低成本、高产出、优质、高效"为基本目标，以最佳质量成本换取最大化的质量效益，保证最大限度地满足高等教育各利益相关者的价值诉求。此质量成本理念为质量成本曲线的改进和优化奠定了坚实的理论依据，为持续改进教育质量指明了方向。

二 高等教育质量成本曲线的局限性

曾方红等人利用龚珀资（Gomperts）曲线[③]，分析了企业产品合格率与产品质量成本之间的关系，为质量成本的量化分析提供了理论

---

① 郑爱华、李文美、董靖：《高校教育质量成本研究》，《事业财会》2005 年第 5 期。
② 王璠：《不同质量水平下的质量成本控制研究》，学位论文，郑州大学，2007 年。
③ 曾方红：《质量成本控制的数学模型》，《广西师范学院学报》（自然科学版）1998年第 3 期；冯文权主编：《经济预测的原理与方法》，武汉大学出版社 1986 年版，第 12 页。

参照。

$$X = Ka^{bY}$$

其中，a，b 是常量，K 是极限参数。

质量成本曲线反映的是质量成本和质量水平之间的特定关系。①
如图 9 − 1 所示：C_1 曲线表示高教质量预防成本和高教质量鉴定成本
之和，即高等教育质量投入，它随着高教质量水平的增加呈递增趋
势；C_2 曲线表示高教质量保障内部、外部故障成本之和，即高等教育
质量损失，它随着高教质量水平增加呈递减趋势；C 曲线表示高教质
量总成本曲线，是高等教育质量投入和损失之和，即 C_1 曲线和 C_2 曲
线的最佳拟合，可表示为：$C = \sum\limits_{i=1}^{n} C_i$ 其中，C 曲线上有一极小值点
m，m 点对应特定质量水平为 Q_m，其所对应的质量成本就是高等教
育系统应当控制的较经济的质量水平，m 点对应的质量成本被认为是
高等教育最佳质量成本。

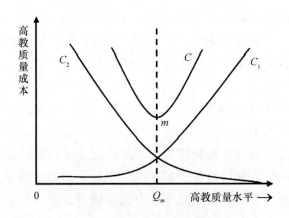

图 9 − 1　高等教育质量成本曲线

然而，随着高等教育质量内涵的不断丰富，质量成本与质量水平
关系的复杂性以及高等教育质量管理理论与实践的不断创新，已有的

①　汪邦军：《质量成本曲线方程与质量改进的经济分析》，《北京机械学院学报》2002
年第 2 期。

高等教育质量成本曲线难以适应现代质量成本观，它表现出的局限性也不言而喻，我们认为，主要表现在如下四个方面：

其一，就高等教育系统内部而言，该曲线所反映的高等教育质量水平是最经济的。[1] 但是，不足以彰显现代质量观观照下的高等教育质量成本观所要最大限度满足的高等教育利益相关者的价值诉求。因为高等教育质量成本不仅源自学生的生均费用，而且要争取来自政府、企业和科研机构等的资助。

其二，从该曲线中明显可以看出 "C_{min} 是 Q_m 处所对应的值，此时 C_1 的增量和 C_2 的减量几乎相等，平均近似为 50%"，但由于没有明确的限定条件及 C_1 曲线和 C_2 曲线的表达式，上述结论因缺乏理论依据而显得苍白无力，并且不易于量化分析和实际操控。

其三，该曲线还表明：当高教质量水平趋于 "相当高" 程度时，我们认为，高教 "产品" 质量、服务质量或质量管理趋于零缺陷。此时，高教质量投入为 ∞ ，即 $C_1 = \infty$ ；高教质量损失为 0，即 $C_2 = 0$ 。会使人陷入 "要提高高等教育质量就得巨额投资" 的认识误区，无形中会给高等教育加大砝码使其难以为继。

其四，工商界已经证明 "产品趋于零缺陷时，质量投入趋于无穷大" 的论断是错误的。[2] 高等教育同样没有能力担负这一点。对趋于零缺陷的质量投入，原则上不允许出现不符合成本高于符合成本，这就要求高教质量成本的控制要从源头做起，高教质量管理一开始就要严格把关，争取第一次把事情做正确，达到 "质量零容忍"。

总之，已有的高等教育质量成本曲线在追求理想化的过程中不易实际操控和测量，实属可接受的、过于理想化的高教质量成本。在现代高教质量成本观下，对于高等教育最佳质量成本的量化分析显得尤为重要。

三　高等教育最佳质量成本曲线

鉴于传统高等教育质量成本曲线的可操作性不强，不能很好地适

---

[1]　余美芬、林修齐：《企业质量成本管理》，北京理工大学出版社 1989 年版。

[2]　虞镇国：《质量成本模式的缺陷》，《系统工程理论与实践》1998 年第 9 期。

应现代高等教育质量管理发展的实践。为此，引入田口玄一博士质量损失函数和柯布—道格拉斯函数解析高等教育最佳质量成本，以增强其可操作性和可测量。

（一）高等教育最佳质量成本模型

"所谓的质量是指在效用机能相同的条件下，故障少、动能消耗少、寿命长、效率高、给用户带来的损失小"，日本质量管理专家田口玄一博士说，该损失是可以量化的。[①] 由此给出了高等教育质量总成本函数[②]：

$$W(x) = C(x) + L(x) \qquad (9-1)$$

其中，$C(x)$ 表示高等教育质量投入函数；$L(x)$ 表示高等教育质量损失函数；$x = 1 - P$（P 表示产品缺陷率），它是反映质量特性的一个向量。为便于研究，我们用质量水平 λ 来表示 x，显然 λ 越大，则质量水平越高，即当 $\lambda \rightarrow 1$ 时，则产品"趋于零缺陷"。该问题就转换成有关 λ 和 $W(\lambda)$、$C(\lambda)$、$L(\lambda)$ 的函数关系。如前所述，我们的目的是追求高等教育最佳质量成本，在此，只要使得高等教育质量成本总损失 $W(x)$ 的值最小即可。为此，（9-1）式就转换为 $W(\lambda)_{\min} = C(\lambda) + L(\lambda)$，首先根据泰勒级数求出质量水平 λ 的函数表达式。显然 $L(\lambda)$ 的大小与质量水平 λ 的偏离目标值 1 的程度有关，$|\lambda - 1|$ 越大，则质量损失越大，即当 $\lambda = 1$ 时，质量损失最小，此时 $L(\lambda)$ 为一个常数 $L(1)$。为了得到 $L(\lambda)$ 的表达式，引用泰勒级数将 $L(\lambda)$ 在 $\lambda = 1$ 处展开，即根据

$$L(\lambda) = L(1) + \frac{L'(1)}{1!}(\lambda - 1) + \frac{L''(1)}{2!}(\lambda - 1)^2 + \cdots$$

$L(\lambda)$ 在 $\lambda = 1$ 处取得极小值，所以其一阶导数 $L'(1) = 0$，第 4 项及以后的高阶无穷小项可以省略，其表达式近似为：

$$L(\lambda) \approx L(1) + \frac{L'(1)}{1!}(\lambda - 1) + \frac{L''(1)}{2!}(\lambda - 1)^2$$

① 田口玄一：《开发、设计阶段的质量工程学》，中国兵器工业质量协会译，兵器工业出版社 1990 年版。

② 同上。

为简便起见，我们可以令：

$C(\lambda)$ 表示质量投入，即 C_1（预防成本）和 C_2（鉴定成本）的和，要求得其函数表达式，首先须引入柯布—道格拉斯函数[1]：$\lambda = AC_1^{\alpha}C_2^{\beta}$，以其来表示 λ 和 C_1、C_2 的关系，约束条件为 $C = C_1 + C_2$。

$m_1 = L(1)$，$n_1 = \dfrac{1}{2}L''(1)$，则 $L(\lambda) \approx m_1 + n_1(\lambda - 1)^2$

$$(9-2)$$

再引入拉格朗日乘数法求得质量 λ 和质量投入 C 的关系式。拉格朗日函数为 $L(C_1, C_2, \mu) = AC_1^{\alpha}C_2^{\beta} + \mu[C - (C_1 + C_2)]$，式中 μ 为拉格朗日乘子。[2]

$$\left.\begin{array}{l} \dfrac{\partial L}{\partial \mu} = C - (C_1 + C_2) = 0 \\[2mm] \dfrac{\partial L}{\partial C_1} = A\alpha C_1^{\alpha-1}C_2^{\beta} - \mu = 0 \\[2mm] \dfrac{\partial L}{\partial C_2} = A\beta C_1^{\alpha}C_2^{\beta-1} - \mu = 0 \end{array}\right\} \Rightarrow A\alpha C_1^{\alpha-1}C_2^{\beta} = A\beta C_1^{\alpha}C_2^{\beta-1} \Rightarrow C_3 = \dfrac{\beta}{\alpha}C_1$$

$$(9-3)$$

由（9-2）（9-3）式结合得出：$C = C_1\left(1 + \dfrac{\beta}{\alpha}\right) \Rightarrow \begin{cases} C_1 = \dfrac{\alpha}{\alpha + \beta}C \\[3mm] C_2 = \dfrac{\beta}{\alpha + \beta}C \end{cases}$

$$(9-4)$$

$\because \lambda = AC_1^{\alpha}C_2^{\beta}$，结合（9-4）式得出：

$$\lambda = A\left(\frac{\alpha}{\alpha + \beta}C\right)^{\alpha}\left(\frac{\beta}{\alpha + \beta}C\right)^{\beta} = \left[A\left(\frac{\alpha}{\alpha + \beta}\right)^{\alpha}\left(\frac{\beta}{\alpha + \beta}\right)^{\beta}\right]C^{\alpha + \beta} \qquad (9-5)$$

令 $m_2 = \left[A\left(\dfrac{\alpha}{\alpha + \beta}\right)^{\alpha}\left(\dfrac{\beta}{\alpha + \beta}\right)^{\beta}\right]^{-\frac{1}{\alpha + \beta}}$，$n_2 = \dfrac{1}{\alpha + \beta}$

$\therefore C(\lambda) = m_2\lambda^{n_2}$

---

[1] 汪邦军：《质量成本曲线方程与质量改进的经济分析》，《北京机械学院学报》2002年第2期。

[2] 拉格朗日乘数法，http：//baike. baidu. com/view/1211517. htm/2012 - 04 - 24.

$$\therefore W(\lambda) = L(\lambda) + C(\lambda) = [m_1 + n_1(\lambda - 1)^2] + m_2\lambda^{n_2}$$

该数学模型就是现代质量成本观下可量化的高等教育最佳质量成本模型，虽然 m_1、n_1、m_2、n_2 没有给定具体的数值，但是，我们可以利用企业根据历史资料回归得出的一个与之一致的模型勾勒出其曲线。例如，某产品的总收入函数、质量投入函数和质量损失函数分别为[1]：$I(\lambda) = 12\lambda^{1.5}$，$C(\lambda) = 18\lambda^{0.75}$，$L(\lambda) = 1 + 20(\lambda - 1)^2$，则高等教育总质量成本函数的表达式为：$W(\lambda) = L(\lambda) + C(\lambda) = 1 + 20(\lambda - 1)^2 + 18\lambda^{0.75}$。

我们可以利用转化后的函数式来描绘高等教育最佳质量成本的曲线，至于变量所在的系数不影响该曲线的走势，只做平移即可。

（二）高等教育最佳质量成本曲线

根据（9-5）式所描绘的高等教育最佳质量成本曲线（见图9-2）：在 λ^* 处 $W(\lambda)$ 取得极小值，即我们认为的高等教育最佳质量成本。结合上述量化表达与分析，通过对比图9-2和图9-1，我们发现以下几点区别：

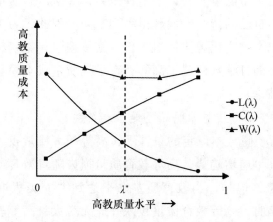

图9-2　高等教育最佳质量成本曲线

① 汪邦军：《质量成本曲线方程与质量改进的经济分析》，《北京机械学院学报》2002年第2期。

其一，该曲线中，$C(\lambda)$ 在 $\lambda \to 1$ 时，为一常数 a_2，在图 9-1 中的相应值是 ∞。旨在表明要达到"趋于零缺陷"的质量水平，高等教育质量投入并非无穷大。

其二，$L(\lambda)$ 在 $\lambda = 1$ 时，$L(\lambda)$ 取得极小值 a_1，但不是图 9-1 中的 0。表示即使高等教育服务质量"趋于零缺陷"也存在隐形成本。

其三，可测量，操作性强。通过统计资料回归得出 $C(\lambda)$ 和 $L(\lambda)$ 曲线，进而得出 $W(\lambda)$ 曲线并求解最优值。$W(\lambda)$ 并不一定在 $C(\lambda)$ 和 $L(\lambda)$ 的交点处取得最小值，在 (9-4) 式中，当 $\lambda = 0.48$ 时，$W(\lambda) = I(\lambda)$，企业盈亏平衡。当 $W(\lambda)_{min} = 9.736$ 时，$\lambda = 0.64$，这意味着 $W(\lambda)$ 不是在 $C(\lambda)$ 与 $L(\lambda)$ 的交点处（即 $\lambda = 0.555$ 处，$C(\lambda) = L(\lambda) = 4.91$）取得极小值，而是在 $W'(\lambda) = 0$ 处取得极小值。[①]

四 结论

大学与政府和市场联姻，以市场为原则，追求商业价值，进行质量改进俨然成为不争的事实，迫于这种压力，大学以高质量争取政府和市场的资助为自己的持续发展赢得利润空间。因此，为更好地反映高等教育质量成本的变化规律，引入田口玄一质量函数、柯布—道格拉斯函数和拉格朗日乘数构建了高等教育最佳质量成本模型，在此基础上得出如下结论。

（一）质量成本与质量水平不总是呈相关关系

在高等教育质量成本既定的条件下，高等教育质量投入随着教育质量水平的提高呈递增趋势，高等教育质量损失随着教育质量水平的提高呈递减趋势，但是，当教育质量水平达到"完美程度"或教育质量趋于零缺陷时，高等教育质量投入并非无穷大，高等教育质量损失也绝不是零或纯粹没有教育质量损失。相反，会出现不同程度的质量成本的耗散，我们称之为"隐形质量成本"。

---

① 汪邦军：《质量成本曲线方程与质量改进的经济分析》，《北京机械学院学报》2002 年第 2 期。

（二）高等教育适宜质量水平因时因校而异

随着高等教育质量管理理论和实践的丰富与发展，依据"零缺陷"质量管理理论和传统高等教育质量成本曲线确定适宜教育质量水平显然过于理想化，更不能很好地反映质量成本的变化规律。虽然高等教育总质量成本总体呈"U"形（马鞍）曲线，但是，在实际的高等教育质量管理过程中，高等教育最佳质量成本所反映的最适宜的教育质量水平要依据高校各自实际的质量投入和质量损失的差异比较与高等教育发展的阶段性特征来确定。

（三）质量成本模型具有可测量、操作性强的特点

传统的高等教育质量成本曲线与构建的高等教育最佳质量成本曲线相比，我们发现，高等教育最佳质量成本曲线既澄清了"要提高教育质量须巨额投资"的认识误区，即高等教育质量水平与高等教育质量成本并非呈线性关系，又以实例证明高等教育质量成本模型具有可测量、操作性强的优点。

小　结

将法律问责作为保障高等教育质量的一种"硬"手段。一方面，针对高等教育质量出现的种种问题即高等教育质量"破窗"的缘由——"积极腐败"和"消极腐败"，唯有借法律之手，依据"破窗效应"，要保证高等教育质量，就必须严厉打击和消解制造质量"破窗"的高等教育腐败行为。为维护受教育者及其利益群体的合法权益，以法律的"硬"手段保证高等教育质量，就必须建立一套完整有效的法律制度，建构一个公正、公信、广泛、细化的法律问责网络，努力推动科学立法、严格执法、公正司法、全民守法。

高等教育质量法律问责体系建设是一项复杂、系统、艰巨的工程。为此，坚持以立法为根本前提、以执法为基本支撑、以司法为坚实保障、以守法为终极指向，各环节当各尽其责，形成合力，协同作战，共同推进高等教育法律问责体系的构建。另一方面，引入教育判例法，对高等教育在履行责任和义务——提高质量，尤其是学术自由

和教育公平方面出现的不良现象进行依法问责具有现实的可行性，也具备一定的条件，即深厚的历史积淀、坚实的政策保障和迫切的现实需要。因此，法律问责以及引入教育判例法不失为高等教育质量保障的一大良策。

将质量成本视为提升高等教育质量的物质基础。在高教界，质量和成本统一主要存在传统质量成本观、零缺陷质量成本观、不良质量成本观三类。反观质量成本观，我们发现，高等教育质量管理和质量保障须以"低成本、高产出、优质、高效"为目标，以最佳质量成本获得最大化的质量效益，以"质量零容忍"理念，最大化地满足高等教育各利益相关者的价值诉求。同时，传统高等教育质量成本模型已不完全适用于现代质量成本观（现代质量成本观即政府—高校—企业协同提高质量而付出的成本）。为此，在现代质量成本观观照下，唯有构建可量化、可操作的高等教育最佳质量成本模型，才能更好地反映质量成本的特性与规律，以弥补原有模型之最大缺陷：质量越高成本越大。因此，质量成本的再考量不失为高等教育质量保障的又一良策。

参考文献

孟德斯鸠:《论法的精神》,张雁深译,商务印书馆 1961 年版。

E. 博登海默:《法理学——法哲学及其方法》,邓正来、姬敬武译,华夏出版社 1987 年版。

马斯洛:《人类价值新论》,胡万福等译,河北人民出版社 1988 年版。

詹姆斯·科尔曼:《教育机会均等的观念 国外教育社会学基本文选》,华东师范大学出版社 1989 年版。

联合国教科文组织:《学会生存》,职工教育出版社 1989 年版。

余美芬、林修齐:《企业质量成本管理》,北京理工大学出版社 1989 年版。

雅斯贝尔斯:《什么是教育》,邹进译,生活·读书·新知三联书店 1991 年版。

A. V. 菲根堡姆:《全面质量管理》,杨文士、廖永平译,机械工业出版社 1991 年版。

徐国栋:《民法基本原则解释——成文法局限性之克服》,中国政法大学出版社 1992 年版。

伯顿·R. 克拉克:《高等教育系统:学术组织的跨国研究》,王承绪等译,杭州大学出版社 1994 年版。

阿尔钦:《产权:一个经典注释》,《财产权利与制度变迁》,上海三联书店 1994 年版。

赫钦斯:《民主社会中教育上的冲突》,陆有铨译,桂冠图书股份有限公司 1994 年版。

胡建华：《高等教育学新论》，江苏教育出版社 1995 年版。

潘懋元、王伟廉：《高等教育学》，福建教育出版社 1995 年版。

联合国教科文组织、国际教育发展委员会：《教育：财富蕴藏其中》，教育科学出版社 1996 年版。

马克斯·韦伯：《经济与社会》，林荣远译，商务印书馆 1997 年版。

伯顿·R. 克拉克：《高等教育新论——多学科的研究》，王承绪、徐辉等译，浙江教育出版社 1998 年版。

刘伟、李凤圣：《产权通论》，北京出版社 1998 年版。

叶春生、周巫创：《高等职业教育的探索与实践》，苏州大学出版社 1998 年版。

安心：《高等教育质量保证体系研究》，甘肃教育出版社 1999 年版。

陈立鹏：《学校章程》，光明日报出版社 1999 年版。

张国庆：《行政管理学概论》，北京大学出版社 2000 年版。

罗伯特·M. 赫钦斯：《美国高等教育》，汪利兵译，浙江教育出版社 2001 年版。

纽曼：《大学的理念》，徐辉等译，浙江教育出版社 2001 年版。

弗兰斯·F. 范富格特：《国际高等教育政策比较研究》，王承绪等译，浙江教育出版社 2001 年版。

弗莱克斯纳：《现代大学论——美英德大学研究》，徐辉、陈晓菲译，浙江教育出版社 2001 年版。

国家教育发展研究中心：《2001 年中国教育绿皮书》，教育科学出版社 2001 年版。

戴木才：《管理的伦理法则》，江西人民出版社 2001 年版。

德里克·博克：《走出象牙塔：现代大学的社会责任》，徐小洲、陈军译，浙江教育出版社 2001 年版。

金耀基：《大学之理念》，生活·读书·新知三联书店 2001 年版。

于富增：《国际高等教育发展与改革比较》，北京师范大学出版社 2001 年版。

P. 布尔迪厄、J. – C. 帕斯隆：《再生产——一种教育系统的观点》，邢克超译，商务印书馆 2002 年版。

唐纳德·肯尼迪：《学术责任》，阎凤桥等译，新华出版社 2002
　年版。

刘俊学：《高等教育服务质量论》，湖南大学出版社 2002 年版。

约翰·S. 布鲁贝克：《高等教育哲学》，王承绪等译，浙江教育出版
　社 2002 年版。

怀特海：《教育的目的》，徐汝舟译，生活·读书·新知三联书店
　2002 年版。

安心：《大学竞争论》，甘肃人民出版社 2003 年版。

陈廷柱：《学习型社会的高等教育》，南京师范大学出版社 2004 年版。

陈玉琨等：《高等教育质量保障体系概论》，北京师范大学出版社
　2004 年版。

格罗鲁斯：《服务管理与营销：基于顾客关系的管理策略》，韩经纶
　等译，电子工业出版社 2004 年版。

张祥云：《大学教育：回归人文之蕴》，中山大学出版社 2004 年版。

马万民：《高等教育服务质量管理研究》，上海交通大学出版社 2005
　年版。

宋明顺：《质量管理学》，科学出版社 2005 年版。

韦福祥：《服务质量评价与管理》，人民邮电出版社 2005 年版。

王玉樑：《21 世纪价值哲学：从自发到自觉》，人民出版社 2006
　年版。

卡尔·雅斯贝尔斯：《大学之理念》，邱立波译，上海人民出版社
　2007 年版。

比尔·雷钦斯：《废墟中的大学》，郭军等译，北京大学出版社 2008
　年版。

陈于仲编著：《大学校园建设规划论》，电子科技大学出版社 2008
　年版。

大卫·科伯：《高等教育市场化的底线》，晓征译，北京大学出版社
　2008 年版。

单鹰：《高等教育原理论》，教育科学出版社 2008 年版。

赫伯特·马尔库塞：《单向度的人》，刘继译，上海译文出版社 2008

年版。

黄福涛：《外国高等教育史》，上海教育出版社 2008 年版。

胡赤弟：《教育产权与现代大学制度构建》，广州高等教育出版社 2008 年版。

路易斯·莫利：《高等教育的质量与权力》，北京师范大学出版社 2008 年版。

沈勇：《教育服务管理——基于学生满意的视角》，知识产权出版社 2008 年版。

孙伟平：《价值哲学方法论》，中国社会科学出版社 2008 年版。

托尼·比彻、保罗·特罗勒尔：《学术部落及其领地——知识探索与学科文化》，北京大学出版社 2008 年版。

温正胞：《市场与学术的对话——高等教育导入 ISO9000 的比较研究》，浙江大学出版社 2008 年版。

希拉·斯劳特、拉里·莱斯利：《学术资本主义：政治、政策和创业型大学》，梁骁、黎丽译，北京大学出版社 2008 年版。

刘东：《北大高等教育文库·大学之忧丛书·总序》，北京大学出版社 2008 年版。

周海涛：《大学课程研究》，中国社会科学出版社 2008 年版。

周其凤、王战军、郭樑、霍亚军：《研究型大学与高等教育强国》，科学出版社 2009 年版。

杰勒德·德兰迪（Gerard Delanty）：《知识社会中的大学》，黄建如译，北京大学出版社 2010 年版。

凯斯桑斯坦：《极端的人群：群体行为的心理学》，新华出版社 2010 年版。

刘世清：《教育政策伦理》，上海教育出版社 2010 年版。

王建华：《多视角的高等教育质量管理》，广东高等教育出版社 2010 年版。

钱军平：《中国高等教育质量保障体系核心问题研究》，西南交通大学出版社 2011 年版。

潘懋元：《高等教育大众化的教育质量观》，《江苏高教》2000 年第

1 期。

蔡克勇:《大众化的质量观:多样性和统一性结合》,《高等教育研究》2001 年第 4 期。

刘俊学:《服务性:高等教育质量的基本特征》,《江苏高教》2001 年第 4 期。

吴鹏:《大众高等教育质量观的市场价值取向合理性及其局限》,《江苏高教》2001 年第 4 期。

杨德广:《高等教育的大众化、多样化和质量保证》,《高等教育研究》2001 年第 4 期。

顾明远:《高等教育的多样化与质量的多样性》,《中国高等教育》2001 年第 9 期。

张乐天:《教育质量:何以堪忧——关于高等教育的质量问题及几点政策性建议》,《教育发展研究》2001 年第 11 期。

龚放:《高等教育多样化与质量观的重构》,《中国高等教育》2001 年第 22 期。

刘献君:《提高教育质量必须树立的四个观念》,《中国高等教育》2001 年第 23 期。

陈廷柱:《中国高等教育质量保证的基本策略:市场化》,《江苏高教》2002 年第 1 期。

邱梅生:《大众化高等教育质量研究综述》,《江苏高教》2002 年第 1 期。

刘凡丰:《高等教育质量的概念和评价质疑》,《中国高等教育评估》2002 年第 2 期。

汪邦军:《质量成本曲线方程与质量改进的经济分析》,《北京机械学院学报》2002 年第 2 期。

孙志军、金平:《国际比较及启示:绩效拨款在高等教育中的实践》,《高等教育研究》2003 年第 6 期。

胡赤弟:《高等教育中的利益相关者分析》,《教育研究》2005 年第 3 期。

毕家驹:《欧洲高等教育区的学位标准和质量保证准则及其启示》,

《中国高等教育评估》2005 年第 5 期。

毕家驹：《国际高等教育质量保障的发展动向》，《中国高等教育评估》2006 年第 4 期。

李福华：《利益相关者视野中大学的责任》，《高等教育研究》2007 年第 1 期。

田思舞：《世界高等教育保证发展趋势探析》，《新华文摘》2007 年第 1 期。

纪宝成：《提高高等教育质量是做强我国高等教育的大政方针》，《中国人民大学学报》2007 年第 2 期。

唐华生：《大学质量文化建设的价值探索与路径选择》，《学术论坛》2007 年第 3 期。

马万民：《试述高等教育质量观的演进与建构》，《高等工程教育研究》2007 年第 4 期。

闫广芬、秦安安：《近十年来中国高等教育质量观研究述评》，《高校教育管理》2009 年第 1 期。

肖毅、高军：《美国"双轨制"高等教育质量评估体系及启示》，《中国高等教育》2010 年第 2 期。

张筱艳：《基于 ISO9000 认证的高等教育质量管理体系研究》，《重庆科技学院学报》2010 年第 2 期。

王俊：《芬兰高等教育质量保障体系探析》，《比较教育》2010 年第 7 期。

靳海卿：《高等教育质量评估的新视角——"全美大学生投入性学习" NSSE 的解析》，《科技信息》2011 年第 1 期。

翟海魂：《课程是提高高等教育质量的关键》，《河南科技学院学报》2011 年第 2 期。

吴剑平：《论科学发展观指导下的高等教育质量观》，《清华大学教育研究》2011 年第 4 期。

吴建伟：《国外高等教育质量保障体系的比较与借鉴》，《观察（科教文汇）》2011 年第 6 期。

赵叶珠：《学生参与：欧洲高等教育质量保障的新维度》，《复旦教育论坛》2011 年第 9 期。

康翠平、黄瞳山：《现代大学管理制度取向研究——基于大学组织特性及人性的思考》，《教育研究》2012 年第 5 期。

张炜：《强国战略视野下高等教育质量观的嬗变》，《江苏高教》2010年第 3 期。

蒋友梅：《转型期中国大学组织内部质量文化的生成》，《江苏高教》2010 年第 5 期。

费振新：《大学质量文化特性探析》，《现代教育管理》2011 年第 10 期。

教育研究编辑部：《2011 年中国教育研究前沿与热点问题年度报告》2012 年第 1 期。

林永柏：《试论制定高等教育质量标准应遵循的基本原则》，《现代教育科学》2010 年第 5 期。

张应强：《高等教育质量观与高等教育大众化进程》，《江苏高教》2001 年第 5 期。

吴雪萍、刘辉：《澳大利亚高等教育教学质量保障策略探究》，《比较教育研究》2004 年第 9 期。

汪丞：《中日教师流动：比较与借鉴》，《教师教育研究》2005 年第 4 期。

顾佳峰：《大学服务质量管理：策略与方法》，《高等工程教育研究》2006 年第 4 期。

吴宏元、郑晓齐：《学分互换：高校教学联盟与合作的有效途径》，《教育发展研究》2006 年第 7 期。

周建民、茹阳：《美国大学学分制模式的主要特征及启示》，《东北大学学报》（社会科学版）2007 年第 5 期。

伊晓敏：《大学核心竞争力与大学伦理品质》，《江苏高教》2008 年第 6 期。

罗晓华：《我国高等教育财政绩效拨款模式改革的思考》，《当代财经》2008 年第 5 期。

张琳：《中美大学建筑的文化差异》，《当代教育论坛》2008 年第

11 期。

张武升：《论学校教育的文化内涵》，《教育研究》2009 年第 1 期。

翁福元：《学术资本主义与高等教育人才培育政策：台湾的经验》，《高等教育研究》2009 年第 6 期。

裴新宁、叶莹：《AP 科学项目发展与我国高中理科课程改革推进》，《教育理论与实践》2009 年第 8 期。

谢晓宇：《荷兰高等教育问责制度研究》，《外国教育研究》2009 年第 10 期。

孙冬梅、梅红娟：《从"学者"到"创业者"——论学术资本主义背景下高校教师角色的转变》，《江苏高教》2010 年第 2 期。

史静寰、常文磊：《英国高等教育场域与科研评估制度（RAE）》，《外国教育研究》2010 年第 3 期。

贾萍、方惠圻、王琳：《中外高校学分互认比较研究》，《比较教育研究》2010 年第 4 期。

张斌：《基于标准的教育问责：内涵分析》，《全球教育展望》2011 年第 2 期。

杨治平：《中美高校学科专业调整机制比较》，《大学》（学术版）2011 年第 5 期。

柳亮：《高等教育问责：认识转换与发展构想》，《高等教育研究》2011 年第 7 期。

江赛蓉、刘新民：《大学章程的制定与完善——大学"去行政化"的法律保障》，《国家教育行政学院学报》2011 年第 8 期。

张男星：《美国公立高校绩效评价体系内容与特点分析——以田纳西州为例》，《比较教育研究》2012 年第 1 期。

陈均土：《大学生就业能力与高校的课程设置——来自美国高校的启示》，《中国高教研究》2012 年第 3 期。

李志峰：《现代大学教师管理制度：目标与建构策略》，《现代教育管理》2012 年第 4 期。

杜云英：《高等教育质量管理新进展：质量文化研究》，《河北师范大学学报》（教育科学版）2012 年第 3 期。

周亚越：《网络问责：民主政治的推进器》，《中国教育报》（理论）2010 年 3 月 29 日。

钱军平：《每一位教师都应是一部活教材》，《中国教育报》（探索）2011 年 6 月 13 日。

安心、刘拴女：《呼唤工具理性与价值理性融合的质量观》，《中国教育报》（论衡）2011 年 8 月 22 日。

高宝立：《制定教育质量国家标准的重要意义》，《中国教育报》（教育科学）2011 年 11 月 1 日。

安心：《一石激起千层浪 招生与就业率挂钩引热议》，《光明日报》（大视野）2011 年 12 月 9 日。

赵婀娜：《三问：专业挂钩就业率 减招停招利弊》，《人民日报》2011 年 12 月 12 日。

周海涛：《高教质量，不要"自说自话"》，《光明日报》（高等教育）2012 年 4 月 25 日。

教育部中外大学校长论坛领导小组：《中外大学校长论坛文集》，高等教育出版社 2002 年版。

沈玉顺：《高校教学质量保障模式研究》，学位论文，华东师范大学，1998 年。

闫震普：《高等教育价值取向研究》，学位论文，山西大学，2008 年。

中国教科院教育质量标准研究课题组：《教育质量国家标准及其制定》，《教育研究》2013 年第 6 期。

文静：《质量文化调查：欧洲大学内部质量保证强化的新路径》，学位论文，厦门大学教育研究院，2011 年。

安心、刘亚芳：《新世纪质量观：反思与批判》，《江苏高教》2012 年第 5 期。

焦磊：《自评估文化：高等教育质量持续提升的内核》，华东师范大学高等教育研究所，2011 年 10 月 18 日。

王建国、阳建强：《大学校园文化内涵的营造与提升：第七届海峡两岸大学的校园学术研讨会论文集》，东南大学出版社 2009 年版。

安心、张鹏：《构建内生型和外发内生型高等教育质量文化》，《中国高等教育》2012 年第 12 期。

付八军:《论新建本科院校学科、专业与课程的一体化建设》,《国家教育行政学院》2010 年第 8 期。

大卫·科伯:《高等教育市场化的底线》,北京大学出版社 2008 年版。

林蕙青:《高等学校学科专业结构调整研究》,学位论文,厦门大学,2006 年。

徐理勤:《现状与发展——中德应用型本科人才培养的比较研究》,浙江大学出版社 2008 年版。

蒋亦华:《大学课程实施:专业本位的价值取向》,《现代大学教育》2010 年第 4 期。

欧内斯特·博耶:《关于美国教育改革的演讲》,涂艳国等译,教育科学出版社 2000 年版。

张意忠:《教授的学术权威与现实困境研究》,《国家教育行政学院学报》2010 年第 4 期。

钱军平:《打造价值、理想和利益共同体:从管理的双重使命看现代大学发展战略》,《现代教育管理》2011 年第 7 期。

朱振国:《对话:大学,你的质量怎么量?》,《光明日报》2011 年 9 月 19 日。

杨超、徐凤:《教学学术视野下的大学教师专业发展及其路径》,《现代教育科学》2012 年第 1 期。

靳晓燕:《我们需要怎样的质量评价》,《光明日报》(基础教育) 2014 年 1 月 1 日。

Philip G. Altbaeh. Comparative Higher Education: Knowledge, the University, and Development. Hong Kong. Comparative Education Research Centre, The University of Hong Kong. 1998.

Lisa, J. & Morrison, C. (2004). "Measuring Service Quality: A Review and Critique of Research Using SERVQUAL," *International Journal of Market Research*, 46 (4).

Cronin Jr. et al. (1994). "SERVPERF Versus SERVQUAL: Reconciling

Performance-Based and Perceptions-Minus-Expectations Measurement of Service Quality. " *Journal of Marketing*, 58 (1).

Donnelly, M. , Wisniewski, M. , Dalrymple, J. F. & Curry, A. C. "Measuring Service Quality in Local Government: The SERVQUAL Approach. " *International Journal of Public Sector Management*, 1995, 8 (7).

Joseph J. Schwab (1969). "The Practical: A Language for Curriculum. " *The School Review*, Vol. 78, No. 1 (Nov. , 1969), 1.

Martin Trow. "Trust, Markets, and Accountability in Higher Education: A Comparative Perspective. " *Higher Education*, 1996 (4).

Wisniewski, M. & Donnelly, M. "Measuring Service Quality in the Public Sector: The Potential for SERVQUAL. " *Total Quality Management*, 1996, 7 (4).

Cook, C. & Thompson, B. "Reliability and Validity of SERVQUAL Scores Used to Evaluate Perceptions of Library Service Quality. " *Journal of Academic Librarianship*, 2000, 26 (4).

Nyeck, S. , Morales, M. , Ladhari, R. , & Pons, F. "10 Years of Service Quality Measurement: Reviewing the Use of the SERVQUAL Instrument. " *Cuadernos de Difusion*, 2002, 7 (13).

University of Cambridge. The Guide to Quality Assurance and Enhancement of Learning, Teaching and Assessment. University of Cambridge. 2007 (9).

Volodymyr Manakin. Quality Assurance: Internal Strategies in US Higher Education Institutions. 2011 – 07 – 01.

Valarie A. Zeitham, Leonard L. Berry, & A. Parasuraman. "Communication and Control Processes in the Delivery of Service Quality. " *Journal of Marketing* Vol. 52, 1988 (4).

T. G. Kotze, P. J. du Plessis. "Students as 'Co-producers' of Education: A Proposed Model of Student Socialization and Participation at Tertiary Institutions. " *Quality Assurance in Education*, 003, 11 (4).

Romzek, B. S. "Dynamics of Public Sector Accountability in An Era of

Reform. " *International Reveiew of Administrative Sciences*, 2000, 66 (1): 24.

DeJager, H. , & Nieuwenhuis, F. (2005). "Linkages between Tatal Quality Management and The Outcomes-based Approach in an Education Environment. " *Quality in Higher Education*, 11 (3): 251 – 260.

Mayumi Ishikawa. "University Rankings, Global Models, and Emerging Hegemony: Critical Analysis from Japan. " *Journal of Studies in International Education*, 2 (2009): 159 – 173.

后　　记

　　本书是西北师范大学高等教育研究所所长安心教授主持的国家社会科学基金项目（教育类）"十二五"国家级课题的终结性成果。书稿立足于《国家中长期教育改革和发展规划纲要（2010—2020年）》、"十三五"规划对质量命题高度关注的现实语境，本着宁可"挂一漏万"也决不做"面面俱到，蜻蜓点水"式的研究理念，恪守有所为有所不为、共性中求个性的原则，围绕"高等教育质量保障"这一亘古绵长、孜孜以求的主题，致力于高等教育质量保障的新障碍和高等教育质量保障的破解路径两大核心问题的解构和重构。

　　虽然，高等教育研究领域对于质量的关注和研究已有不短的历程，但诸多研究在界定质量、确定其衡量标准、保障质量的新举措和新出路等方面都不同程度地令人愈发无措，对质量问题的探讨可谓争论不休却又论而不决。所幸的是，在《国家中长期教育改革和发展规划纲要（2010—2020年）》的发力之年和"十三五"规划的开局之年对"高等教育质量"这一现实命题的高度关注以及在其精神引领之下，笔者把自己的所思、所想、所悟和盘托出，最终能够坚持下来写完此书。

　　坦率地讲，作为一名长期以来对高等教育质量关注、有过研究的学者，对上述研究现状倍感不安与责任重大。尤其是当下中国高校已经历着创"双一流"的严酷竞争，紧随其后在质量保障方面出现了新障碍，我们深知这既是一种挑战，又是一种责任，一种向真理发起追问的挑战，一种心怀以人为本的责任。

　　本书以西北师范大学高等教育研究所师生为研究主体，由所长安心教授领衔，高等教育学专业硕士研究生参与了本书的撰写工作。具体分工如下：安心教授负责本书编撰思路、总体结构设计，撰写了前言、绪论、第一章、第六章、第二章第三节、第三章第一节、后记，以及第七章和第九章部分章节的内容，并做了最后的统稿、审稿工作；长江师范学院 钱军平 副教授撰写了第二章第一、二、四节；上海交通大学余天佐博士撰写了第六章；青海大学发展规划处常裕撰写了第九章第二节；四川绵阳师范学院张鹏撰写了第九章第三节，张鹏、黄丽群撰写了第七章第四节；甘肃天水师范学院刘亚芳撰写了第一章和第七章部分内容；董添华撰写了第三章部分内容；朱宏撰写了第七章和第九章部分内容；毛慧、刘拴女撰写了第一章部分内容；王江美子撰写了第五章部分内容。

诚然，就质量保障问题，几乎涉及高等教育发展的方方面面，无处不在无所不包，从不同的语境、不同的视角、不同的方法、不同的学科观点去探讨，我们相信都会有意外的收获。不管选择何种研究视角或思路或方法，抑或将它们交叉融合去审视和研究高等教育质量，但是，重视人才培养质量才是真正意义上的现代高等教育不可回避和不容争辩的事实，也是高等教育质量真正意义上实现有效保障的旨归。本书正是严格遵循这样的规律和原则，站在前人的肩膀和时代的制高点，紧扣"高等教育质量保障的新障碍及破解路径"这一主题展开研究。在此值得向大家讨教、商榷的是：在中国语境下，究竟高等教育质量何谓？高等教育质量保障路径何为？评判高等教育质量的标准何在？与世界一流大学的差距何在？回归质量价值和质量文化的道路又有多远？等等，上述一系列问题或许在一定时期内能够得到令人相对满意的答案，但我们坚信，随着中国高等教育质量研究的深入和情境的演变，对这些问题的解读将是永无止境的。因此，我们也深知找到这些问题的解决之道并交出一份高质量的、令人满意的答卷还需要缜密的思考、潜心的研究和不懈的努力。囿于学识、时空、精力等，本书难免有疏漏之处，其中观点或有失偏颇，或浅尝辄止，恳请方家不吝赐教。

　　最后，我们谨向为此书提供文献的作者和早已对质量问题做过深入研究的各位专家、学者表示最大的敬意！向全国教育科学规划办给予本成果所依附的项目的立项和结题表示最衷心的感谢！向为本书付梓付出艰辛劳作的以高教所师生为主体的研究团队表示由衷的感谢！

　　在此一并谢过！是为记。

安　心

2017 年 3 月